KB200859

킹덤 빌더

킹덤 빌더

손기철

규장

킹덤 빌더로 일어나라!

우리는 흔히 "내가 예수 그리스도를 믿음으로 죄 사함을 받았고 구원을 얻었기 때문에 열심히 신앙생활을 해야 하며(주를 열심히 섬겨야 하며), 그러다가 주께서 부르실 때 천국에 갈 것이다"라는 신앙관을 가지고 있다. 그러나 이런 신앙관은 구원 복음의 관점에서 생각할 때는 당연하게 여겨질지 모르나 예수께서 전하신 하나님나라 복음의 관점에서 보면 심각하게 변질된 것이다.

우리가 죄 사함을 받을 수 있는 것은 예수 그리스도께서 우리의 죄를 대속하기 위해서 죽으셨다는 사실을 '내가' 믿기 때문에 가능한 것이 아니라, 예수 그리스도의 죽으심에 '내가' 연합하여 죽었기 때문에 가능한 것이다. 또한 우리가 구원을 얻었다는 사실은 우리의 중생(重生)을 전제로 한다. 이 말은 우리의 옛 사람이 죽었고 우리가 예수 그리스도 안에서 성령으로 다시 태어났음을 뜻한다. 즉, 우리는 하나님 아버지의 가족이 되었고 자녀가 되었다는 뜻이다. 이 사실을 단순히 신앙적으로 고백하는 차원을 넘어서, 정말 자기 자신이 천지 만물을 지으신 하나님의 자녀라고 여겨본 적이 있는가? 그 증거로 그분의 말할 수 없는 태생적 사랑을 느껴본 적이 있는가?

우리는 이 세상에서 열심히 신앙생활을 하는 자가 아니라 도래한 하나님나라에서 살며 이 세상 가운데 아버지의 뜻을 이루어가는 자이다. 그런데도 우리는 여전히 이미 죽은 '내가' 모든 사고(思考)와 삶의 주체요, '이 세상'이 자신의 본적(本籍, one's place of family register)인 것처럼 살고 있다. 지금 당신은 이 세상에서 자신이 주체가 되어 자신의 나라와 자신의 의(義)를 구하기 위해 열심히 신앙생활 하고 있지는 않는가? 만약 그렇다면 이 책은 당신을 위한 것이다. 지금 주님이 당신을 부르고 계신다.

지금 이 땅에서 경험하는 새로운 세상, 킹덤

내 과거를 돌아보면 나는 하나님에 대한 열심은 있었지만, 늘 주(主) 안에 거하면서도 진정한 안식이 없고 무언가를 하지 않으면 안 될 것 같은 압박감에 시달렸다. 그리고 주님의 사랑이 내 안에 있음을 믿는데도 불구하고 다른 사람을 제대로 사랑하지 못하는 내 자신이 못마땅하고 원망스럽게 느껴지곤 했다. 더욱이 하나님께서 모든 것을 채워주신다는 것을 믿으면서도 여전히 내 안에서 올라오는 끝없는 욕구 때문에 당혹스러워했다.

나는 이 내적 갈등으로 오랫동안 괴로워하면서 성경을 읽고 기도하던 중 "나는 이 세상에서 더 잘 살도록 지음 받은 것이 아니라 다른 세상에서 살도록 '새롭게' 지음 받았다"는 사실을 깨닫게 되었다. 그때부터 언젠가 죽으면 가게 될 곳이라고 들어왔던 그 하나님나라를 지금 이 땅에서 경험하게 되었으며, 성경 말씀을 통해 새로운 세상을 보게 되었다.

그동안 나는 하나님이 허락하신 치유 사역과 하나님나라의 복음 전파, 교회를 통한 사회 변혁이라는 세 가지 소명을 위해 열심히 달려왔다. 그러면서 "세상과 벗하지 않는 삶은 어떤 것일까? 어떻게 하면 이 세상에서 자유함을 누릴 수 있을까? 주님의 통치함 가운데 어떻게 말씀의 실체를 나타나게 할 수 있을까? 하지 말아야 할 것에 묶이는 것이 아니라 마땅히 해야 할 것에 묶이는 삶은 어떤 것일까? 축복을 얻어 내는 것이 아니라 자기 부인과 성령의 인도함을 받음에 따라 주어지는 은혜는 무엇일까? 고난 가운데서도 믿음의 시련을 통해 인내하고 마침내 기뻐하는 삶은 어떻게 이루어질까? 도대체 주(主)의 뜻을 이 땅에 이룬다는 것이 무엇인가?"에 대한 고뇌로 몸부림치며 살아왔다.

그러면서 예수 그리스도 안에 새로운 피조물인 우리는 하나님의 자녀라는 관계적 삶과 예수 그리스도의 제자라는 소명적 삶을 모두 실현해야 한다는 결론에 이르렀고, 하나님나라 복음의 관점에서 이 둘을 모두 포함하는 용어로 '킹덤 빌더'(Kingdom builder)를 사용하게 되었다. 또 무의도적으로 자신과 세상을 바라보는 눈을 '세계관'이라고 부르는 것에 상응(相應)하여 성령의 조명 아래 말씀을 통하여 자신과 세상을 바라보는 관점을 '킹덤 멘탈리티'(Kingdom mentality)라고 부르기 시작했다.

킹덤 빌더의 삶을 꿈꾸는가?

지금껏 교회 중심의 제자의 삶에 대한 책들은 많이 출간되었다. 하지만 하나님나라 중심의 자녀의 삶에 대한 책은 거의 없었다고 생각한다. 따라서 그동안 출간된 킹덤 북스 시리즈 《알고 싶어요 성령님》(규장), 《알고 싶어요 하나님의 나라》, 《알고 싶어요 하나님의 의》(두란노)가 하나님나라 복음의 기초라면, 이 책은 하나님의 자녀의 정체성, 하나님의 마음으로 세상을 보는 관점, 주의 뜻을 이루는 킹덤 빌더의 삶과 영성훈련의 실제에 관한 책이라고 할 수 있다.

이 책의 내용은 2008년부터 HTM(Heavenly Touch Ministry)에서 개설된 '킹덤 빌더 스쿨'을 통해 나누었던 것으로, 지금까지 국내에서 13기, 북미주에서 4기 그리고 목회자, 교수, 의사 모임 등을 통해 배출된 2,500여 명의 킹덤 빌더들의 삶의 변화에 대한 간증과 그들의 가정과 일터에 끼친 하나님의 선한 영향력을 통해 입증되었다.

나는 이 책의 독자가 항상 두 가지 죽음을 알고 체험하고자 하는 분들임을 전제로 글을 썼다. 첫째, 자신의 현재적 실존(實存)이 예수 그리스도의 십자가 죽음 위에 있다는 것, 다른 말로 하면 예수 그리스도 안에서만 자신이 존재할 수 있다는 것을 아는 자이고, 둘째, 현재의 삶

속에서 항상 자신의 육체를 십자가에 못 박을 때 성령의 인도함을 받을 수 있다는 것을 아는 자(갈 5:24,25)임을 전제로 한다[좀 더 명확히 알고 싶다면《알고 싶어요 성령님》10장(십자가는 성령으로, 성령은 십자가로 우리를 인도한다)을 먼저 읽어보기를 강력히 권한다].

교회와 신앙생활에 대한 책은 넘쳐난다. 반면에 구원받은 자들이 하나님나라 복음의 관점에서 이 세상에서(교회 밖에서) 어떻게 구원을 이루어가야 하는지에 대해 쓴 책은 별로 없는 형편이다. 이 책은 그 목적을 달성하기 위해 세상에서 하나님의 자녀들이 어떤 정체성과 사고방식으로 살아가야 하는지를 전하고자 했다.

더욱이 말씀믿음 운동에 속한 신율법주의자들이 추구하는 영광의 신학과 번영신학이 판을 치는 이 시대에 하나님나라의 자녀들이 알아야 할 율법 - 은혜 - 믿음의 삶, 예수 그리스도를 통한 하나님 아버지와의 사랑 - 의탁 - 영광의 관계를 알리기 원했다. 관계와 체험은 바른 신앙과 바른 실천과 같이 균형 잡혀야 하기 때문이다. 또한 영적 성숙에서 중요하지만 그동안 간과되어 온 부분에 대해서도 다루었다. 영적 성숙이란 우리가 추구해야 할(도달해야 할) 또 하나의 과정(상태)이 아니라 평범한 일상에서 하나님을 나타내는 삶 그 자체이다. 그것은 매일 육(肉)의 생각을 포기하고 영(靈)의 생각을 하는 만큼(롬 8:5-8) 우리 안에 그리스도의 형상이 이루어지는 과정이기 때문이다(갈 4:19).

나는 독자들이 이 책을 읽을 때 육신의 눈(창 3:7)이 닫히고 마음의 눈(엡 1:18)이 열리기 소망하며, 성령과 말씀 안에서 킹덤 멘탈리티를 가진 킹덤 빌더들이 세워지기를 간절히 소망한다. 축복과 형통만 있고 고난과 섬김이 없는 복음은 분명히 가짜 복음이지만, 이미 이루어진 약속의 말씀이 이 땅에 실체로 나타나는 것을 거부하는 복음도 가짜 복음임을 분명히 말하고 싶다. 은혜와 진리의 예수 그리스도 안에서 진짜 복음을 누리자.

하나님나라에서 날마다 새로운 삶을 경험케 하시는 삼위일체 하나님께 감사드린다. 지금까지 나의 삶을 늘 되돌아보게 하고 부족한 부분을 깨닫게 하고 가르침을 준 HTM 스태프들과 킹덤 빌더 스쿨의 학생들 그리고 파트너들께 진심으로 감사드리며, 이 시대에 킹덤 빌더의 삶을 살고자 하는 분들께 이 책을 바친다.

헤븐리터치 미니스트리 대표

프롤로그

KINGDOM

BUILDER

하나님 나라와
자녀의 정체성 회복

I

일러두기

1. 한글성경은 개역개정판을 따랐다.
2. 영어성경은 NLT(New Living Translation) 2nd.를 사용했다.
3. NLT 이외 영어성경 역본은 별도로 명기했다.
4. 이해를 돕기 위해 몇몇 특정 단어에 헬라어 음역을 괄호 병기했다.

하나님나라의 회복

인간의 타락, 하나님의 계획, 예수 그리스도

하나님께서는 태초에 그분의 마음에 품은 것을 말씀하심으로 천지만물을 창조하시고, 하나님의 형상을 따라 그 모양대로 자녀를 지으셨다. 또한 자신의 생명을 불어넣으셔서 자녀들이 이 땅에서 자신의 완벽한 대리자(代理者)가 되게 하시고 그들이 하나님의 마음으로 이 세상을 바라보며 그분의 뜻을 이루도록 하셨다. 그것이 바로 하나님나라이며, 이는 에덴동산에서부터 시작되었다.

하나님은 모든 피조 세계를 지으시고 너무나 기뻐하셨다.

1 태초에 하나님이 천지를 창조하시니라 창 1:1

31 하나님이 지으신 그 모든 것을 보시니 보시기에 심히 좋았더라 저녁이 되고 아침이 되니 이는 여섯째 날이니라 창 1:31

우리가 하나님의 자녀로 지음을 받고 그분의 생명이 함께할 때, 우리는 하나님의 성품과 본질을 나타내는 존재였다. 그리고 이 땅에서 주(主)의 뜻대로 번성하고 하나님을 대신하여 관리하고 다스리는 삶을 사는 자였다. 아담과 하와는 모든 피조 세계와 하나님과의 연결 통로였다. 영으로는 하나님과 교제했고, 육으로는 하나님의 뜻대로 이 땅을 풍성하고 아름답게 유지하게 하는 그런 존재였다.

그러나 인간은 하나님의 자녀 신분을 버리고 자신도 하나님처럼 지헤로운 존재가 될 수 있다고 속인 마귀의 꾐에 넘어가 죄를 지었고, 그 결과 하나님의 영광이 떠나게 되어 영적 죽음을 경험하게 되었다. 영적 죽음이란 죄를 지음으로써 육신이 죽는 것이 아니라, 더 이상은 하나님의 성품과 본질을 나타낼 수 없는 타락한 존재가 되었다는 것이다.

타락한 인간은 더 이상 하나님의 영의 통치를 받을 수 없게 되었고, 그때부터 마귀의 통치 아래서 자신이 인생의 주인이 되어 자신의 마음과 육신이 원하는 대로 살아가는 육적 존재가 된 것이다. 타락한 후에는 하나님이 지으신 만물을 더 이상 하나님의 마음으로 보고 느끼고 생각하고 행동하지 못하고, 마귀에 이끌려 마귀의 마음으로 세상을 바라보게 되었다. 그 결과 자신의 이성과 탐욕으로 하나님이 지으신 아름다운 세상을 타락시키고, 왜곡시키고, 변질시켜왔다.

그러나 하나님께서는 인간의 죄로 인해 망가진 만물을 다시 온전하게 회복시킬 계획을 가지고 계셨다. 인간의 계속되는 죄악 가운데서도 하나님은 아브라함을 부르셨고, 이스라엘을 제사장 나라로 삼으셔서 세상을 변화시키기를 원하셨다. 그 일을 위해 모세를 통해 율법을 주시고, 이스라엘 민족이 하나님의 통치 아래 하나님의 백성이 되기를 원하셨다.

하지만 그들은 계속해서 죄 가운데 거했으며, 하나님의 자녀로 돌아오기보다는 자기 의를 세우려고 힘써 하나님께 복종하지 않는 삶을 살아왔다. 그럼에도 불구하고 하나님은 하나님의 선지자들을 통해서 계속 그 백성들에게 오셔서 그의 나라를 이루겠다고 말씀하셨다 (렘 31:31-34 ; 겔 36:26 ; 단 7:22).

하나님께서는 때가 되어 자신의 독생자 예수 그리스도를 이 땅에 보내주셨고, 다시금 하나님이 통치하게 되셨음을 선포하게 하셨다. 그것이 바로 예수님이 전하신 하나님나라의 복음이다.

> 15 이르시되 때가 찼고 하나님의 나라가 가까이 왔으니 회개하고 복음을 믿으라 하시더라 막 1:15

이때 '나라'의 의미는 어떤 영역을 일컫는 말이 아니라 통치, 주권, 치세(治世), 왕권을 나타내는 말이다. 예수님이 우리에게 전하신 좋은 소식(복음)은 바로 하나님께서 다시 우리에게 오셔서 우리를 통치하시기 때문에 이 세상을 통치하고 있는 흑암의 권세가 물러가고, 마귀의 자녀로 전락한 인생들이 다시 하나님의 자녀가 되는 권세를 회복하고, 본래 하나님께서 지으신 목적대로 살게 된다는 것이다. 그 결과 피조 세계 역시 본래 하나님이 뜻하신 대로 회복되는 것이 바로 예수님이 전하신 복음이다.

그 일을 위해 하나님의 아들이신 예수께서 친히 이 땅에 메시아(그리스도)로 오신 것이다. 인자(人子)로 이 땅에 오신 예수님은 하나님이 지으신 천지만물과 인간의 타락 그리고 하나님의 뜻이 무엇인지를 알려주셨다. 그분은 율법과 선지자에 대해서 가르치시고, 이 일들에 대해서 말씀하시고, 바로 자신이 메시아로서 약속하신 주(主)의 나라를 이룰 것임을 알려주셨다. 또 예수님 자신으로 인해 드디어 하나님나라가 도래했다고 선포하시며, 그 나라가 임할 때 실제적으로 어떤 일이 일어나는지를 보여주셨다. 이 땅의 모든 인간이 하나님의 현재적 통치 안으로 들어올 수 있는 길을 열어주셨다.

43 예수께서 이르시되 내가 다른 동네들에서도 하나님의 나라 복음을 전하여야 하리니 나는 이 일을 위해 보내심을 받았노라 하시고 눅 4:43

하나님나라의 사고방식

예수께서는 인간이 이 복음(하나님이 통치하시는 나라의 삶을 사는 것)을 누리기 위해서는 가장 먼저 하나님에 대한 '회개'가 있어야 한다고 말씀하셨다. 다시 말해 우리의 삶이 얼마나 변질되었고, 우리가 얼마나 하나님의 법(法) 밖에서 인간 중심적으로 살아왔으며, 우리가 얼마나 하나님을 대적하며 살아왔는지를 깨닫고 그 마음을 돌이켜야 한다는 것이다.

우리는 그동안 이 세상 신(神)인 마귀의 권세 아래에서 자신의 마음과 육신에 기초한 육적 생각으로 살아왔다. 우리의 육적인 삶을 대표하는 것이 바로 자기중심적인 사고방식이다. 자기중심적인 사고방식이란, 첫 번째는 하나님의 뜻에 따라 주어진 생명을 우연히 생겨난 것이라고 치부하고 모든 삶에서 자신이 주체가 된 사고방식을 말한다. 두 번째는 자기의(自己義)에 기초한 행위보상적인, 즉 자신의 공로와 행위에 대한 대가를 바라는 사고방식이다. 그 결과 어떤 목적을 이루기 위해서는 그에 따르는 조건들을 정해야 하며 그것을 만족시킬 때 목적이 달성된다고 믿는다. 세 번째는 현실 세계에 기초한, 즉 자신의 능력과 소유에 기초하여 상황, 처지, 환경을 판단하는 사고방식이다.

회개는 바로 이런 사고방식에서 하나님께서 우리를 창조하실 때 우리에게 주신 영적 생각으로 돌이키는 것이다. 이는 곧 하나님나라의 사고방식으로의 전환을 의미한다. 하나님나라의 사고방식은 단지 눈에 보이는 대로 귀에 들리는 대로 마음에 생각되는 대로 결정하고 선택하는 삶의 방식이 아니라, 성령 안에서 이 피조 세계의 원본인 말씀에 기초하여 새롭게 보고 듣고 마음으로 생각하고 느끼고 결정하는 사고방식이다.

결국 진정한 회개는, 하나님나라의 복음을 듣고 우리의 삶 자체가 흑암의 권세 아래 놓여 있다는 사실을 알고, 우리의 사고방식도 세상 신에 의해 자신이 주체가 된 육적 생각이라는 것을 깨닫고, 하나님의 자녀로서 하나님나라의 사고방식으로 돌아서고자 마음을 돌이키는 것이다.

회개는 타락한 마음으로부터 나온 죄의 결과를 후회하거나 고백하거나 그것 때문에 자신을 정죄하는 것이 아니다. 그것은 피상적인 회개일 뿐이다. 진정한 회개는 하나님나라의 복음을 듣고 성령의 감동하심으로 자신이 죽을 수밖에 없는 죄인이라는 사실을 깨달아 흑암의 권세 아래에서 가졌던 사고방식에서 하나님의 사랑하는 아들의 나라의 사고방식으로 변화되는 것이다.

13 그가 우리를 흑암의 권세에서 건져내사 그의 사랑의 아들의 나라로 옮기셨으니 골 1:13

십자가와 성령으로 임하는 하나님나라

우리는 성령의 통치 안에서 하나님의 자녀가 되어 하나님의 마음에 우리 마음을 일치시킴으로(의롭게 됨으로) 주(主)의 뜻을 이 땅에 풀어내고 이루는, 이 땅에 오신 예수 그리스도와 같은 자가 되어야 한다.◆

17 이로써 사랑이 우리에게 온전히 이루어진 것은 우리로 심판 날에 담대함을 가지게 하려 함이니 주께서 그러하심과 같이 우리도 이 세상에서 그러하니라(… but we can face him with confidence because we live like Jesus here in this world) 요일 4:17

예수께서는 우리가 주인이 되어 살아온 삶이 잘못되었음을 성령의 도우심으로 깨닫고(요 16:8) 새로운 삶을 살기로 작정한 자들에게 하나님나라로 들어와 본래 하나님께서 지으신 대로 서로 화목케 하심으로 자녀의 새 삶을 살게 하셨다. 이 일을 이루시기 위해서 그분은 친히

◆ 내가 죽고 그리스도를 나타내는 삶을 사는 자라는 뜻이지, 그리스도와 동격을 이루는 자라는 뜻은 아니다.

십자가에서 피 흘려 죽으셨고, 부활 승천하셔서 하나님 우편에 계시는 영광의 주님으로서 약속하신 보혜사 성령님을 우리에게 보내주셨다.

6 예수께서 이르시되 내가 곧 길이요 진리요 생명이니 나로 말미암지 않고는 아버지께로 올 자가 없느니라 요 14:6

20 그의 십자가의 피로 화평을 이루사 만물 곧 땅에 있는 것들이나 하늘에 있는 것들이 그로 말미암아 자기와 화목하게 되기를 기뻐하심이라 골 1:20

17 하나님의 나라는 먹는 것과 마시는 것이 아니요 오직 성령 안에 있는 의와 평강과 희락이라 롬 14:17

하나님 자녀로의 회복과
새로운 삶

우리가 예수 그리스도를 믿으면 단순히 죄 사함을 받고 구원을 얻는 것이 아니라, 진정한 회개의 결과로서 자기중심적인 삶을 포기하고 예수님이 지신 십자가의 죽으심과 부활하심에 연합함으로써 예수 그리스도 안에서 그분을 나타내는 삶을 살아야 한다. 그것이 바로 우리가 구원 이후에 육체 가운데 사는 삶이다(갈 2:20).◆

> 20 내가 그리스도와 함께 십자가에 못 박혔나니 그런즉 이제는 내가 사는 것이 아니요 오직 내 안에 그리스도께서 사시는 것이라 갈 2:20

복음의 진정한 핵심은 예수 그리스도를 믿고 교회생활을 열심히 하는 신자의 삶이 아니라, 예수 그리스도 안에서 성령님을 통해 하나님 아버지와 교제하는 풍성한 삶을 사는 것이다. 그것은 내 안에 계신 예수 그리스도로 말미암아 하나님 아버지의 가족으로 거듭나고 자녀 된 신분으로 주(主)의 뜻을 이루어가는 삶을 말한다.

예수님은 우리에게 이 세상의 삶에 대해서도 구체적으로 말씀하셨다. 그것은 우리가 타락한 이 땅에서 아무리 매일 노력해도 원하는 것을 원하는 만큼 이루는 삶을 살지 못하고 있다는 것이다. 왜냐하면 마

◆ 우리가 거듭남으로써 영적 존재가 되었지만 여전히 육신을 지닌 자로서 이 땅에서 살아가야 하는 삶을 의미한다.

귀의 권세 아래 수시로 도둑질당하며 살고 있기 때문이다.

> 25 그러므로 내가 너희에게 이르노니 목숨을 위하여 무엇을 먹을까 무엇을
> 마실까 몸을 위하여 무엇을 입을까 염려하지 말라 목숨이 음식보다 중하지
> 아니하며 몸이 의복보다 중하지 아니하냐 26 공중의 새를 보라 심지도 않고
> 거두지도 않고 창고에 모아들이지도 아니하되 너희 하늘 아버지께서 기르
> 시나니 너희는 이것들보다 귀하지 아니하냐 27 너희 중에 누가 염려함으로
> 그 키를 한 자라도 더할 수 있겠느냐 28 또 너희가 어찌 의복을 위하여 염려
> 하느냐 들의 백합화가 어떻게 자라는가 생각하여 보라 수고도 아니하고 길
> 쌈도 아니하느니라 29 그러나 내가 너희에게 말하노니 솔로몬의 모든 영광
> 으로도 입은 것이 이 꽃 하나만 같지 못하였느니라 30 오늘 있다가 내일 아
> 궁이에 던져지는 들풀도 하나님이 이렇게 입히시거든 하물며 너희일까보
> 냐 믿음이 작은 자들아 마 6:25-30

그럼에도 불구하고 예수님은 염려하지 말라고 말씀하셨다. 왜냐하
면 우리가 하나님의 자녀가 될 때, 하나님께서는 우리에게 필요한 모
든 것이 무엇인지 다 알고 계시기 때문이다.

> 31 그러므로 염려하여 이르기를 무엇을 먹을까 무엇을 마실까 무엇을 입을
> 까 하지 말라 32 이는 다 이방인들이 구하는 것이라 너희 하늘 아버지께서
> 이 모든 것이 너희에게 있어야 할 줄을 아시느니라 마 6:31,32

우리가 해야 할 일은 우리에게 일어난 어떤 문제를 해결하기 위해 하나님을 필요로 하는 삶을 사는 것(종교 활동)이 아니라, 먼저 하나님의 나라와 의(義)를 구하는 것이다.

> 33 그런즉 너희는 먼저 그의 나라와 그의 의를 구하라 그리하면 이 모든 것을 너희에게 더하시리라 마 6:33

"그의 나라를 구한다"는 것은 성령의 임재 가운데 거함으로 그분의 통치 안에 들어가는 것이고, "그의 의를 구한다"는 것은 성령 안에서 말씀이 우리 심령 가운데 풀어져서 우리의 마음이 하나님의 마음에 일치되어 하나님께서 우리를 지으셨을 때와 동일한 상태로 돌아간 우리가 본래 지으신 목적대로 주(主)의 성품과 본질을 나타내는 존재가 된다는 것이다.

그럴 때 어떤 일이 일어나는가? 주님이 말씀하신 것처럼 뜻이 하늘에서 이루어진 것같이 땅에서도 이루어진다. 그것은 아직 오지 않은 하나님의 나라를 바라보며 예수께서 제자들에게 가르치신 기도(주기도문) 안에 고스란히 담겨 있다.

> 9 그러므로 너희는 이렇게 기도하라 하늘에 계신 우리 아버지여 이름이 거룩히 여김을 받으시오며 10 나라가 임하시오며 뜻이 하늘에서 이루어진 것같이 땅에서도 이루어지이다 마 6:9,10

말씀이 실체가 되는 자녀의 삶

예수께서 선포하신 하나님나라가 이루어지는 그 날(오순절) 이후에는 천지만물을 지으신 야훼 하나님이 바로 우리 아버지가 되시며, 그 아버지께서는 아버지의 생명 안에 거하는 자녀들(진정한 아버지가 누구인지 아는)이 영과 진리로 드리는 예배를 통하여 온전히 거룩히 여김을 받으시게 된다. 그리고 예수님은 그 자녀들이 하나님의 영광 안에서 그분의 통치를 받을 때, 그들이 더 이상 이 세상의 권세 아래에서 이 세상 법에 속해 사는 것이 아니라 하나님나라의 법을 이 땅에 적용하는 놀라운 삶을 살게 된다고 말씀하셨다.

자녀들은 더 이상 자신들의 마음이 세상, 물질, 관계, 마귀, 과거 등에 묶여 시간과 공간과 물질로 이루어진 현실 세계의 제한된 삶을 사는 것이 아니라, 하나님의 말씀과 일치하는 새 마음으로(하나님의 의가 됨으로) 시간, 공간, 물질을 초월한 초자연적인 영적 세계에서 이미 이루어진 것을 이 땅에 실체로 나타내는 삶을 살게 된다는 것이다.

성경에는 이 두 가지 삶의 방식을 육의 생각 그리고 영의 생각으로 살아간다고 규정한다.

> 20 제자들이 나가 두루 전파할새 주께서 함께 역사하사 그 따르는 표적으로 말씀을 확실히 증언하시니라 막 16:20

> 6 육신의 생각은 사망이요 영의 생각은 생명과 평안이니라 7 육신의 생각은

하나님과 원수가 되나니 이는 하나님의 법에 굴복하지 아니할 뿐 아니라 할

수도 없음이라 8 육신에 있는 자들은 하나님을 기쁘시게 할 수 없느니라

롬 8:6-8

현실 세계에서 육적인 생각으로 살아가면 자기 스스로 삶의 주인이

되어 시간이라는 축 위에서 자신의 노력으로 무언가를 행하고 그 대가

로 살아가는 삶을 살게 된다. 그러나 우리가 하나님의 자녀가 되어 영

적인 생각으로 살게 되면 더 이상 자기 자신이 삶의 주인이 되어 형통,

축복, 더 나은 삶을 위해 하나님을 이용하는 대신에 주(主)의 뜻을 이

루는 삶을 사는 자가 된다.

이것은 예수께서 십자가에 죽으심으로 이루신 하나님나라의 약속의

말씀을 다시 이 땅에 실체로 나타내는 차원적인 삶을 살게 된다는 것

이다.

하나님 자녀의 회복은 하나님 말씀의 회복이다

천지만물은 하나님의 말씀으로 이루어졌다.

3 믿음으로 모든 세계가 하나님의 말씀으로 지어진 줄을 우리가 아나니 보

이는 것은 나타난 것으로 말미암아 된 것이 아니니라 히 11:3

그런데 인간의 잘못된 믿음으로 피조 세계가 왜곡되고 변질되고 타락했다. 따라서 이 세상을 변화시키기 위해서는 본래 이 세상을 만드신 하나님의 말씀을 알아야 한다. 왜냐하면 그것이 원본(原本)이기 때문이다.

이것은 어떤 건물을 리모델링하는 일에 비유될 수 있다. 이전 주인이 변형시킨 내부 시설, 공조 시설, 냉난방 시설, 구조물과 방들을 뜯어서 새롭게 만들기를 원한다면, 그때 반드시 필요한 것이 처음 건축했을 당시의 원도면이다. 원도면이 있어야 본래 만들어놓은 것이 무엇인지를 알게 되고, 거기에 기초해서 새롭게 회복시킬 수 있게 된다.

그렇다면 피조 세계가 본래 어떠했고, 그 원본이 어떻게 변질 왜곡되었는지 우리가 어떻게 알 수 있는가? 바로 하나님의 말씀을 통해서다. 본래 이 세상이 하나님의 말씀으로 지어졌기 때문이다.

보이는 것이 나타난 것으로 된 것이 아닌 이유는 두 가지이다. 하나는 눈에 보이는 실체는 눈에 보이지 않는 궁극적 실체, 즉 하나님 말씀의 현현(顯現)이기 때문이며, 또 다른 하나는 지금 우리가 보는 것은 진짜(원본)가 아닌, 진짜가 타락하고 왜곡되어 나타난 것이기 때문이다.

하나님의 나라가 임했다는 복음

예수님은 성령과 하나님나라 자녀의 삶이 어떻게 관련되어 있는지에 대해 말씀하셨는데, 먼저 하나님나라와 자녀의 관계에 대해서 다음과 같이 말씀하셨다.

> 20 바리새인들이 하나님의 나라가 어느 때에 임하나이까 묻거늘 예수께서 대답하여 이르시되 하나님의 나라는 볼 수 있게 임하는 것이 아니요 21 또 여기 있다 저기 있다고도 못하리니 하나님의 나라는 너희 안에 있느니라 눅 17:20,21

성령님과 하나님나라의 관계에 대해서도 말씀하셨다.

> 28 그러나 내가 하나님의 성령을 힘입어 귀신을 쫓아내는 것이면 하나님의 나라가 이미 너희에게 임하였느니라 마 12:28

이 말씀을 하신 이유는 하나님나라가 우리 가운데 존재하되, 구원받은 우리가 예수 그리스도 안에서 성령 하나님의 통치를 받을 때 비로소 그 나라의 삶이 이루어지기 때문이다.

그리스도의 몸인 우리는 성령 안에서 머리 되신 예수님과 하나 됨으로써 지식에까지 새롭게 되어 그분의 형상으로 빚어지는(날마다 그분을 더 나타내는) 삶을 살아야 한다.

> 16 그의 영광의 풍성함을 따라 그의 성령으로 말미암아 너희 속사람을 능력으로 강건하게 하시오며 17 믿음으로 말미암아 그리스도께서 너희 마음에 계시게 하시옵고 너희가 사랑 가운데서 뿌리가 박히고 터가 굳어져서 18 능

히 모든 성도와 함께 지식에 넘치는 그리스도의 사랑을 알고 엡 3:16-18

13 우리가 다 하나님의 아들을 믿는 것과 아는 일에 하나가 되어 온전한 사람을 이루어 그리스도의 장성한 분량이 충만한 데까지 이르리니 엡 4:13

19 나의 자녀들아 너희 속에 그리스도의 형상을 이루기까지 다시 너희를 위하여 해산하는 수고를 하노니 갈 4:19

　　결과적으로 말하면, 성령님이 우리의 심령에 내주(內住)하실 뿐만 아니라 우리의 혼과 육을 통치하셔서 우리의 모든 생각, 감정, 의지가 일상의 삶 속에서 성령님의 인도함을 받을 때, 우리는 통치적 의미에서 '그의 나라'가 되고, 우리를 통해서 그분의 영광이 실제적으로 나타나는 곳마다 장소적 의미에서 '그의 나라'가 되는 것이다.

　　예수께서는 단지 우리의 죄를 사하시고, 구원과 기적을 베푸시고, 치유를 행하시기 위해서만 오신 분이 아니다. 그분은 하나님의 나라(통치)가 임했다는 놀라운 소식(복음)을 전하기 위해 오셨다. 그리고 모든 사람들이 그 나라로 침노하기 원하셨다. 하나님나라가 단지 말로만 이루어지는 것이 아니라 실체임을 보여주시기 위해서 치유, 표적, 기사를 행하신 것이다.

20 하나님의 나라는 말에 있지 아니하고 오직 능력에 있음이라 고전 4:20

오늘날 우리는 이 놀라운 진리를 간과한 채 단지 기사와 표적 그 자체에만 초점을 맞추는 경향이 있다. 이런 관점이야말로 복음의 본질을 흐리는 원인이 된다. 기사와 표적은 우리가 예수님이 전하신 복음을 듣고 하나님나라로 침노할 때 그 하나님나라가 임했음을 증거하는 것이지, 어떤 사람의 능력을 나타내거나 이 세상의 법칙에서 벗어난 초자연적인 무언가를 보여주는 데 목적이 있는 것이 아니기 때문이다. 이 기사와 표적은 우리의 관점에서는 놀라운 일이지만 하나님의 관점에서 볼 때는 하나님나라의 당연한 질서일 뿐이다.

따라서 기사와 표적이 하나님나라가 도래했다는 증거가 아니라면 그 자체만으로는 큰 의미가 없다. 실제로 그런 일들은 다른 종교에서 초자연적인 것을 추구하는 사람들에 의해서도 일어날 수 있기 때문이다. 어떤 기사와 표적 때문에 예수 그리스도를 믿고 싶지 않고, 하나님의 자녀가 되고 싶지 않고, 하나님나라의 삶을 살고 싶지 않게 된다면, 궁극적으로 그것이 무슨 소용이 있겠는가?

말씀의 실체이신 예수 그리스도

30 예수께서 제자들 앞에서 이 책에 기록되지 아니한 다른 표적도 많이 행하셨으나 31 오직 이것을 기록함은 너희로 예수께서 하나님의 아들 그리스도이심을 믿게 하려 함이요 또 너희로 믿고 그 이름을 힘입어 생명을 얻게 하려 함이니라 요 20:30,31

흔히 우리는 말씀을 좇을 것인가, 아니면 능력이나 체험을 좇을 것인가를 놓고 논쟁을 벌인다. 그러나 하나님나라가 도래했다면 우리가 약속하신 주(主)의 말씀의 실체를 보는 것은 당연하다[물론 하나님과 우리의 관계(친밀함과 믿음)의 차이 때문에 그 실체가 나타나는 정도와 양상이 다를 수 있다].

> 20 제자들이 나가 두루 전파할새 주께서 함께 역사하사 그 따르는 표적으로 말씀을 확실히 증언하시니라 막 16:20

한편, 하나님나라의 도래에 따른 초자연적인 기사와 표적들은 초대교회 이후에 단절되었다고 하는 주장도 있다. 하지만 이 주장은 성경 말씀에 기초한 것이 아니라 개인적인 경험의 한계에 기인(起因)한 것이며, 결과적으로 성경 말씀을 자신의 인간적인 경험 수준으로 제한한 것에 불과하다. 자신의 주장을 견지하기 위해 어떤 형태의 초자연적 현상도 가능한 한 부정적으로 해석하거나 이단적인 것으로 낙인찍는 것은 옳지 않다.

> 5 이는 우리 복음이 너희에게 말로만 이른 것이 아니라 또한 능력과 성령과 큰 확신으로 된 것임이라 우리가 너희 가운데서 너희를 위하여 어떤 사람이 된 것은 너희가 아는 바와 같으니라 살전 1:5

신비 중의 신비, 능력 중의 능력이 되시는 분이 누구이신가? 바로 예수님이시다.

그런데 지금은 마치 진짜가 진짜 노릇을 하지 못해서 가짜가 진짜 노릇을 하는 형국이 되었다. 더욱이 진짜가 가짜를 내쫓기는커녕 진짜 노릇하는 것을 가짜라 매도하여 하지 못하도록 막는 것이 진정으로 하나님을 위하는 길이라고 여기는 것을 보면 참으로 안타깝고 가슴이 아프다. 우리에게 성경이 있기 때문에 하나님의 초자연적인 공급이 더 이상 필요 없는 것이 아니라, 성경이 있기 때문에 하나님의 초자연적인 일들이 더 풍성히 일어나야 한다. 그것이 바로 이 시대의 요청이다.

예수께서도 복음을 전하기 위해 말씀과 그 말씀을 증거하는 기사와 표적을 행하셨다. 그런데 오늘날 우리가 복음을 전할 때 말씀만 있으면 된다는 식의 사고방식을 가지고 있는 것이 과연 옳은 일인지 생각해보아야 한다.

주의 뜻을 이루어가는 자

오늘의 기독교는 살아 계신 하나님과의 영적, 생명적, 현재적인 교제를 통해 그분의 성품, 그분의 권능이 이 땅에 풀어지도록 하는 데 힘써야 할 소중한 시간과 열정을, 기독교의 전통과 관습과 규율을 따르는 데 소모하도록 만들고 있다. 매일의 삶에서 하나님의 자녀로서 하나님의 뜻을 어떻게 나타내야 하는가에 초점을 맞추기보다는 자신이 주체가 되어 어떻게 하면 죄를 짓지 않을까에 집중하는 삶을 살고 있는 것이다.

최근 수많은 사람들이 뉴에이지 운동을 통해 초자연적인 세계를 경험하고자 노력하고 있다. 또 그 속에서 그동안 경험할 수 없었던 것들을 경험함으로써 마치 거기에 참 진리가 있는 것처럼 미혹되고 있다. 그들은 구원을 얻을 수 있는 길은 다양하며 모든 피조물과 화평을 누려야 한다고 말한다. 그러나 거기에는 죄 사함의 은혜도 영생도 없다는 사실을 분명히 알아야 한다.

이제 하나님의 자녀들은 실제적으로 주(主)의 뜻을 이 땅에 이룰 수 있는 새로운 세계관을 가져야 한다. 지금까지 우리에게 익숙한 세계관은 인본주의적 관점으로 성경을 통해 세상을 바라보고자 한 것이다. 그러나 그 출발은 타락한 마음을 가진 인간 중심적 사고방식의 틀에 기초한다. 그것은 마치 하나님의 생명을 소유하지 못했던 구약의 사람들이 스스로 율법을 지켜 행하는 것과 같은 관점이다.

이제 우리는 예수 그리스도 안에서 우리 자신이 하나님의 의(義)라는 것을 알아야 한다(고후 5:21).◆ 우리는 성령의 조명 아래 말씀을 통해 그리스도께서 세상을 보는 방식으로 모든 것을 볼 줄 알아야 한다. 그리고 주의 뜻을 나타내는 참된 믿음과 행동으로 세상을 변화시켜야 한다. 또 그 삶의 방식은 공동체를 통하여 검증받아야 한다. 이것은 단지 복음 전도에 그치지 않는다. 각자 삶터에서 자신이 예수님의 메시지가 되어야 하고, 초대교회 때 일어났던 놀라운 일들이 우리 삶의 현장

◆ 이 부분에 대한 더 구체적인 내용은 《알고 싶어요 하나님의 의》(두란노) pp.133-146을 참고하라.

에서도 일어나야 한다.

이제는 종교적인 기독교 신자가 아니라 이 땅에 도래한 하나님나라에서 주의 뜻을 이루는 주의 자녀들이 일어나야 한다. 그 삶을 살기 위해서는 이 세상에서 무언가를 성취하고 명예를 누리기 위해 예수 그리스도를 믿는 기복적인 신앙생활에서 벗어나야 한다. 주의 자녀들은 세상과 벗이 되어 세상에서 자신의 삶을 누리고자 하는 자들이 아니라 하나님이 이 세상을 사랑하셔서 예수님을 보내신 것처럼 세상으로 보냄을 받아 세상을 변화시키는 삶을 사는 자들이 되어야 한다.

> 4 간음한 여인들아 세상과 벗된 것이 하나님과 원수 됨을 알지 못하느냐 그
> 런즉 누구든지 세상과 벗이 되고자 하는 자는 스스로 하나님과 원수 되는
> 것이니라 약 4:4

그렇게 살기 위해서는 세상 사람들이 다 해도 우리가 '하지 않아야 할 것'과 세상 사람들이 다 하지 않아도 우리가 '해야 할 일'을 분별할 줄 알아야 하고, 그 일들을 이룰 수 있는 능력이 있어야 한다. 예를 들어 자기 육신의 정욕, 안목의 정욕, 이생의 자랑을 위해 사는 세상 사람들과 달리 그것들을 기꺼이 내려놓고 포기하는 삶을 실천해야 한다.

그러나 반대로 세상에서 불가능하고 있을 수 없는 일처럼 보일지라도 주님의 말씀이 그렇다면 그 일을 이루기 위해 아무도 하지 않는 일 또한 해야 한다. 그것이 바로 믿음의 삶이며 하나님께서 친히 이 땅에서 그의 뜻을 이루실 수 있도록 길을 열어드리는 순종의 삶이다.

13 좁은 문으로 들어가라 멸망으로 인도하는 문은 크고 그 길이 넓어 그리로 들어가는 자가 많고 14 생명으로 인도하는 문은 좁고 길이 협착하여 찾는 자가 적음이라 마 7:13,14

하나님의 마음을 품지 않고, 그려보지도 않고, 느끼지도 않고, 말하지도 않고 어떻게 하나님의 뜻이 이 땅에 이루어질 것이라고 생각할 수 있겠는가? 생각해보라. 우리도 어떤 일을 이루고자 하면 먼저 마음으로 생각하고 그려보고 그렇게 될 것이라는 믿음을 가지고 시작하지 않는가?

1 믿음은 바라는 것들의 실상이요 보이지 않는 것들의 증거니 히 11:1

하나님의 자녀는 이 땅에서 사는 동안 주(主) 안에서는 평안을 누리지만, 세상에서는 환난을 당하는 삶을 살 수밖에 없다. 그런데 대부분의 신자들은 그와 반대로 하나님과의 관계에서는 고난을 겪으면서도 (성령님을 근심시키더라도) 세상에서는 평안을 누리고자 애쓴다.

그러나 주(主)의 뜻을 이루어가는 자라면 세상에서 고난당하는 것이 당연하다. 왜냐하면 마귀는 우는 사자처럼 두루 다니면서 주의 뜻을 방해하기 때문이다. 또한 우리는 죄에 대한 해방과 마귀에 대한 승리를 이미 경험하는 현재적 하나님나라의 삶을 살고 있지만, 궁극적으로 완전한 승리는 예수께서 재림하시는 미래적 하나님나라에서 이루어지기 때문이다.◆

그럼에도 불구하고 우리가 늘 평안 가운데서 모든 환난을 이길 수

있는 것은 바로 내 안에 계신 예수 그리스도와 그분의 인도함을 받게
하는 성령님이 계시기 때문이다.

> 33 이것을 너희에게 이르는 것은 너희로 내 안에서 평안을 누리게 하려 함
> 이라 세상에서는 너희가 환난을 당하나 담대하라 내가 세상을 이기었노라
> 요 16:33

◆ 이 부분에 대한 더 구체적인 내용은 《알고 싶어요 하나님의 나라》(두란노) pp.92-138을 참고하라.

K I N G D O M

B U I L D E R

킹덤 빌더

II

나는 하나님의 자녀이다

훌륭한 그리스도인이 될 수 있을까?

구원받은 후에 우리는 열심히 신앙생활을 하면서 마음속으로(의식적이든 무의식적이든), 지금은 아니지만 언젠가는 훌륭한 그리스도인이 될 것이라는 믿음을 갖는다. 그 고결한 목적을 달성하기 위해 예수님을 닮기 위한 지침들을 준수하며 열심히 신앙생활을 한다. 또는 예수님을 닮기 위해서는 훌륭한 그리스도인으로 성장해야 한다고 생각한다.

그래서 우리는 다음과 같이 노력한다.

> 주기적으로 성경을 읽는다
> 기도생활을 한다
> 교회에 출석한다
> 다른 사람에게 복음을 전한다
> 다양한 교회 활동에 참여한다
> 십일조와 헌금생활을 한다
> 바른 교리를 지킨다
> 제자훈련을 한다

물론 그 핵심에는 주(主)의 복음을 전하기 위한 헌신된 삶, 주의 말씀에 대한 순종과 리더십에 대한 순종, 죄짓지 않고 거룩한 삶을 살고자 하는 노력 등이 있을 것이다.

또한 우리는 매일 자신에게 질문을 던진다.

잠자리에서 일어나자마자 기도했는가?

새벽에 큐티를 했는가?

자기 자신에게 오늘도 승리할 것이라고 다짐했는가?

다른 사람에게 선한 말을 했는가?

식사하면서 정말 감사함으로 기도했는가?

말씀 한 구절을 암송했는가?

가난한 사람을 구제했는가?

짧더라도 점심 시간에 기도했는가?

경건서적을 읽었는가?

자기 전에 하루의 삶을 반성하고 기도했는가?

사실 이런 항목은 빙산의 일각에 불과하다. 우리가 더 나은 그리스
도인이 되기 위해서 해야 할 일이 얼마나 많은지 생각해보라. 우리는
매일 이런 과업을 완수하기 위해 최선을 다한다. 하지만 늘 온전하지
못한 자신에 대한 자괴감, 시간에 쫓겨 제대로 하지 못한다는 정죄감,
좀 더 사랑하고 헌신하지 못한 죄책감 등에 시달린다.

당신의 현실은 어떠한가? 실제로 최선을 다하지만 마음에 놀라운
기쁨과 평온함 그리고 자유보다는 자주 찾아오는 실패, 좌절, 자책감
등으로 괴로워하지 않는가? 만약 그렇다면 지금까지 당연하다고 여긴
그 생각이 정말 옳은지, 과연 하나님이 정말 원하시는 것이 이런 삶인
지 본질적인 의문을 품어볼 때이다.

이것이 정말 하나님께서 자녀에게 요구하시는 것들인가? 우리는 왜

이런 일들을 정해놓고 지키려고 애쓰는가? 이렇게 해서 우리가 얻고자 하는 궁극적인 목적은 무엇인가? 왜 제대로 하지 못하면 정죄감이 드는가? 내가 열심히 신앙생활을 해서 훌륭한 그리스도인이 될 수 있고, 예수님을 닮아갈 수 있다고 하는 가정(假定)이 과연 정말 옳은 것인가?

복음이 무엇인지 다시 한 번 생각해보라. 복음의 핵심은 자신의 옛 사람을 십자가에 못 박음으로써 예수 그리스도 안에서 하나님의 자녀가 되고, 성령님을 통해 하나님과 사랑을 나누고, 이 땅에 주(主)를 나타내는 것이다. 훌륭한 그리스도인이 되는 것은 하나님에 대해 더 알거나 하나님으로부터 더 신임을 얻기 위해 노력하는 것이 아니라, 하나님의 자녀로서 아버지의 성품과 권능을 나누는 것이다. 그것이 올바른 신앙이다.

우리의 모든 행위는 그분의 충만한 사랑과 능력을 나타내기 위한 것이어야 한다. 그런데 우리는 여전히 자신이 삶의 주인이 되어 자신의 선한 행위로 하나님과 좋은 관계를 가지려고 애쓴다. 앞서 나열한 모든 항목은 우리가 훌륭한 그리스도인이 되거나 예수 그리스도를 닮기 위해 해야 할 조건이 아니라, 이미 하나님의 자녀가 되었기 때문에 주님을 나타내는 삶의 결과(열매)가 되어야 한다.

자신의 행위로 자기 존재를 입증하는 삶을 마감하는 그날은 모름지기 당신 자신이 죽는 날이거나 당신이 진정으로 하나님을 만나는 날, 둘 중에 하나가 될 것이다. 우리 인생 최고의 날은 바로 자신의 노력과 힘으로는 절대 온전한 그리스도인의 삶을 살 수 없다는 것을 주님의 계시로 깨닫는 날이다. 아무 조건 없이 오직 믿음으로, 이미 나의 존재 자체로 하나님의 사랑을 받고 있다는 사실을 느끼게 되는 날이다. 그 날이 바로 당신이 이 세상과 마귀의 묶임으로부터 벗어나는 날이며, 하나님의 영광의 완전한 자유를 경험하는 날이다.

왜곡된 정체성

하나님을 알지 못하는 이방인들은 천지만물을 지으신 하나님에 대해서는 모른 체하고 마치 자신이 세상의 주인인 것처럼 행세한다. 반면에 지금 세상 권세를 잡고 있는 마귀에게는 종처럼 예속되어 살아가고 있다.

> 20 창세로부터 그의 보이지 아니하는 것들 곧 그의 영원하신 능력과 신성이 그가 만드신 만물에 분명히 보여 알려졌나니 그러므로 그들이 핑계하지 못할지니라 21 하나님을 알되 하나님을 영화롭게도 아니하며 감사하지도 아니하고 오히려 그 생각이 허망하여지며 미련한 마음이 어두워졌나니 22 스스로 지혜 있다 하나 어리석게 되어 롬 1:20-22

> 2 그때에 너희는 그 가운데서 행하여 이 세상 풍조를 따르고 공중의 권세 잡은 자를 따랐으니 곧 지금 불순종의 아들들 가운데서 역사하는 영이라 3 전에는 우리도 다 그 가운데서 우리 육체의 욕심을 따라 지내며 육체와 마음의 원하는 것을 하여 다른 이들과 같이 본질상 진노의 자녀였더니 엡 2:2,3

그렇다면 예수 그리스도를 구주로 믿는 사람은 자신에 대해서 어떻게 생각하면서 사는가? 오늘날 많은 기독교인들이 하나님의 자녀라는 참된 정체성을 갖지 못한 채 단지 종교적인 기독교 신자로 살아가는 것은 정말 안타까운 현실이다.

종교적인 그리스도인들은 자신을 예수 믿고 죄 사함 받은 신자로 생각한다. 예수께서 우리 죄를 사해주시기 위해 십자가에 못 박혀 죽으셨기 때문에 그의 대속 사건을 믿음으로써 자신은 죄 사함을 받았으며, 그래서 이제는 자신을 그 예수 그리스도를 믿는 삶을 살게 된 신앙인으로 규정하는 것이다. 이는 마치 예수 그리스도가 죽으신 후 보혜사 성령님을 보내주시기 전 상태에서 예수님과 교제하며 살고 있는 것과 같다. 주님이 내 죄를 사해주셨기 때문에 이제는 구원받은 신앙인으로서 하나님 아버지를 섬기며, 그분의 말씀을 믿고 지켜 행함으로 올바른 삶을 살아야 하며, 그분이 약속하신 축복을 누려야 한다고 생각하는 것이다.

그런데 이렇게 신앙생활 하는 기독교 신자는 대체로 하나님에 대해서는 자신을 종처럼 여기고, 세상에서는 자신을 나그네처럼 여긴다. 그리고 그것을 겸손이라고 생각한다. 구원받은 죄인은 자신을 종처럼 여기고 열심히 충성하며 살아야 하고, 이 덧없는 세상에서 무언가를 바라거나 좇는 것은 다 허망한 것이며, 때가 되어 육신의 장막을 벗으면 천국에 가서 하나님과 놀라운 사랑과 축복 가운데 안식을 누릴 것이라고 생각한다.

하나님은 이미 우리를 자녀로 삼아주셨다. 그런데도 우리는 머리로는 자녀라고 여길지 모르지만, 실제 삶에서는 종처럼 살아가고 있다.

9 하늘에 계신 우리 아버지여 … 마 6:9

12 영접하는 자 곧 그 이름을 믿는 자들에게는 하나님의 자녀가 되는 권세를 주셨으니 13 이는 혈통으로나 육정으로나 사람의 뜻으로 나지 아니하고 오직 하나님께로부터 난 자들이니라 요 1:12,13

예수님은 우리 죄를 대속하셨을 뿐만 아니라 부활 승천하신 후에 보혜사 성령님을 보내주셔서 우리의 삶을 인도하시며, 우리를 통하여 그분을 나타내기를 원하신다.

20 그 날에는 내가 아버지 안에, 너희가 내 안에, 내가 너희 안에 있는 것을 너희가 알리라 요 14:20

1 보라 아버지께서 어떠한 사랑을 우리에게 베푸사 하나님의 자녀라 일컬음을 받게 하셨는가, 우리가 그러하도다 그러므로 세상이 우리를 알지 못함은 그를 알지 못함이라 요일 3:1

30 너희는 하나님으로부터 나서 그리스도 예수 안에 있고 예수는 하나님으로부터 나와서 우리에게 지혜와 의로움과 거룩함과 구원함이 되셨으니 고전 1:30

성경에는 우리가 하나님의 자녀이며, 예수 그리스도께서 우리 안에 임하셨다는 사실을 분명히 말하고 있다. 하지만 우리가 실제 삶에서 그것을 느끼지 못하는 것은 왜인가? 우리는 성경 말씀으로 우리가 누구인지를 듣고 배우고 믿는다. 하지만 실제로 자신이 종이 아닌 자녀라는 사실을 알게 되는 것은 성령님의 계시를 통해서만 가능하다. 바로 그리스도의 영이신 성령님이 우리 안에서 확증하실 때에만 알 수 있다 (고후 1:22 ; 엡 1:13). 이것은 우리 스스로 의지적으로 붙드는 인간적인 믿음이 아니라, 성령님의 임재하심에 따라 믿어지는 신비한 체험이다.

16 성령이 친히 우리의 영과 더불어 우리가 하나님의 자녀인 것을 증언하시나니 롬 8:16

13 그의 성령을 우리에게 주시므로 우리가 그 안에 거하고 그가 우리 안에 거하시는 줄을 아느니라 요일 4:13

우리는 기독교를 믿는 신자가 되어서는 안 된다. 우리는 하나님의 자녀가 되어야 한다. 이는 내가 예수님을 믿고 의지하는 삶을 사는 것이 아니라 내 안에 계신 그리스도가 나타나는 삶을 사는 것이다.

13 그 안에서 너희도 진리의 말씀 곧 너희의 구원의 복음을 듣고 그 안에서 또한 믿어 약속의 성령으로 인치심을 받았으니 엡 1:13

우리가 진리의 말씀 곧 구원의 복음을 듣고 예수 그리스도를 믿으므로, 예수께서 성령을 보내셔서 우리의 영혼을 감동시키시고 우리가 바로 하나님의 자녀라는 것을 알게 하셨다. 이제 더 이상 예수를 믿는 자가 아니라 예수님과 함께 하나님의 자녀가 된 것이다.

10 그러므로 만물이 그를 위하고 또한 그로 말미암은 이가 많은 아들들을 이끌어 영광에 들어가게 하시는 일에 그들의 구원의 창시자를 고난을 통하여 온전하게 하심이 합당하도다 11 거룩하게 하시는 이와 거룩하게 함을 입은 자들이 다 한 근원에서 난지라 그러므로 형제라 부르시기를 부끄러워하지 아니하시고 히 2:10,11

왜곡된 사고 체계

타락하기 전 우리는 하나님의 말씀으로 지어졌고, 우리 안에 계신 하나님의 영으로 말미암아 그분의 말씀에 반응하고, 그분의 말씀을 이루는 존재였다. 다른 말로 하면 하나님의 생명이 우리 안에 계셔서 하나님의 뜻과 목적이 우리 마음에 충만한 그런 존재였다. 그리고 하나님의 생명 가운데 하나님의 말씀(소리)을 통해 하나님이 지으신 세상을 보는 존재였다.

4 그의 소리가 온 땅에 통하고 그의 말씀이 세상 끝까지 이르도다 하나님이

해를 위하여 하늘에 장막을 베푸셨도다 시 19:4

33 옛적 하늘들의 하늘을 타신 자에게 찬송하라 주께서 그 소리를 내시니 웅장한 소리로다 시 68:33

2 이스라엘 하나님의 영광이 동쪽에서부터 오는데 하나님의 음성이 많은 물소리 같고 땅은 그 영광으로 말미암아 빛나니 겔 43:2

이처럼 하나님의 뜻을 알고 이루는 복된 존재인 우리가 타락하여 세상 신(神)의 뜻을 이루는 자로 변해버렸다. 본래 우리는 이 세상을 다스리는 자였지만, 타락한 후에는 이 세상의 영향을 받는 자로 전락했다. 따라서 하나님의 마음을 나타내는 캔버스인 우리 마음이 이제는 세상 신의 속임에 의해 세상의 일과 현실의 경험을 나타내는 캔버스로 변질된 것이다.

우리가 구원받은 후 우리 안에 그리스도의 영이 함께하심으로 우리의 죄성(罪性)은 사라졌지만, 그럼에도 불구하고 우리 육신의 사고 체계는 여전히 이미 프로그램 된 과거의 패턴을 답습하기 원한다. 그래서 우리는 날마다 우리를 창조하신 자의 형상을 좇아 지식에까지 새롭게 하심을 받아야 하는 것이다.

9 너희가 서로 거짓말을 하지 말라 옛 사람과 그 행위를 벗어 버리고 10 새 사람을 입었으니 이는 자기를 창조하신 이의 형상을 따라 지식에까지 새롭

게 하심을 입은 자니라 골 3:9,10

우리는 새 사람이 되었지만, 우리의 육신에는 여전히 과거의 사고 체계가 작동한다. 이것이 어떻게 작동하는지 알아보자.

첫째, 우리의 사고 체계는 이 세상에 묶여 있다. 내가 보고 듣고 생각하고 느끼는 것에 묶여 있다. 이렇게 세상에 묶인 상태에서는 세상 신의 관점으로 판단하고 선택하고 결정하며 살아갈 수밖에 없는 것이다.

둘째, 우리는 그런 사고 체계를 통해 스스로 받아들인 말씀을 가지고 자신을 변화시키려고 노력한다. 하지만 자신을 변화시킨다는 것은 자신의 사고 체계를 변화시키는 것인데, 자신이 원하는 것만을 받아들이는 세상의 사고 체계를 가지고서는 결코 자신을 새롭게 바꿀 수 없다.

6 육신의 생각은 사망이요 영의 생각은 생명과 평안이니라 7 육신의 생각은 하나님과 원수가 되나니 이는 하나님의 법에 굴복하지 아니할 뿐 아니라 할 수도 없음이라 8 육신에 있는 자들은 하나님을 기쁘시게 할 수 없느니라 롬 8:6-8

13 너희가 육신대로 살면 반드시 죽을 것이로되 영으로써 몸의 행실을 죽이면 살리니 14 무릇 하나님의 영으로 인도함을 받는 사람은 곧 하나님의 아들이라 롬 8:13,14

셋째, 우리는 오감(五感)을 통해 들어오는 모든 정보를 자신의 경험과 자신의 타락한 이성에 기초한 사고 체계로 바라보고 듣고 있다. 즉, 세상의 실재에 대해서는 알지 못하면서 자기 마음의 주관적인 해석으로 세상을 보고 듣는 것이다. 이런 사고 체계는 세상 신이 지배하는 기초 위에서 형성된 것이다.

그러나 진실로 깨달아야 할 것은 타락한 우리는 본질상 진노의 자녀였지만, 하나님의 생명이 우리 안에 들어옴으로써 우리는 그리스도 안에서 새로운 피조물이 되었다는 사실이다.

> 17 그런즉 누구든지 그리스도 안에 있으면 새로운 피조물이라 이전 것은 지나갔으니 보라 새것이 되었도다 고후 5:17

내가 그리스도 안에서 새로운 피조물이 되었다면, 지금까지 옛 사고 체계에 의해 만들어진 것은 이제 더 이상 내가 아니다. 다시 말해 기존의 육적 사고 체계에 의해 만들어진 내가 그 사고 체계 아래에서 예수 믿고 죄 사함을 받아 새 사람이 된 것이 아니라는 말이다. 내 안에 계신 하나님의 생명으로 말미암아 이제 나의 본질이 바뀌었기 때문에 새 사람이 된 것이다.

따라서 이제는 세상 신이 아닌, 하나님의 영에 의한 새로운 사고 체계를 가져야 한다. 나의 오감으로 들어오는 정보를 가지고 나의 사고 체계가 형성한 의식을 믿는 것이 아니라, 내 안에 계신 하나님의 생명으로 말미암아 나의 심령에서부터 마음(혼)으로 넘어오는 하나님의 말씀에 내가 새롭게 반응하고, 그 말씀을 통해 세상을 보고 판단하는 존재가 되어야 한다.

> 22 너희는 유혹의 욕심을 따라 썩어져 가는 구습을 따르는 옛 사람을 벗어
> 버리고 23 오직 너희의 심령이 새롭게 되어 24 하나님을 따라 의와 진리의
> 거룩함으로 지으심을 받은 새 사람을 입으라 엡 4:22-24

새로운 탄생과 새 신분

신분(position, standing, 개인의 사회적 계급, 계층, 서열)에는 그에 따르는 권세와 능력이 주어진다. 이 세상에 사는 모든 사람들은 어떤 면에서 자신의 신분을 격상시키기 위해 최선을 다한다. 지금의 자신보다 좀 더 나은 자신이 되기 위해 애쓴다. 또 그렇게 되지 않으면 늘 후회하고, 소망하는 것처럼 되지 못하는 자신에 대해, 그다지 낙심하지 않는 자신에 대해서 더 실망하며 살아간다.

그러면 왜 그렇게 자신의 신분을 바꾸려고 노력하는가? 현재의 상태에 만족하지 못하고 더 많은 것들을 누리려고 하기 때문이다. 그런데 그보다 더 깊은 본질적인 이유가 있다. 자신에게(실제로는 타락한 인간이라는 자체에) 만족하지 못하기 때문이다. 수많은 사람들이 살아가면서 자아를 실현하고자 애쓰는 그 밑바탕에는, 인간이라 규정짓는 자신에 대한 충족감이나 영원한 기쁨이 없기 때문이다. 더 깊이 이야기하자면, 바로 자신의 존재, 태생 자체에 만족하지 못하기 때문이다.

인간은 자신의 신분을 변화시키고 자신이 누구인지 알기 위해서 최선을 다하는 삶을 산다. 하지만 결국 인간은 인간일 뿐이다. 다시 말해서 자신의 신분을 변화시킬 수는 있지만 자신의 태생(주어진 존재) 자체를 바꿀 수는 없다. 생각해보라. 아무리 많은 돈을 벌고, 높은 지위에 있고, 남들이 할 수 없는 수많은 선행을 한다 할지라도, 자신의 가문과 성과 출생지를 바꿀 수는 없다. 왜냐하면 태생은 자기 노력과 행위로 얻을 수 있는 것이 아니라 주어진 것이기 때문이다.

예수님이 전하신 복음은 하나님나라의 복음이다. 복음은 내가 예수 그리스도를 믿고 죄 사함을 받아 이 땅에서 형통, 축복, 더 나은 삶을 살아가는 것이 아니다. 복음은 우리의 태생을 바꾸는 것이다. 바로 예수 그리스도의 죽음과 부활에 연합하여 잃어버린 하나님 아버지를 찾고, 아버지 집으로 돌아가는 것이다. 그리고 그 아버지의 사랑 가운데서 그분과 교제하며 이 땅에 그분의 뜻을 이루는 것이다. 그것이 바로 하나님나라의 삶이기도 하다.

우리는 포로수용소 같은 이 현실 세계의 삶에서 벗어나야 한다. 예수님이 전하신 복음은 마침내 새로운 세상이 왔다는 것이다. 바로 하나님나라이다. 따라서 우리는 사실(보이는 현실)에 입각한 삶이 아닌 진리(천지만물을 지으신 말씀)에 입각한 삶을 살아야 한다. 하나님의 영광의 임재 안에서 믿음의 세계로 들어가라. 우리가 보는 세상이 아니라 하나님이 보시는 세상을 볼 줄 알아야 한다.

성경을 구속사적으로 보면 창조, 타락, 구속, 성화, 영화로 나눌 수 있을 것이다. 그러나 하나님의 관점에서 본다면 하나님나라의 회복일 것이다. 또 자녀의 관점에서 보면 잃어버린 아버지를 찾고, 아버지의 집으로 돌아가, 아버지의 뜻을 이루는 것이 된다.

인간의 구속을 하나님나라와 자녀의 관점에서 설명하면 다음과 같다.

회개(repentance)
▼
옛 자아의 죽음(death)
▼
새로운 탄생(new birth)
▼
새로운 피조물(new creature)
▼
자녀와 로열 킹덤 패밀리(children and royal kingdom family)
▼
상속자(heir)

회개

회개가 무엇인가? 우리는 흔히 "내가 죄를 지었습니다. 하나님이 원치 않는 일을 했습니다. 도덕적, 윤리적, 종교적인 죄를 저질렀습니다. 용서해주옵소서"라고 후회하고 고백하는 것을 회개라고 생각한다.

그러나 이미 언급한 바와 같이 예수께서 "회개하고 복음을 믿으라"(막 1:15)라고 말씀하신 이 '회개'는 우리가 저지른 죄에 대한 것이 아니라 죄를 지을 수밖에 없는 우리의 죄악 된 본성을 깨닫고 마음을 새롭게 하라는 뜻이다. 결국 회개는 그의 나라로 부르시는 하나님의 초청에 응하기 위한 자기 부인에 해당하는 단어이지, 자신의 죄를 후회하라고 촉구하는 단어가 아니다.

'회개'는 하나님이 이루시고자 하는 하나님나라의 기쁜 소식을 듣고, 자신이 하나님을 알지 못했으며, 자신의 삶의 방식이 잘못되었다는 것을 알고, 그동안 그렇게 살았던 자신의 삶을 후회하고 분노를 느끼며, 마음을 돌이켜 의지적으로 하나님께 순종하는, 지금까지와는 다른 삶을 살고자 하는 마음의 근본적인 변화이다.

> 10 하나님의 뜻대로 하는 근심은 후회할 것이 없는 구원에 이르게 하는 회개를 이루는 것이요 세상 근심은 사망을 이루는 것이니라 고후 7:10

옛 자아의 죽음

옛 자아가 죽는다는 것은 자신의 옛 자아를 예수 그리스도의 십자가 죽음에 연합시키는 것을 의미한다. 이는 곧 삶의 주인이 자신이 아니라 예수 그리스도라는 것을 인식하고 체험하는 것이다.

> 20 내가 그리스도와 함께 십자가에 못 박혔나니 그런즉 이제는 내가 사는 것이 아니요 오직 내 안에 그리스도께서 사시는 것이라 갈 2:20

> 6 우리가 알거니와 우리의 옛 사람이 예수와 함께 십자가에 못 박힌 것은 죄의 몸이 죽어 다시는 우리가 죄에게 종노릇하지 아니하려 함이니 7 이는 죽은 자가 죄에서 벗어나 의롭다 하심을 얻었음이라 롬 6:6,7

새로운 탄생

이것이 바로 예수께서 니고데모에게 하신 말씀이다. 거듭난다는 것은 무엇을 의미하는가? 육으로 난 자아가 죽고 하나님의 영으로 말미암아 새로운 자아가 생긴다는 뜻이다.

> 2 그가 밤에 예수께 와서 이르되 랍비여 우리가 당신은 하나님께로부터 오신 선생인 줄 아나이다 하나님이 함께하시지 아니하시면 당신이 행하시는 이 표적을 아무도 할 수 없음이니이다 3 예수께서 대답하여 이르시되 진실로 진실로 네게 이르노니 사람이 거듭나지 아니하면 하나님의 나라를 볼 수 없느니라 4 니고데모가 이르되 사람이 늙으면 어떻게 날 수 있사옵나이까 두 번째 모태에 들어갔다가 날 수 있사옵나이까 5 예수께서 대답하시되 진실로 진실로 네게 이르노니 사람이 물과 성령으로 나지 아니하면 하나님의 나라에 들어갈 수 없느니라 6 육으로 난 것은 육이요 영으로 난 것은 영이니 7 내가 네게 거듭나야 하겠다 하는 말을 놀랍게 여기지 말라 요 3:2-7

비록 옛 자아의 입장에서 볼 때 자기 육체나 마음에 변화된 것이 아무것도 없을지라도 영으로는 새롭게 태어난 것이다.

> 10 또 그리스도께서 너희 안에 계시면 몸은 죄로 말미암아 죽은 것이나 영은 의로 말미암아 살아 있는 것이니라 롬 8:10

새로운 피조물(창조 행위의 결과로 인한 새로운 존재)

우리가 예수 그리스도의 죽으심에 연합하고 더불어 영으로 중생함으로써, 자신의 죽음과 피 흘리심으로 하나님의 공의(公義)를 만족시키신 예수 그리스도 안에서 하나님의 의(義)가 된 것을 의미하며, 이제는 하나님의 본질과 본성을 나타내는 존재가 되었음을 뜻한다. 즉, 예수님을 믿음으로 자신이 변한 것이 아니라, 예수 그리스도 안에 있는 우리에게 하나님의 생명이 임하여 새로운 피조물이 되었다는 것이다.

> 17 그런즉 누구든지 그리스도 안에 있으면 새로운 피조물이라 이전 것은 지나갔으니 보라 새것이 되었도다 고후 5:17

> 21 하나님이 죄를 알지도 못하신 이를 우리를 대신하여 죄로 삼으신 것은 우리로 하여금 그 안에서 하나님의 의가 되게 하려 하심이라 고후 5:21

자녀와 로열 킹덤 패밀리(하나님의 가족)

우리는 흔히 "내가 예수 그리스도를 믿고 죄 사함을 받고 구원을 얻었다"라고 고백하지만, 사실 우리가 말하는 '나'는 이미 죽었다는 것을 알아야 한다. 그 죽음을 통해 하나님의 생명으로 거듭난 새로운 존재가 된 것이다. 따라서 우리가 태어날 때 부모 없이 태어나지 않는 것처럼, 예수 그리스도 안에서 새롭게 태어난 나는 하나님의 생명으로 존재하는 것이다.

구원을 얻었다는 것은 우리가 중생했기 때문이며, 그 결과 우리는 새로운 하나님의 가족의 일원이 되었다. 우리는 하나님의 은혜를 입고 예수 그리스도와 동일한 아버지를 둔 자녀가 되었고, 예수 그리스도와 한 가족이 되었다.

> 3 이와 같이 우리도 어렸을 때에 이 세상의 초등학문 아래에 있어서 종노릇하였더니 4 때가 차매 하나님이 그 아들을 보내사 여자에게서 나게 하시고 율법 아래에 나게 하신 것은 5 율법 아래에 있는 자들을 속량하시고 우리로 아들의 명분을 얻게 하려 하심이라 6 너희가 아들이므로 하나님이 그 아들의 영을 우리 마음 가운데 보내사 아빠 아버지라 부르게 하셨느니라 7 그러므로 네가 이 후로는 종이 아니요 아들이니 아들이면 하나님으로 말미암아 유업을 받을 자니라 갈 4:3-7

> 10 그러므로 만물이 그를 위하고 또한 그로 말미암은 이가 많은 아들들을 이끌어 영광에 들어가게 하시는 일에 그들의 구원의 창시자를 고난을 통하여 온전하게 하심이 합당하도다 11 거룩하게 하시는 이와 거룩하게 함을 입은 자들이 다 한 근원에서 난지라 그러므로 형제라 부르시기를 부끄러워하지 아니하시고 히 2:10,11

상속자(유업을 이어갈 자)

예수님이 하나님의 아들로서 그분의 성품과 권능을 가지고 이 땅에 아버지의 뜻을 행하는 것처럼, 우리도 예수 그리스도 안에서 하나님 아버지의 성품과 권능을 가지고 주의 뜻을 이루는 삶을 살아야 한다. 우리가 상속자가 아니면 어떻게 그 유업을 받을 수 있겠는가?

> 17 자녀이면 또한 상속자 곧 하나님의 상속자요 그리스도와 함께 한 상속자
> 니 우리가 그와 함께 영광을 받기 위하여 고난도 함께 받아야 할 것이니라
> 롬 8:17

> 6 이는 이방인들이 복음으로 말미암아 그리스도 예수 안에서 함께 상속자
> 가 되고 함께 지체가 되고 함께 약속에 참여하는 자가 됨이라 엡 3:6

> 6 우리 구주 예수 그리스도로 말미암아 우리에게 그 성령을 풍성히 부어 주
> 사 7 우리로 그의 은혜를 힘입어 의롭다 하심을 얻어 영생의 소망을 따라 상
> 속자가 되게 하려 하심이라 딛 3:6,7

우리는 자녀로서 이 땅에서 하나님 아버지의 유업을 이어가야 한다. 그런데 단지 아버지를 섬기며 그 대가만 바라며 살아가는 불행한 성도들이 너무 많다.

> 29 아버지께 대답하여 이르되 내가 여러 해 아버지를 섬겨 명을 어김이 없
> 거늘 내게는 염소 새끼라도 주어 나와 내 벗으로 즐기게 하신 일이 없더니
> 30 아버지의 살림을 창녀들과 함께 삼켜 버린 이 아들이 돌아오매 이를 위
> 하여 살진 송아지를 잡으셨나이다 31 아버지가 이르되 얘 너는 항상 나와
> 함께 있으니 내 것이 다 네 것이로되 눅 15:29−31

하나님의 형상

예수님은 우리를 지옥에서 건져 천국으로 인도하기 위해 이 땅에 오신 것이 아니다. 천국으로부터 우리 안에 들어오셔서 이 땅을 천국으로 만들기 위해 오셨다. 예수님은 그 일을 위해 우리 죄를 사하시고 친히 우리 안에 찾아오셨다. 그 결과 우리는 예수 그리스도 안에서 새로운 피조물이 되었으며 하나님의 자녀가 되었다.

이는 우리가 예수님으로부터 지혜와 의로움과 거룩함과 구원을 배운다는 뜻이 아니다. 또한 우리가 예수님처럼 지혜롭고, 의롭고, 거룩하고, 구원을 이루는 자가 된다는 뜻도 아니다. 예수 그리스도께서 우리의 지혜와 의로움과 거룩함과 구원이시라는 뜻이다. 다르게 말하면, 우리가 예수님의 형상을 나타내는 존재라는 것이다. 예수님은 하나님의 형상이시고, 우리는 예수 그리스도의 형상을 나타내어야 한다.

> 30 너희는 하나님으로부터 나서 그리스도 예수 안에 있고 예수는 하나님으로부터 나와서 우리에게 지혜와 의로움과 거룩함과 구원함이 되셨으니 고전 1:30

> 15 그는 보이지 아니하는 하나님의 형상이시요 모든 피조물보다 먼저 나신 이시니 골 1:15

> 19 나의 자녀들아 너희 속에 그리스도의 형상을 이루기까지 다시 너희를 위하여 해산하는 수고를 하노니 갈 4:19

왜냐하면 그분이 우리의 생명이시기 때문이다. 우리의 생명이 있고 예수님의 생명이 따로 있는 것이 아니다. 예수님의 생명이 우리 안에 들어오심으로 말미암아 예수님의 생명이 우리의 생명이 되었다는 것이다.

> 4 우리 생명이신 그리스도께서 나타나실 그때에 너희도 그와 함께 영광 중에 나타나리라 골 3:4

하나님의 씨

예수 그리스도로 말미암아 우리 안에는 하나님의 씨가 존재한다.

> 9 하나님께로부터 난 자마다 죄를 짓지 아니하나니 이는 하나님의 씨가 그의 속에 거함이요 그도 범죄하지 못하는 것은 하나님께로부터 났음이라 요일 3:9

'씨'(스페르마)를 생각해보라. 씨 안에는 그 생명체의 모든 형질이 들어 있다. 즉, 씨가 발아해서 온전한 개체가 될 때까지의 발육 과정, 속도 그리고 그 개체가 어떻게 생기고 어느 정도 자라야 하는지 그 개체의 형태, 본질, 본성까지 그 씨 안에 다 들어 있다. 모든 생명체가 각자 나타내는 형질의 근원은 씨 안에 있는 DNA가 발현되기 때문이다. 그래서 우리는 DNA를 유전자라고 부른다. DNA가 발현될 때 그 형질이 나타나는 것이다.

우리가 흔히 부모와 자녀가 붕어빵이라고 하는데, 그것은 자식의 생김새나 말투, 태도가 부모와 닮은 것을 보고 말하는 것이다. 그것은 태어나서 부모를 보고 배우기 전에 부모로부터 물려받은 부모의 DNA가 발현되었기(유전자에 의해 형질이 나타났기) 때문이다. 바로 우리 안에 부모의 DNA가 있기 때문에, 그 DNA가 발현되어 닮게 되는 것이다.

이처럼 우리 안에 하나님의 씨가 있다는 사실은 바로 하나님의 DNA가 우리 안에 있다는 것이다. 따라서 우리가 그분의 형상으로 변화된다는 것은 지금 우리 스스로 예수님을 닮아가야 한다는 뜻이 아니라 하나님의 DNA가 발현되어야 한다는 의미다. 이것이 곧 하나님의 자녀라는 뜻이며, 새로운 피조물이라는 뜻이다. 다시 말하지만, 내가 하나님을 닮아가려고 죽도록 노력한다고 해서 하나님의 자녀가 되는 것은 아니다. 하나님의 DNA가 내 영혼육(靈魂肉) 안에서 발현될 때 비로소 가능한 것이다.

그런데 안타까운 사실은 하나님의 씨(말씀, 생명) 안에 있는 DNA가 우리 안에서 발현되기보다는 현재 우리가 느끼는 우리 자신(옛 본성은 구원받았을 때 이미 죽었지만, 그것을 의식하지 못하는 현재의 마음)이 주(主)의 말씀을 지키고 행함으로써 어떻게든 그분을 닮아가는 것이 신앙생활이라고 착각한다는 것이다. 만약 단지 그 씨만을 믿는다면 그것은 종교적인 기독교 신자일 뿐이다. 그러나 그 씨 안에 있는 DNA가 실제적으로 내 안에서 발현된다면 나는 하나님의 자녀가 되는 것이다. 그분의 성품과 능력이 나를 통해서 나타날 것이기 때문이다.

그렇게 나타난 형질이 예수 그리스도와 비슷한 형질처럼 보이기 시작하면 우리가 예수님을 닮아간다고 말할 수 있을 것이다. 그런데 우리는 하나님의 형질이 발현되도록 하는 것이 아니라 예수 그리스도를 믿는 자신의 노력과 행위로 그분을 닮아가려고 한다. 그렇지만 그것으로는 결코 목적한 바를 이룰 수 없다.

우리가 예수 그리스도를 영접한 이후부터 하나님의 성품과 권능의 모든 것이 잠재적으로 우리 영 안에 있다. 비록 우리의 마음과 육체는 여전히 타락한 습관을 지니고 있지만 말이다. 이제 그 DNA가 활성화되면 하나님의 본질과 본성이 우리의 마음과 육체에 나타나게 된다. 우리는 이 사실을 통해, 우리가 하나님의 자녀라는 사실은 우리가 하나님을 닮아가는 것이 아니라, 하나님의 본질이 우리를 통해서 나타나야 한다는 것을 알아야 한다.

나와 아버지는 하나

다르게 이야기해보자. 그리스도 안에 있으면 누구나 새로운 피조물이다. 이것은 이전의 것이 변화된 것이 아니라 새롭게 되었다는 것을 의미한다. 즉, 중생한 후부터는 하나님의 DNA가 새롭게 발현됨으로써 타락한 부모로부터 물려받은 형질들이 점점 더 사라지게 되는 것이다.

> 17 그런즉 누구든지 그리스도 안에 있으면 새로운 피조물이라 이전 것은 지나갔으니 보라 새것이 되었도다 고후 5:17

> 10 너희도 그 안에서 충만하여졌으니 그는 모든 통치자와 권세의 머리시라 골 2:10

만일 우리 안에 있는 하나님의 씨가 정상적으로 발아해서 자라난다면 우리는 어떤 사람이 될 것인가? 하나님의 DNA가 완전히 발현된 분이 누구인가? 바로 예수 그리스도이시다. 죄가 없으시고(히 4:15) 하나님의 DNA가 온전히 발현된 상태를 바로 하나님의 형상이라고 부를 수 있을 것이다. 예를 들어, 예수께서 하나님의 형상이라고 말하는 것도, 그 예수님 안에 하나님의 모든 것이 함께한다는 것을 의미한다. 예수님 안에 하나님 아버지의 씨로부터 영적, 혼적, 육적 DNA가 온전히 발현되었기 때문에 그분은 "나와 아버지는 하나이니라"라고 말씀하셨다.

30 나와 아버지는 하나이니라 하신대 요 10:30

이 말씀을 듣고 유대인들이 신성모독이라고 했을 때, 예수님은 오히려 이렇게 반문하신다.

33 유대인들이 대답하되 선한 일로 말미암아 우리가 너를 돌로 치려는 것이 아니라 신성모독으로 인함이니 네가 사람이 되어 자칭 하나님이라 함이로라 34 예수께서 이르시되 너희 율법에 기록된 바 내가 너희를 신이라 하였노라 하지 아니하였느냐 35 성경은 폐하지 못하나니 하나님의 말씀을 받은 사람들을 신이라 하셨거든 36 하물며 아버지께서 거룩하게 하사 세상에 보내신 자가 나는 하나님의 아들이라 하는 것으로 너희가 어찌 신성모독이라 하느냐 요 10:33-36

그런데 이 말씀은 시편 말씀을 인용하신 것이다.

6 내가 말하기를 너희는 신들이며 다 지존자의 아들들이라 하였으나 시 82:6

신(神)은 오직 한 분밖에 없다(사 44:6). 그 신의 자식들은 신에 속한 존재이다. 이 말씀을 통해서 우리는 예수께서 하나님의 아들인 것처럼, 예수께서 우리가 하나님의 아들이 되도록 하기 위해 오셨다는 것을 알 수 있다. 다시 말하면, 인간이 하나님을 섬기는 것이 신앙이 아니라 하나님이 우리 안에 오심으로 우리가 하나님의 형상을 나타내는 것이 신앙이라는 것을 알 수 있다.

신의 자녀 정체성

2천 년 전에 하나님을 섬기던 유대인들은, 예수님이 자신을 하나님처럼 높이는 말할 수 없이 악독한 사람, 교만한 사람이라고 생각했다. 지금은 어떠한가? 지금 누가 "내가 하나님의 아들, 신의 자녀입니다"라고 말하면, 분명히 정신이 이상한 사람으로 취급받을 것이다.

17 예수께서 이르시되 나를 붙들지 말라 내가 아직 아버지께로 올라가지 아니하였노라 너는 내 형제들에게 가서 이르되 내가 내 아버지 곧 너희 아버지, 내 하나님 곧 너희 하나님께로 올라간다 하라 하시니 요 20:17

왜 우리가 하나님의 뜻을 이 땅에 이루지 못하는가? 가장 큰 이유는 자신이 하나님의 자녀라는 사실을 믿지 못하기 때문이다. 자녀가 아니면 권세와 능력도 가질 수 없고, 상속자로서 유업을 이어받을 수 없는 것도 당연하지 않겠는가?

복음이 무엇인가? 우리의 노력이나 능력으로 하나님의 자녀가 되게 하는 것인가, 아니면 죽을 수밖에 없는 우리에게 오직 주의 은혜로 인하여 믿음으로 죄 사함을 주시고 그리스도께서 임하셔서 나의 삶이 아닌 그리스도의 삶을 살게 하는 것인가?

15 그는 보이지 아니하는 하나님의 형상이시요 모든 피조물보다 먼저 나신 이시니 골 1:15

29 하나님이 미리 아신 자들을 또한 그 아들의 형상을 본받게 하기 위하여 미리 정하셨으니 이는 그로 많은 형제 중에서 맏아들이 되게 하려 하심이니라 롬 8:29

19 나의 자녀들아 너희 속에 그리스도의 형상을 이루기까지 다시 너희를 위하여 해산하는 수고를 하노니 갈 4:19

우리는 예수 그리스도 안에서 하나님의 자녀이다. 하나님은 신이시다. 현재 우리가 육체를 가지고 이 땅에 살아가는 측면에서 보자면 우리가 신의 자녀라 불리는 것은 말도 안 되는 이상한 소리 같지만, 하나님께서는 친히 우리를 신의 자녀라 부르셨고 그 지위 역시 법적으로 유효하다. 우리는 지존자의 가족이며 자녀들이다. 성경에서는 우리를 하나님의 상속자, 유업을 이어받을 자라고 말한다.

그래서 우리는 신성한 성품(divine nature)에 참여할 수 있게 되는 것이다.

> 3 그의 신기한 능력으로 생명과 경건에 속한 모든 것을 우리에게 주셨으니 이는 자기의 영광과 덕으로써 우리를 부르신 이를 앎으로 말미암음이라 4 이로써 그 보배롭고 지극히 큰 약속을 우리에게 주사 이 약속으로 말미암아 너희가 정욕 때문에 세상에서 썩어질 것을 피하여 신성한 성품에 참여하는 자가 되게 하려 하셨느니라 벧후 1:3,4

자녀 의식과 주인 의식

> 2 그때에 너희는 그 가운데서 행하여 이 세상 풍조를 따르고 공중의 권세 잡은 자를 따랐으니 곧 지금 불순종의 아들들 가운데서 역사하는 영이라 3 전에는 우리도 다 그 가운데서 우리 육체의 욕심을 따라 지내며 육체와 마음의 원하는 것을 하여 다른 이들과 같이 본질상 진노의 자녀이었더니 엡 2:2,3

우리는 하나님의 자녀 의식을 가져야 한다. 성령님의 내주(內住)뿐만 아니라 성령님이 나의 혼과 육을 통치하시는 것을 경험한 자는 실제 삶에서 하나님의 자녀로서 태생적 변화가 일어났다는 것을 알게 되며,

자신이 하나님의 자녀인 것을 알게 된다.

자녀 의식에는 권세가 주어진다.

> 12 영접하는 자 곧 그 이름을 믿는 자들에게는 하나님의 자녀가 되는 권세
> 를 주셨으니 요 1:12

당신이 하나님의 자녀로서 상속자가 되었다면, 상속자답게 생각하고 행동해야 한다. 우리는 누가복음 15장에 나오는 '돌아온 탕자' 이야기를 보며 아버지의 사랑과 용서에 대해서만 생각한다. 그런데 사실 예수님은 하나님의 자녀로 회복된 우리의 새로운 존재성에 대해서도 말씀하고 계신다.

> 16 그가 돼지 먹는 쥐엄 열매로 배를 채우고자 하되 주는 자가 없는지라 17
> 이에 스스로 돌이켜 이르되 내 아버지에게는 양식이 풍족한 품꾼이 얼마나
> 많은가 나는 여기서 주려 죽는구나 18 내가 일어나 아버지께 가서 이르기를
> 아버지 내가 하늘과 아버지께 죄를 지었사오니 19 지금부터는 아버지의 아
> 들이라 일컬음을 감당하지 못하겠나이다 나를 품꾼의 하나로 보소서 하리
> 라 하고 20 이에 일어나서 아버지께로 돌아가니라 아직도 거리가 먼데 아버
> 지가 그를 보고 측은히 여겨 달려가 목을 안고 입을 맞추니 21 아들이 이르
> 되 아버지 내가 하늘과 아버지께 죄를 지었사오니 지금부터는 아버지의 아
> 들이라 일컬음을 감당하지 못하겠나이다 하나 22 아버지는 종들에게 이르
> 되 제일 좋은 옷을 내어다가 입히고 손에 가락지를 끼우고 발에 신을 신기

라 23 그리고 살진 송아지를 끌어다가 잡으라 우리가 먹고 즐기자 24 이 내 아들은 죽었다가 다시 살아났으며 내가 잃었다가 다시 얻었노라 하니 그들이 즐거워하더라 눅 15:16-24

둘째 아들이 회개하고 아버지 집으로 돌아왔을 때 그는 자신이 아들이 아닌 품꾼 중 하나로 받아들여지기를 원했다. 그러나 아버지는 그를 다시 아들로 삼아주었다. 뿐만 아니라 그에게 새 옷, 새 신발, 새 가락지를 주었다. 이것은 무엇을 의미하는가? 아버지의 소유와 통치와 공급에 대한 아들의 권리를 다시 주는 것이다. 바로 아버지의 모든 것에 대한 상속자의 신분을 회복시키는 것이다.

진정으로 하나님의 자녀가 되었다면, 이제 우리는 이 세상에 대해 주인 의식을 가져야 한다. 우리가 정말 하나님의 자녀로서의 정체성을 가지고 있다면, 우리는 이제 이 세상이 더 이상 마귀의 것이 아니며 하나님 아버지께서 우리에게 맡기셨다는 사실을 깨달아야 한다. 그리고 이 세상을 여전히 통치하고 있는 세상 신에 대해 거룩한 분노를 느낄 수 있어야 한다. 왜냐하면 그가 아버지의 것을 불법(不法)으로 차지하고 있기 때문이다.

이것을 알 때 우리는 이미 우리에게 주어진 권능을 알게 될 것이고, 놀라운 소명도 깨닫게 될 것이다. 진정으로 하나님의 자녀가 된 사람은 하나님에 대해서는 자녀 의식을, 세상에 대해서는 주인 의식을 갖게 된다. 이 의식이야말로 땅끝까지 주(主)의 복음을 전하는 원동력이다 (마 28:19, 20). 예수님은 회개하고 돌아오는 자에게 아버지께서 주시고

자 하는 것이 무엇인지를 알려주셨다. 아버지는 그런 이들을 다시 자녀로 받아주시고, 그들에게 상속자로서 다시 이 땅을 다스릴 수 있는 권능을 주신다.

당신이 하나님의 자녀로서 상속자가 되었음을 믿는다면, 당신 자신과 세상에 대한 생각을 바꾸어라. 더 이상 옛날처럼 살지 말라. 당신을 자유하게 하는 진리를 알아야 한다. 나는 지금 당신에게 거짓말을 하고 있는 것이 아니다. 예수님이 친히 선포하신 우주의 진리를 말하는 것이다.

> 45 내가 진리를 말하므로 너희가 나를 믿지 아니하는도다 46 너희 중에 누가 나를 죄로 책잡겠느냐 내가 진리를 말하는데도 어찌하여 나를 믿지 아니하느냐 47 하나님께 속한 자는 하나님의 말씀을 듣나니 너희가 듣지 아니함은 하나님께 속하지 아니하였음이로다 요 8:45-47

> 32 진리를 알지니 진리가 너희를 자유롭게 하리라 요 8:32

당신이 이 사실을 이해하는 것만으로는 충분하지 않다. 이 사실을 믿고 행해야 한다. 당신이 하나님의 자녀이고 상속자라면, 법적으로 어떤 질병이나 어떤 악한 영도 당신에게 영향을 미치지 못한다. 만약 지금 질병이나 악한 영 아래 고통을 받고 있다면, 그들은 당신에게 불법을 행하고 있는 것이다.

우리에게는 하나님으로부터 부여받은 권세와 능력이 있음을 알아야 한다. 우선 '권세'에 대해서 알아보자. 우리가 하나님의 자녀이고 이 땅을 다스리는 법적인 자격을 부여받았다면, 불법에 대해서는 권세를 가지고 그 불법을 제거해야 한다. 법원에 가보라. 판사의 말에는 권세가 있다. 만약 그 말에 따르지 않으면 경찰이 와서 무력을 행사하게 된다. 그것이 바로 능력이다. 그러나 판사 자체에 권세가 있는 것은 아니다. 그가 법에 따라 말할 때 권세가 주어지는 것이다. 하나님의 마음, 진리의 말씀이 바로 법이다. 하나님의 자녀가 하나님의 말씀을 말할 때 하나님의 권세가 주어지는 것이다.

예수님의 예를 들어보자. 예수님의 말씀에는 권세가 있었다. 왜인가? 그 이유는 하나님의 아들로서 자기 말을 하지 않고, 하나님의 말씀만을 말했기 때문이다. 우리 말에는 아무 권세가 없다. 우리가 스스로 하나님의 말씀을 말한다 해도 권세가 없다. 그러나 하나님의 아들로서 우리가 하나님의 말씀을 말할 때 비로소 권세가 주어진다.

> 28 예수께서 이 말씀을 마치시매 무리들이 그의 가르치심에 놀라니 29 이는 그 가르치시는 것이 권위 있는 자와 같고 그들의 서기관들과 같지 아니함일러라 마 7:28,29

두 번째는 '능력'이다. 능력은 성령에 의해서 주어진다. 우리 안에 그리스도께서 계심으로 약속하신 보혜사 성령님이 우리 안에 거하시고, 그분께서 우리를 통치하심으로써 그분의 능력이 우리로부터 나타난다.

1 예수께서 그의 열두 제자를 부르사 더러운 귀신을 쫓아내며 모든 병과 모든 약한 것을 고치는 권능을 주시니라 마 10:1

1 예수께서 열두 제자를 불러 모으사 모든 귀신을 제어하며 병을 고치는 능력과 권위를 주시고 눅 9:1

19 내가 너희에게 뱀과 전갈을 밟으며 원수의 모든 능력을 제어할 권능을 주었으니 너희를 해칠 자가 결코 없으리라 눅 10:19

7 진리의 말씀과 하나님의 능력으로 의의 무기를 좌우에 가지고 고후 6:7

우리는 하나님의 자녀로서 상속자이며, 이 세상에 주인 의식을 가지고 법(하나님의 뜻)을 집행하는 자이다. 따라서 권세와 능력으로 이 세상에서 불법을 행하는 자를 몰아내야 한다.

자녀의 정체성 확립을 위한 4가지 알약

그리스도 안에 새로운 피조물 된 삶은 결코 쉬운 것이 아니다. 이는 마치 골수이식을 하는 것과 동일하다. 이식한 골수가 정상적으로 자리 잡기 위해서는 그동안 형성된 면역 체계의 수위를 낮추어야 한다. 생명의 씨가 성령 안에 내 영혼육에서 새롭게 발현되기 위해서는 지금까지 나를 지키기 위해서 형성된 면역 체계(잘못된 사고방식)의 수위를 낮추어야 한다. 그렇게 하기 위해서는 면역력을 떨어뜨리는 약을 먹어야 한다.

나는 하나님나라에서 제조된(made by kingdom of Heaven) 약속의 신약(God's pill) 4알을 하루 5회씩 매일 복용한다. 새벽에 눈뜨자마자 1번, 매 식사 전에 3번, 잠자리에 들기 전에 1번이다. 다른 사람들에게도 적극 권하고 있으며, 효과가 없거나 미약하다면 복용 횟수를 늘리도록 권장하고 있다.

그 약은 미래에 주어지리라 기대하는 것이 아니라, 예수 그리스도 안에서 지금 우리가 마땅히 누려야 함에도 불구하고 누리고 있지 못하는 진리의 말씀이다. 따라서 주의사항은 단지 이루어질 것을 소망하며 먹어서는 안 되고 지금 이미 누리고 있음을 확신하며 먹어야 한다는 것이다.

4가지 알약은 다음과 같다.

나는 예수 그리스도 안에서 하나님의 태생적인 사랑을 체험하는 자입니다

"너희는 하나님으로부터 나서 그리스도 예수 안에 있고 예수는 하나님으로부터 나와서 우리에게 지혜와 의로움과 거룩함과 구원함이 되셨으니"(고전 1:30).

"보라 아버지께서 어떠한 사랑을 우리에게 베푸사 하나님의 자녀라 일컬음을 받게 하셨는가, 우리가 그러하도다 그러므로 세상이 우리를 알지 못함은 그를 알지 못함이라"(요일 3:1).

나는 예수 그리스도 안에서 항상 기뻐하는 자입니다

"내가 이것을 너희에게 이름은 내 기쁨이 너희 안에 있어 너희 기쁨을 충만하게 하려 함이라"(요 15:11).

"주 안에서 항상 기뻐하라 내가 다시 말하노니 기뻐하라"(빌 4:4).

"내 형제들아 너희가 여러 가지 시험을 당하거든 온전히 기쁘게 여기라"(약 1:2).

나는 예수 그리스도 안에서 말할 수 없는 은혜를 누리는 자입니다

"이는 그가 사랑하시는 자 안에서 우리에게 거저 주시는 바 그의 은혜의 영광을 찬송하게 하려는 것이라"(엡 1:6).

"이는 그리스도 예수 안에서 우리에게 자비하심으로써 그 은혜의 지극히 풍성함을 오는 여러 세대에 나타내려 하심이라"(엡 2:7).

나는 예수 그리스도 안에서 하나님의 말씀을 이 땅에 이루는 자입니다

"나라가 임하시오며 뜻이 하늘에서 이루어진 것같이 땅에서도 이루어지이다"(마 6:10).

"그러므로 내가 너희에게 말하노니 무엇이든지 기도하고 구하는 것은 받은 줄로 믿으라 그리하면 너희에게 그대로 되리라"(막 11:24).

하나님은 자녀들을
킹덤 빌더로 부르신다

킹덤 빌더란 누구인가?

킹덤 빌더의 정의(定義)를 제대로 이해하기 위해서, 먼저 '제자'에 대해 알아보자. 오늘날 교회는 주님이 말씀하신 대위임령(大委任令)을 수행하기 위해서 평신도 제자훈련을 매우 중요하게 생각한다. 제자훈련의 근본 목적은 예수 그리스도의 장성한 분량에까지 이르는 삶과 땅끝까지 주(主)의 복음을 전하는 삶을 살도록 하는 것이다. 그런데 예수 그리스도의 성품을 닮아가는 것에 대한 내용은 풍성한 반면 예수님이 행하신 일들을 행하기 위한 '은사와 기름부으심'에 대한 내용은 거의 없다시피 하다.

2천 년 전 예수님은 그분이 친히 선택하신 제자들과 3년 동안 동고동락하며 그들을 가르치셨다. 그럼에도 불구하고 그들은 예수님이 잡히시던 날 밤 예수님을 부인하거나 예수님을 버리고 도망쳤다. 그 후 제자들이 오순절 날 성령충만함을 받고서야 비로소 담대히 복음을 전했으며 기사와 표적을 통하여 예수 그리스도를 증거했다는 사실을 기억하면, 오늘날 제자훈련에는 무언가 빠진 것이 있다는 생각을 지울 수가 없다. 또 한 가지 놀라운 사실은 제자훈련에 예수님이 제자들에게 그토록 강조한 '하나님나라의 삶'에 대한 것을 찾아볼 수 없다는 것이다. 우리가 예수님께 배우기를 원한다면 그분의 모든 면을 다 배워야 하지 않겠는가?

우리는 이 땅에서 예수님이 행하신 일들을 동일하게 행해야 한다. 그러기 위해서 우리는 예수님으로부터 온전한 가르침을 받고, 그분을 온전히 따르고 본받는 삶을 살아야 한다. 그렇게 함으로써 예수님의 성품뿐 아니라 그분의 권능까지 함께 나타나도록 해야 한다.

2천 년 전에 이 땅에 오신 예수님은 하나님나라의 복음을 전하기 위해서 하나님의 성품을 나타내셨을 뿐만 아니라 능력으로 행하셨다. 그런데 우리가 예수님이 말씀하신 하나님나라의 복음을 전하기 위해서 단지 예수님의 성품만 필요하다고 생각한다면, 우리는 지금 뭔가 잘못 알고 있는 것이 아닌가?

예수님은 지금도 우리를 통해서 그분의 성품과 권능을 모두 나타내기 원하신다. 그런데 현재 교회에서 우리가 추구하고 있는 것은 무엇인가? 왜 그리스도의 권능에 대해서는 그토록 관심이 없는가? 그리스도의 성품만으로 이 세상이 변해가고 있는가?

12 내가 진실로 진실로 너희에게 이르노니 나를 믿는 자는 내가 하는 일을 그도 할 것이요 또한 그보다 큰일도 하리니 이는 내가 아버지께로 감이라 요 14:12

8 오직 성령이 너희에게 임하시면 너희가 권능을 받고 예루살렘과 온 유대와 사마리아와 땅끝까지 이르러 내 증인이 되리라 하시니라 행 1:8

22 오직 성령의 열매는 사랑과 희락과 화평과 오래 참음과 자비와 양선과 충성과 23 온유와 절제니 이 같은 것을 금지할 법이 없느니라 갈 5:22,23

자녀의 삶과 제자의 삶

예수 그리스도 안에 새로운 피조물인 우리는 하나님의 자녀라는 관계적 삶과 예수 그리스도의 제자라는 소명적 삶 모두를 살아야 한다. 성경에 있는 대로 우리의 신분은 '자녀'와 '제자'가 모두 맞다. 그런데 그중 한 가지만을 지나치게 주장하게 되면 예수 그리스도 안에서 하나님과 올바른 관계를 가질 수 없으며 온전한 삶을 살 수 없게 된다.

지난 수십 년간의 한국 교회의 신앙생활을 살펴보면, 성도들이 교회 생활을 시작하면서 하나님의 자녀성에 대한 실제적인 체험 없이 제자적 삶을 배우고 훈련하는 데만 너무 치우친 신앙생활을 해왔다고 해도 과언이 아니다. 물론 우리는 당연하게 하나님을 "우리 아버지"라고 말하지만 그것은 일종의 교리적 믿음일 뿐이며, 실제로 우리에게 그분은 우리와의 가족적인 관계없이 하늘에 계시는 위엄이 있고 거룩하신 분일 뿐이다.

생각해보라. 우리가 과연 육신의 부모와의 사랑을 체험하듯이 하나님의 자녀로서 하나님 아버지의 사랑을 체험하고 있는가? 복음의 시작과 끝은 바로 '관계 회복'이며 그것의 실체는 '아버지의 사랑'이다. 우리는 제자적 소명을 이루기 전에 먼저 자녀라는 생명적 관계를 회복해야 한다. 이러한 의미에서 자녀와 제자, 두 가지 의미를 모두 포함하는 용어가 바로 '킹덤 빌더'(Kingdom builder)이다. 킹덤 빌더는 예수께서 하나님나라의 복음을 전하시고 그 나라의 삶을 어떻게 살아야 하는지 가르치신 주기도문에서 추론된 용어이다.

9 그러므로 너희는 이렇게 기도하라 하늘에 계신 우리 아버지여 이름이 거룩히 여김을 받으시오며 10 나라가 임하시오며 뜻이 하늘에서 이루어진 것 같이 땅에서도 이루어지이다 마 6:9,10

9절은 자녀의 삶, 10절은 제자적 삶에 대한 것이다. 그러나 분명한 사실은 온전한 자녀가 된 자만이 주(主)의 뜻을 이루는 제자적 삶을 살 수 있으며, 이 둘은 나눌 수 있는 것이 아니라 항상 함께 있어야 한다는 것이다.

도래한 하나님나라에서 아버지의 이름이 어떻게 거룩히 여김을 받으실 수 있는가? 우리는 흔히 영과 진리로 예배드릴 때 그분이 거룩히 여김을 받으신다고 생각한다. 그러나 우리가 하나님의 자녀라면 그분이 우리를 통해 온전히 나타나시게 하는 것도 그분을 거룩하게 하는 것임을 알아야 한다. 다시 말해서 우리의 옛 자아와 구습을 따르는 마음이 완전히 죽은 그곳에, 하나님의 영광이 온전히 드러나는 것도 그분이 거룩히 여김을 받으시는 것이다.

그것은 예수 그리스도 안에서, 말씀(생명의 씨)이 성령 안에서 온전히 발현됨으로 우리가 새로운 육체(자기중심적인 사고 체계에서 하나님 중심적인 사고 체계로의 변환)를 경험할 때 가능하다. 자신이 예수를 닮아가고자 애쓰는 사람은 결코 제자적 삶(10절)을 경험할 수 없으며, 오직 자녀의 삶(9절)을 통하여 예수 그리스도가 나타나는 삶을 경험한 자만이 제자적 삶(10절)을 이루어갈 수 있다. 왜냐하면 10절 말씀은 우리가 먼저 예수 그리스도 안에서 하나님의 자녀가 될 때 비로소 나타나는 성령의 능력으로 이루어지는 것이기 때문이다. 따라서 킹덤 빌더는 도래한 하나님나라에서 하나님의 자녀로서 하나님나라를 이루어가는 자를 말한다고 볼 수 있다.

> ²⁰ 하나님의 나라는 말에 있지 아니하고 오직 능력에 있음이라 고전 4:20

킹덤 빌더의 삶의 기준

킹덤 빌더는 2천 년 전 이 세상에 오셔서 공생애 사역을 하신 예수 그리스도를 추억하며 더 닮아가기를 원하기보다, 부활 승천하신 후 지금 내 안에 계신 그분의 영광(성품과 권능)을 실제로 나타내기를 원한다. 킹덤 빌더는 예수께서 말씀하신 하나님나라의 복음으로 자신의 일터에서 주님의 영향력과 통치권을 나타내는 데 주력하는 자들이다. 그 삶을 살기 위해 말씀을 공부할 뿐만 아니라 성령에 의해 말씀이 깨달아지고, 그 말씀의 실체가 자신의 삶과 이 세상에 나타나도록 하는 데 주력한다. 이는 자신이 예수님을 닮아가는 삶(예닮삶)이 아니라, 자기 자신을 부인하고 자기 십자가를 짊으로 내 안에 계신 예수님이 나타나도록 하는 삶(예나삶)을 사는 것이다.

킹덤 빌더의 삶의 기준은 다음 세 가지를 통해서 판단할 수 있다.

첫째, 내 안에 계신 그리스도의 삶을 사는가?
▶ 하나님의 자녀 의식
둘째, 이 세상에 하나님나라를 이루고자 하는 열망이 있는가?

▶ 세상에 대한 주인 의식과 소명 의식

셋째, 하나님의 영광 안에서 주의 말씀을 이루는가?

▶ 열매와 은사, 예수 그리스도의 성품과 권능

킹덤 빌더는 이 세상에서 무슨 말을 하든 무슨 일을 하든 예수 그리스도의 이름으로 하는 사람이다(골 3:17). 예수 그리스도의 이름으로 한다는 것은 지금 내가 하는 말(또는 일)이 내 안에 계신 예수 그리스도가 말하는(또는 행하는) 것인지 확인하는 것이다. 킹덤 빌더는 근심하는 자 같으나 항상 기뻐하고 가난한 자 같으나 많은 사람을 부요케 하고 아무것도 없는 자 같으나 모든 것을 가진 자이다(고후 6:10).

최근에 '일터 사역자'라는 용어가 흔히 사용되고 있다. 이때 '일터 사역'이란 각자의 삶터와 일터에서 주(主)를 나타내야 한다는 의미이다. 이에 반해 '킹덤 빌더'는 그 사역이나 헌신이 교회 안으로 한정되느냐, 교회 밖까지 확장되느냐의 구조적 분류에 따른 것이 아니라, 장소와 상관없이 하나님의 뜻을 이루고자 하는 방향성에 기초를 둔 용어이다.

이 땅에 도래한 하나님나라에서 그분의 뜻을 이루고 사회를 변혁시키기 위해서는 제자도(discipleship)로 무장된 제자들(disciples)이 이제 다시 온전한 자녀성(sonship)을 회복함으로써 킹덤 멘탈리티(Kingdom mentality)로 무장된 킹덤 빌더(Kingdom builder)로 거듭나야 한다.

왜 킹덤 빌더여야 하는가?

킹덤 빌더의 필요성을 이해하기 위해서는 지금까지 이야기한 것을 다시 한 번 정리할 필요가 있다. 이로써 우리는 킹덤 빌더의 좌표와 역할을 더 잘 이해하게 될 것이다.

십자가와 그 날

우리가 하나님나라의 삶(구원을 이루어가는 삶)을 살기 위해서는 그리스도께서 지신 십자가에 연합한 후 내 안에 계신 그리스도를 실제적으로 체험해야 한다. 예수께서는 이것을 가르치기 위해서 제자들에게 "그 날에는"이라는 말씀을 많이 하셨다. '그 날'이란 예수께서 약속하신 보혜사 성령님이 우리 안에 오시는 날을 말한다.

> 20 그 날에는 내가 아버지 안에, 너희가 내 안에, 내가 너희 안에 있는 것을 너희가 알리라 요 14:20

그런데 아직까지 많은 기독교인들이 예수 그리스도께서 죽으시고 보혜사 성령님을 보내주시기 전과 같은 상태로 주님과 교제하며 사는 것 같다. 즉, 예수님이 우리를 위해서 죽으신 것은 믿지만, 동시에 아직은 우리 안에 오시지 않은 인자(人子) 예수님과 관계를 맺는 신앙생활을 하고 있다는 것이다. 그렇기 때문에 예수님을 닮아가려고 애를 쓰는 것이다.

부활하신 예수님은 제자들을 찾아오셔서 하나님나라에 대해 가르치셨다. 그 가르침은 예수께서 이미 고별 설교에서 언급하신 대로 그분이 승천하신 후 아버지께서 예수님의 이름으로 보내실 성령님이 우리 안에 오심으로 하나님나라의 새 역사가 시작될 것이고, 그로 인해 우리가 예수 그리스도를 나타내는 삶을 살게 된다는 것이었다.

바로 지금 우리에게는 '그 날' 이후의 약속이 실현되었다. 그러므로 우리의 삶은 더 이상 인자로 오셨던 예수님을 객체로 만나는 삶이 아니라, 우리 안에 계신 그리스도를 친히 증거하시는 성령 안에서 나 자신이 그분의 형상으로 지어져가는, 즉 그분이 나를 통해 더 나타나시는 삶이 되어야 한다.

먼저 예수 그리스도의 죽음과 부활과 승천 후, 약속하신 보혜사 성령님을 보내주신 '그 날'에 대해서 생각해보자. 그 날이란 무엇을 의미하는가? 성령님은 우리가 중생(重生)할 때 우리 안에 내주(內住)하시지만,◆ 우리는 우리 안에 그분이 함께 계시는 것을 체험적으로 인식하지는 못한다. 우리는 성령체험◆◆을 계기로 그것을 인식하게 되고 그 후로 우리의 일상의 삶 가운데 하나님의 영에 의해 인도함을 받는 것이 무엇인지를 알아가게 된다(롬 8:14).

◆ **성령의 내주** 우리가 예수 그리스도를 믿고 중생할 때 그리스도의 영이 우리의 영 안에 임하시는 것을 말한다. 이것은 오직 믿음으로 이루어지는 것이며, 우리의 오감을 통해서는 경험되어지지 않는다.

◆◆ **성령체험** 성령님이 강림하심으로 우리의 혼과 육이 그분에 의해서 통치되는 것을 경험하는 것을 의미하며, 오순절 날 제자들이 경험한 것이 그 대표적인 예이다.

성령체험을 하기 전에는 비록 우리의 옛 자아가 이미 죽었어도 우리의 마음(혼)이 여전히 구습에 따라 움직여지기 때문에, 우리는 자기 옛 자아의 죽음을 오직 믿음으로 받아들일 수밖에 없다. 그러나 성령께서 우리의 혼과 육을 통치하시는 것을 경험할 때부터는 내 안에 계신 하나님의 영에 의해 내 삶이 인도함을 받는 것이 실체로 경험되어지고 믿어지게 되는 것이다.

사람에 따라서는 십자가의 사건(중생)과 '그 날'의 사건(성령체험)이 동시에 일어날 수도 있다. 하지만 대부분의 경우는 중생 이후 성령체험을 통해 '그 날'의 역사를 경험하게 되고, 하나님의 영으로 인도함을 받는 삶을 살게 된다.◆

예수 그리스도께서는 십자가에서 돌아가신 후에 부활 승천하셨고, 지금 하나님 우편에 앉아 계신 왕으로서 동시에 우리 안에 찾아오셨다. 따라서 예수 그리스도께서 인자로서 이 땅에서 행하신 공생애 사역을 그분의 지상사역이라고 말한다면, 그분이 부활 승천하신 다음부터 우리를 통해 지금 이 땅에 하나님 아버지의 뜻을 이루시는 그 날 이후의 사역을 그분의 천상사역이라고 부를 수 있을 것이다.◆◆

◆　이 부분에 대한 더 자세한 내용은 《알고 싶어요 성령님》(규장) pp.16-46을 참고하라.

◆◆ 이 부분에 대한 더 자세한 내용은 《알고 싶어요 하나님의 의》(두란노) pp.192-199를 참고하라.

그렇다면 우리는 예수님과 어떤 관계를 가져야 하는가? 지금 우리는 모두 그 날 이후의 삶을 살고 있다. 그분은 지금 우리 안에 계시며, 우리를 통해서 친히 그분을 삶을 나타내고자 하신다.

따라서 우리는 그리스도의 영으로 인도함을 받는 삶을 살아야 한다. 그것은 육신의 생각으로 이루어지는 것이 아니라 오직 영의 생각으로 실현될 수 있다. '영의 생각'이란 성령 안에서 생명의 말씀이 풀어짐으로 인하여 우리의 마음이 바뀌는 것을 경험하는 새로운 사고방식을 말한다.

> 22 너희는 유혹의 욕심을 따라 썩어져 가는 구습을 따르는 옛 사람을 벗어 버리고 23 오직 너희의 심령이 새롭게 되어 24 하나님을 따라 의와 진리의 거룩함으로 지으심을 받은 새 사람을 입으라 엡 4:22-24

제자들의 강력한 전도 방식이 바로 예수님의 천상사역을 나타낸다고 볼 수 있다.

> 20 제자들이 나가 두루 전파할새 주께서 함께 역사하사 그 따르는 표적으로 말씀을 확실히 증언하시니라 막 16:20

우리는 예수님의 지상사역 기간 동안의 제자들의 삶과 천상사역 아래에서의 그들의 삶이 어떻게 다른지 정확히 알아야 한다.

베드로의 경우를 생각해보자. 베드로는 예수님의 지상사역 3년간 그분과 함께 지냈다. 또 예수님이 십자가에 죽으시고 난 뒤 부활하신 주님을 몇 차례 뵈었음에도 불구하고 디베랴 바다로 다시 고기를 잡으러 갔다. 그러나 약속하신 그 날(오순절 날)에 성령강림을 경험한 후부터 그는 성령에 인도함을 받는 완전히 새로운 삶을 살기 시작했다. 전자(前者)의 시기를 베드로가 예수님을 닮아가던 시기라고 한다면, 후자(後者)의 시기는 그가 자기 안에 계시는 그리스도를 나타내는 시기로 볼 수 있을 것이다.

> 5 육신을 따르는 자는 육신의 일을, 영을 따르는 자는 영의 일을 생각하나니 6 육신의 생각은 사망이요 영의 생각은 생명과 평안이니라 롬 8:5,6

> 12 그러므로 형제들아 우리가 빚진 자로되 육신에게 져서 육신대로 살 것이 아니니라 13 너희가 육신대로 살면 반드시 죽을 것이로되 영으로써 몸의 행실을 죽이면 살리니 14 무릇 하나님의 영으로 인도함을 받는 사람은 곧 하나님의 아들이라 롬 8:12-14

베드로의 경우처럼 우리가 정말 알아야 할 사실은 우리 스스로는 예수님을 본받고 따를 수 없는 존재라는 것이다. 우리의 그 어떤 헌신과 훈련으로도 자신이 죽지 않고는(다시 말해 자신 안에 계신 그리스도가 나타나지 않고는) 우리가 결코 예수님과 같은 삶을 살 수 없다는 것을 알아야 한다.

20 ··· 이제 내가 육체 가운데 사는 것은 나를 사랑하사 나를 위하여 자기 자신을 버리신 하나님의 아들을 믿는 믿음 안에서[하나님의 아들 안에 있는 믿음으로, by faith in the Son of God (RSV, NIV, NKJV)] 사는 것이라 갈 2:20

진정한 그리스도인의 삶

그리스도인들의 삶의 경계를 명확히 구분할 수는 없지만 크게 신자의 삶, 제자의 삶, 자녀의 삶으로 나눠볼 수 있다. 사실 이 세 가지 용어는 모두 성경에 나오는 것이고, 따라서 그중에 어떤 것이 틀렸다고 말하려는 것은 아니다. 그러나 우리가 하나님과 어떤 관계를 가지느냐에 따라 삶의 양상은 전혀 달라진다.

일반적으로 '신자'란 교회생활을 하지만 자신의 삶 전체를 하나님께 내어드리지 못한 대부분의 그리스도인을 지칭한다고 생각해볼 수 있다. 예수 그리스도를 믿고 하나님 아버지를 섬기지만 그것은 다분히 관념적이다. 신앙적인 삶은 교회생활을 통해서만(교회 안에서만) 이루어지며, 일상적인 삶의 영역에서 기독교적인 영향력이 나타나지 않을 뿐만 아니라, 실제로 나타나는 것을 꺼려 한다.

또 한 부류는 '제자'라고 부를 수 있는데, 오늘날 교회에서 말하는 제자의 기준으로는 예수 그리스도의 성품이 나타나는가, 다른 사람을 사랑하고 영혼을 구원하려고 하는가, 하나님을 기쁘시게 하는 삶을 사는가 등의 범주를 포함한다. 결국 제자란, 예수 그리스도를 닮아가는 신자의 성숙에 그 중요성을 두는 개념이다.

그러나 예수 그리스도께서 하나님나라의 복음을 선포하시고, 우리 죄를 위하여 십자가를 지시고, 우리에게 보혜사 성령님을 보내주신 것이 우리가 기독교 신자로 살도록 하기 위해서인가, 아니면 하나님의 자녀로 살도록 하기 위해서인가? 우리가 하나님의 자녀가 되었다는 것은 칭의(稱義)에 의해 주어지는 신학적 관념이 아닌 그리스도 안에서의 실제이다. 하나님의 자녀 됨은 결코 우리 자신의 의식화 과정을 통해 이루어지는 것이 아니라 내 안에 오신 하나님의 영으로 인해 생명적인 관계가 형성되고, 그 결과 하나님의 태생적 사랑이 체험됨으로써 실체화되는 것이다.

우리는 너무 오랫동안 예수님의 지상사역과 관련한 복음 전파에 강조점을 두었다. 그렇기 때문에 제자와 제자도에 대해서 많이 가르치고 배웠지만, 하나님의 자녀와 자녀도에 대해서는 단순히 칭의적 개념의 연속선상에서 이해할 뿐이다. 예수님과의 관계에 대해 소명적 측면으로 접근하면 우리는 예수님의 제자이지만, 태생적 측면에서 보면 우리는 예수님과 한 가족인 하나님의 자녀이다. 제자의 관점에서는 가르치고 배우는 관계성이 중요시되고, 선생에게 순종하며 그분의 뜻과 삶을 이어받는 데 중점을 둘 수밖에 없다. 그러나 하나님의 자녀라는 관점에서 보면 하나님의 유업을 이어받는 것과 예수 그리스도를 나타내는 데 중점을 두게 된다.

지난 수십 년 동안 신자들에게 진정한 그리스도인의 삶을 가르치기 위해서 열심히 제자훈련을 시켜왔지만 그 열매와 영향이 기대했던 것에 미치지 못해서 늘 안타까웠다. 왜냐하면 예수 그리스도 안에서 성령을 통하여 하나님 아버지와 관계 맺는 것과 그분의 통치를 체험하기보다는 스스로 신앙적으로 훈련해서 예수 그리스도를 닮아가는 데 더 초점을 맞춰왔기 때문이다.

우리는 하나님의 자녀로서 예수님의 삶을 따르고 배우고 본받기를 원한다. 하지만 예수님으로부터 무언가를 배우기 이전에 우리가 정말 알아야 할 사실이 있다. 그것은 예수님이 이 땅에서 결코 자신의 삶을 살지 않으셨다는 것이다. 하나님 아버지의 아들로서 보이지 않는 하나님의 형상이신 예수님은 자신의 삶을 산 것이 아니라 자신을 통해서 하나님의 형상을 나타내는 삶을 사셨다.

> 15 그는 보이지 아니하는 하나님의 형상이시요 모든 피조물보다 먼저 나신
> 이시니 골 1:15

> 10 내가 아버지 안에 거하고 아버지는 내 안에 계신 것을 네가 믿지 아니하
> 느냐 내가 너희에게 이르는 말은 스스로 하는 것이 아니라 아버지께서 내
> 안에 계셔서 그의 일을 하시는 것이라 요 14:10

진정한 하나님 자녀의 삶

우리가 예수님에 대해 생각하면 그분이 이 땅에서 인자(人子)로서 하나님의 뜻에 헌신하고, 아버지의 말씀에 순종하고, 아버지를 나타내시는 거룩한 삶을 사셨다는 사실을 새삼 깨닫게 된다. 신앙훈련이 잘된 사람은 이런 예수님의 삶에 대해 듣기만 해도 제자도에 대한 열정으로 불타오르고 다시 결심하며 나아가고자 하는 마음이 든다. 그러나 과연

우리가 자기 자신의 몸을 쳐서 훈련함으로 예수님처럼 헌신, 순종, 성화되는 삶을 살 수 있는가?

플로이드 맥클랑(Floyd Mcclung)은 그의 책 《제자도의 본질》에서 제자도를 실천하는 구체적인 방법으로 예배, 선교, 교제를 제시하면서 다음과 같이 설명했다.

"예배는 생활방식으로 예수님을 사랑하고 순종하는 것이다. 이것을 위해서는 열정과 목적의식이 필요하다. 선교는 예수님을 따르지 않는 사람을 사랑하는 것이다. 이것을 위해서는 용기와 품위가 필요하다. 그리고 교제는 예수님을 한마음으로 따르는 형제들을 사랑하는 것이다. 이것을 위해서는 의도성과 투명성이 필요하다. 결국 예수님을 사랑하고, 알지 못하는 사람을 사랑하고, 서로 사랑하는 것이 제자도의 핵심이다."

또한 맥클랑은 "예수님을 추구하고 따라가는 존재로서 우리의 정체성을 철저히 확증하는 길은 예수님의 삶과 가르침으로 우리 자신을 평가하는 것만이 유일한 방법이다"라고 진술한다.

한편 마크 베일리(Mark Bailey)가 쓴 《제자도의 7가지 핵심》에 따르면 제자도의 핵심은 주님에 대한 헌신과 훈련에 있다. 주께 헌신된 제자의 7가지 특징으로 "예수님을 향한 비길 데 없는 최고의 사랑, 하나님의 말씀에 대한 정기적인 공부와 헌신, 우리 자신을 삶의 권위와 초점으로 삼는 것에 대한 포기, 복종의 삶과 십자가에 대한 희생, 그리스도의 강력한 리더십에 대한 충성, 우리의 소유물에 대한 참된 소유권의 인식, 다른 사람들에게 그리스도의 사랑을 반영함"이라고 언급한다.

그런데 우리가 과연 제자훈련만을 통해서 이런 삶을 살 수 있는가? 성령 하나님의 통치하심과 그분을 통한 우리 마음의 변화 그리고 영의 인도함 없이 단지 우리의 헌신과 훈련만으로 이런 삶이 가능하다고 생각하는가? 얼마나 헌신하고 얼마나 순종하고 얼마나 거룩하게 살아야 예수님의 삶과 가르침에 합당한 자가 될 수 있는가?

우리는 스스로 예수님을 추구하고 따라가는 존재가 아니다. 왜냐하면 이제 우리는 우리 안에 계신 그분이 우리를 통해 사시는 삶을 살아야 하기 때문이다. 우리가 정말로 배워야 할 것은 예수님의 삶과 가르침 이전에 예수님이 하나님 아버지와 가졌던 친밀한 관계이다. 왜냐하면 예수님은 자신의 삶이 아닌 아버지의 삶을 사셨기 때문이다.

예수님이 그토록 완전한 헌신, 순종, 거룩의 삶을 살 수 있었던 비밀은 예수님이 스스로 행하신 어떤 훈련 때문이 아니라 하나님 아버지와의 특별한 관계를 통해서 가능하게 된 하나님 아버지의 나타나심에 있었다. 그런데 우리는 이 중요한 사실을 간과한 채 스스로 영적으로 성숙하기 위해 더 많은 노력을 하고 있다.

우리는 예수 그리스도를 통하여 하나님 아버지를 만났으며, 예수 그리스도로 말미암아 하나님의 가족이 되었다. 따라서 이제 하나님의 자녀가 된 우리는(히 2:10,11) 하나님의 상속자, 즉 예수 그리스도와 함께한 상속자로서(롬 8:17) 마땅히 하나님 아버지의 유업을 이어받아야 한다(갈 4:7). 우리가 하나님의 자녀가 되었다면, 예수님의 삶과 행동을 본받고 예수님처럼 살고자 하기 이전에 그분이 하나님 아버지와 어떤 관계를 가졌고, 어떻게 아버지의 말씀을 들었으며, 어떻게 아버지의 뜻을 이루었는가를 먼저 배워야 한다.

예수님은 성령님을 통하여 하나님 아버지와 관계를 맺으셨다. 그리고 동일한 보혜사 성령님을 우리에게 보내주셨다. 또 예수님 자신이 아버지와 그러셨던 것처럼 우리도 동일한 방식으로 아버지와 관계를 맺기 원하셨다. 그것이 바로 진정한 하나님의 자녀의 삶인 것이다. 그런데도 우리가 예수 그리스도 안에서 성령님을 통하여 하나님 아버지로부터 배우는 대신, 이 땅에 인자로 오신 예수님의 행하심을 모방하고자 헌신하고 훈련하는 것에 만족한다면 그것은 시대착오적인 경건일 것이다.

우리는 성경의 말씀을 통하여 자신과 하나님과 세상을 보는 대신 말씀만을 보고 있는 것 같다. 이와 마찬가지로 우리는 말씀을 통하여 하나님과 그 아들 예수님의 관계를 보아야 함에도 불구하고, 단지 아들 예수님의 삶을 바라보며 그분을 닮아가기에 최선을 다하는 것 같다. 우리는 예수님이 어떤 삶을 사셨는가뿐만 아니라 어떻게 해서 그런 삶을 사실 수 있었는가를 살펴보아야 한다.

예수님의 삶 vs 우리의 삶

예수님의 삶에 대해서 알아보자. 예수님이 이 땅에서 사신 삶을 세 단어로 규정하자면, 그것은 바로 '사랑', '의탁', '영광'이라고 할 수 있을 것이다. 즉, 예수님은 하나님의 사랑을 체험하심으로써 자신을 온전히 하나님께 의탁하셨고, 그 결과 하나님의 영광을 드러내는 삶을 사셨다. 하나님과의 온전한 관계를 통해 이 땅에 나타난 결과가 바로 하나님에 대한 우리의 헌신과 순종과 성화된 삶이었다.

17 하늘로부터 소리가 있어 말씀하시되 이는 내 사랑하는 아들이요 내 기뻐
하는 자라 하시니라 마 3:17

19 그러므로 예수께서 그들에게 이르시되 내가 진실로 진실로 너희에게 이
르노니 아들이 아버지께서 하시는 일을 보지 않고는 아무것도 스스로 할 수
없나니 아버지께서 행하시는 그것을 아들도 그와 같이 행하느니라 20 아버
지께서 아들을 사랑하사 자기가 행하시는 것을 다 아들에게 보이시고 또 그
보다 더 큰일을 보이사 너희로 놀랍게 여기게 하시리라 요 5:19,20

42 이르시되 아버지여 만일 아버지의 뜻이거든 이 잔을 내게서 옮기시옵소
서 그러나 내 원대로 마시옵고 아버지의 원대로 되기를 원하나이다 하시니
눅 22:42

예수님의 공생애 사역은 바로 하나님의 아들 됨과 하나님의 완전한
사랑의 체험을 선포함으로 시작된다. 인자로서 예수님은 아버지의 태
생적인 사랑을 누리며 살아오셨다. 왜냐하면 성령으로 잉태되었고, 하
나님 아버지의 생명이 바로 예수님의 생명이기 때문이다. 예수님은 인
간으로서 갖는 두려움, 무가치함, 버림받은 마음을 느끼지 않으시는
분이다. 왜냐하면 사랑으로 태어나셨고 죄가 없으시기 때문이다.
예수께서 자신을 하나님께 온전히 의탁할 수 있었던 것은 무엇 때문

인가? 바로 하나님의 사랑을 통해 자신이 누구인지를 알고, 온전한 하나 됨을 체험하셨기 때문이다.

> 26 아버지께서 자기 속에 생명이 있음 같이 아들에게도 생명을 주어 그 속에 있게 하셨고 요 5:26

'의탁'이란 무엇인가? 그것은 "어떤 것에 몸과 마음을 의지하여 맡기는 것"(trust, entrustment)이다. 이것은 의지의 자발적인 포기이며, 자아의 내어드림을 의미한다. 의탁의 결과, 예수님은 자신의 삶을 살지 않고 아버지의 삶을 살았으며, 그로 인해 예수님 안에 충만했던 하나님 아버지의 영광이 그분의 삶을 통해서 나타날 수 있었다.

예수님은 아버지의 충만한 사랑 가운데 거했기 때문에 헌신할 수 있었다. '헌신'이란 "몸과 마음을 바쳐 있는 힘을 다하는 것"(devotion, dedication, commitment)이다. 이것은 인간의 불완전한 사랑 가운데서도 나타난다. 생각해보라. 당신이 어떤 사람을 진정으로 사랑한다면, 그 사람을 위해서 무엇이든지 하고 싶지 않은가? 의무감에서 헌신하고자 하는 것인가? 아니다. 사랑이 넘치기 때문에 사랑의 대상을 위해 헌신하는 것이다. 마찬가지로 하나님의 사랑을 맛본 사람은 결코 의무감으로 헌신하지 않는다. 나를 향한 그 놀라운 사랑 때문에 기꺼이 헌신하는 것이다. 그러나 인간의 헌신에는 한계가 있다. 오직 하나님의 사랑으로부터 흘러나오는 헌신이 진정한 헌신이다. 예수님은 그 참된 헌신이 어떤 것인지를 우리에게 보여주셨다.

예수님은 하나님의 사랑 가운데 자신을 온전히 의탁했기 때문에 순종할 수 있었다. 그러면 '순종'이란 무엇인가? 순종을 이해하기 위해서는 순종과 복종의 차이를 알아야 한다. 복종(surrender, submission, 항복, 투항, 권리 등의 포기)은 자기 생각이나 의사와 상관없이 다른 사람의 뜻과 명령을 그대로 좇아 행하는 것을 의미한다. 그러나 순종(obedience)은 "순순히, 의지적으로 기꺼이 따르는 것"이다.

예수님은 하나님 아버지의 사랑 때문에 자신을 기꺼이 의탁할 수 있었고, 그 때문에 이 땅에서 사시는 동안 온전히 아버지께 순종하는 삶을 살 수 있었다. 예수님은 온전히 의탁하셨기 때문에 자신을 십자가에까지 내어드리는 완전한 순종을 이루셨다. 그런데 우리는 십자가에서 자신을 드리는 것(의탁) 없이 무조건 자신을 쳐서 복종시키려고 애쓴다. 하지만 절대적인 순종이란 자기 자신을 버리는 것으로, 옛 자아의 구습(舊習)이 살아 있는 인간에게는 불가능하다. 오직 절대적인 사랑에 의한 의탁이 있을 때만 가능한 것이다.

예수께서 자기 자신을 온전히 내어드린 의탁을 통해 하나님은 그 아들 안에서 나타나실 수 있었다. 그것이 바로 하나님 영광의 현현(顯現)이다. 하나님의 영광이 예수님에게 임하셨기 때문에 예수님은 이 땅에서 거룩한 삶을 사실 수 있었다. 이처럼 거룩한 삶이란 바로 주님의 본질과 본성이 나타나는 삶을 의미한다. 그런데 우리는 스스로 노력해서 좀 더 거룩해지려고 애쓰면서 그것을 성화된 삶이라고 부른다. 하지만 그것은 스스로 죄를 짓지 않으려는 노력이자 몸부림일 뿐이다. 그렇게 해서 남들보다 더 정결하고 정직하고 의로운 삶을 살 수 있을지도 모르겠다. 하지만 그것은 결코 하나님의 본질과 본성을 나타내는 진정한 거룩한 삶은 아니다.

예수님이 우리에게 보여주신 헌신, 순종, 성화의 삶은 하나님 아버지의 사랑에 기초한 친밀한 부자(父子) 관계 때문에 가능한 것이었다. 즉, 예수님은 사랑을 통해서 헌신을, 의탁을 통해서 순종을, 영광을 통해서 거룩한 삶을 사신 것이다. 그렇다면 우리는 무엇을 배워야 하는가? 우리는 예수 그리스도 안에서 우리를 향한 하나님의 동일한 사랑을 체험함으로써 진정으로 헌신하는 것을 배워야 한다. 우리의 참된 헌신의 근원은 바로 하나님의 사랑 때문이어야 한다. 실제로 하나님의 영원무궁한 사랑을 체험하지 않는 헌신이란 그 어떤 것이라도 기독교적인 헌신이라고 볼 수 없다. 오직 그 사랑 때문에 의무적으로 권위에 순종하는 것이 아니라 내 자신을 자발적으로 하나님께 드리는 의탁이 가능한 것이다.

결국 온전한 의탁은 하나님의 사랑에 대한 가장 적극적인 반응이며, 하나님을 사랑하는 자만이 보일 수 있는 최고의 자발적 행위이다. 이는 우리가 예수 그리스도를 믿고 구원을 얻기 위해서 우리 자신을 포기한 최초의 결단 이후에도 우리가 지속적으로 우리 자신을 하나님께 내어드려야 한다는 것을 의미한다. 하나님의 사랑 안에서 매일 십자가를 경험하는 자만이 그런 삶을 살 수 있다.

우리가 하나님의 무조건적인 사랑을 경험하지 않고는 자신을 포기하고 자발적으로 의탁하는 것이 불가능하다. (하나님과 분리된) 나 자신의 부족함을 거부하고, 자신의 방식대로 자아를 형성하고자 하는 모든 노력을 포기하는 것이 의탁의 본질이다. 그 결과 우리의 실제 삶 속에서 맹목적인 복종이 아닌 진정한 순종이 이루어지는 것이다.

사랑의 힘으로 자신을 하나님께 의탁할 때 우리는 비로소 하나님의 성전(聖殿)이 되며 주께서 우리 안에 머무르실 수 있다. 그 결과 하나님의 영광이 우리를 통해 나타나는 것이다. 우리는 본래 하나님의 영광을 드러내도록 지음을 받은 존재이다. 그럼에도 불구하고 우리가 하나님의 영광을 드러내지 못하는 이유는 우리가 우리 자신을 내어드리지 못하기 때문이다. 하나님의 영광이 우리를 거룩하게 만드는 것이지, 우리가 더 거룩하게 되려고 노력해서 되는 것이 아니다. 우리 안에 임하신 하나님의 영광이 드러날 때 비로소 '성화(聖化)의 삶'이 이루어지는 것이다.

> 예수 그리스도 안에 있는 하나님의 사랑만이 진정한 헌신을,
> 예수님의 십자가를 통한 의탁만이 진정한 순종을,
> 성령님을 통한 하나님의 영광의 현현만이 진정한 성화를 이룰 수 있다.

결국 하나님의 사랑, 의탁, 영광의 실체를 체험하지 못하면, 우리는 우리 자신의 행위와 노력으로 하는 헌신, 순종, 성화의 삶을 살 수밖에 없다. 만약 우리가 지금 그렇게 살고 있다면 그것은 자신의 인간적인 의(義)로 힘써 하나님의 의에 복종하지 않는 것이며, 하나님이 보시기에 심히 역겨운 쓰레기더미를 쌓아두는 것이다.

2 내가 증언하노니 그들이 하나님께 열심이 있으나 올바른 지식을 따른 것

이 아니니라 3 하나님의 의를 모르고 자기 의를 세우려고 힘써 하나님의 의에 복종하지 아니하였느니라 롬 10:2,3

킹덤 빌더의 삶

진정한 자녀의 정체성이 있을 때 비로소 참된 제자로서 소명의 삶을 살 수 있다는 것이 나의 확신이다. 초대교회의 사도들이 먼저 제자가 된 다음 '그 날' 이후의 경험을 통해 자녀성을 회복했던 것과는 달리, 우리는 먼저 자녀가 된 후에 제자성을 회복하게 된다고 생각해볼 수 있다. 그런데 오늘의 기독교는 신자가 진정한 자녀성을 확립하지 못했는데도 그에게 제자의 삶을 살도록 강요하고 있다. 하나님과 자녀 사이의 생명적, 영적, 현재적 관계 없이 주(主)의 소명을 이룬다는 것은 불가능한 일임에도 말이다.

생명적 관계 없이 과연 신앙의 의식화로 우리가 하나님의 자녀가 될 수 있는가? 지금 한국 교회가 지탄받는 것이 신자가 자녀는 되었지만 제자가 되지 못해서인가? 아니면 진정한 자녀가 없기 때문인가? 죽고 난 다음에 하나님나라에 가서야 자녀가 되는 것인가? 아니면 하나님나라에서는 자녀가 되고 이 땅에서는 제자가 되어야 한다는 말인가? 인간적인 헌신과 노력으로 우리가 예수님을 본받고 따를 수 있다고 생각하는가?

다시 말하지만 우리는 예수님을 닮아가려고 노력하기 이전에 예수님이 하나님 아버지와 어떤 관계를 가지셨는지에 대해 먼저 알아야 하고, 하나님의 아들이신 그분이 인자로서 아버지와 나누셨던 사랑과 친밀한 연합을 배우고 체험해야 한다. 왜냐하면 예수님은 우리를 그분의 가족으로 생각하는 것을 부끄러워하지 아니하시고(히 2:10,11), 우리에게 아버지와 어떤 관계를 맺어야 하는지 가르쳐주고 싶어 하시기 때문이다.

수십 년간 해온 제자훈련의 열매는 무엇인가? 그렇게 많은 훈련을 해왔지만 목적한 바대로 예수 그리스도의 삶을 닮아가지 못하는 이유는 무엇인가? 나는 제자훈련 자체에 문제가 있는 것이 아니라, 하나님의 자녀에 대한 체험 없이 인간의 변화에 초점을 맞춘 제자도를 가르치기 때문이라고 생각한다. 앞서 말한 바와 같이 진정한 가르침은 내면의 변화(성령에 의한 마음의 변화)가 외면(가시적인 삶의 태도와 행동)으로 나타나는 것이지, 겉으로 드러나는 행위의 훈련을 통해서 사람의 내적 본질을 변화시킬 수 있는 것은 아니다.

제자의 삶은 신자의 삶에서 벗어나 소명적 삶을 살아야 한다는 측면을 강조한 것으로, 주로 영성훈련과 헌신, 소명 찾기와 이루어가기, 예수 그리스도를 닮아가는 데 역점을 둔다. 반면 자녀의 삶은 하나님의 가족으로서 관계적 측면을 강조한 것으로, 하나님 아버지와의 친밀함, 하나님나라의 삶, 은혜의 삶, 예수 그리스도의 성품과 능력을 나타내는 데 역점을 둔다.

그러나 이 두 가지는 별개로 존재할 수 없으며, 실제로는 이 둘이 조화롭게 연결될 때만 하나님이 우리를 지으신 본래 목적대로 온전한 삶이 가능하게 된다. 나는 그것을 '킹덤 빌더의 삶'이라고 부른다.

킹덤 빌더의 새로운 좌표

구원받은 자녀가 킹덤 빌더의 삶을 살기 위해서는, 인간의 노력이나 행위에 의해서가 아닌 하나님께로부터 오직 은혜로 주어진(새로운 태생으로 인한) 새로운 신분과 그에 따라 위임된 권능에 대한 진리를 분명히 알아야 한다.

킹덤 빌더는 더 이상 아담의 계보에 속하지 않는다

다음 구절들을 묵상해보고, 그 말씀에 따라 자신의 정체성을 생각해보라.

> 13 이는 혈통으로나 육정으로나 사람의 뜻으로 나지 아니하고 오직 하나님께로부터 난 자들이니라 요 1:13

> 3 예수께서 대답하여 이르시되 진실로 진실로 네게 이르노니 사람이 거듭나지 아니하면 하나님의 나라를 볼 수 없느니라 요 3:3

> 6 육으로 난 것은 육이요 영으로 난 것은 영이니 요 3:6

> 15 너희는 다시 무서워하는 종의 영을 받지 아니하고 양자의 영을 받았으므로 우리가 아빠 아버지라고 부르짖느니라(Instead, you received God's Spirit when he adopted you as his own children. Now we call him,

Abba Father) 16 성령이 친히 우리의 영과 더불어 우리가 하나님의 자녀인 것을 증언하시나니 롬 8:15,16

또한 우리가 누구인지 이해하기 위해서는 예수님이 어떤 분이며, 그분과 우리의 관계가 어떠한지를 정확히 알아야 한다.

45 기록된 바 첫 사람 아담은 생령이 되었다 함과 같이 마지막 아담은 살려 주는 영이 되었나니 46 그러나 먼저는 신령한 사람이 아니요 육의 사람이요 그 다음에 신령한 사람이니라 47 첫 사람은 땅에서 났으니 흙에 속한 자이거니와 둘째 사람은 하늘에서 나셨느니라 48 무릇 흙에 속한 자들은 저 흙에 속한 자와 같고 무릇 하늘에 속한 자들은 저 하늘에 속한 이와 같으니 고전 15:45-48

예수님은 마지막 아담으로 이 땅에 오셔서 우리 죄를 대속하시고, 부활하셨다. 무덤에서 부활하신 예수님은 더 이상 유대인의 족보에 속한 인자가 아니라, (아비도 없고 어미도 없고 족보도 없으심. 육적 계보에서 영적 계보로 변화되었음) 멜기세덱 제사장과 같으신 분이며, 영원한 주님이시다.

17 또한 그가 만물보다 먼저 계시고 만물이 그 안에 함께 섰느니라 18 그는 몸인 교회의 머리시라 그가 근본이시요 죽은 자들 가운데서 먼저 나신 이시니 이는 친히 만물의 으뜸이 되려 하심이요 골 1:17,18

3 아버지도 없고 어머니도 없고 족보도 없고 시작한 날도 없고 생명의 끝

도 없어 하나님의 아들과 닮아서 항상 제사장으로 있느니라 히 7:3

16 그러므로 우리가 이제부터는 어떤 사람도 육신을 따라 알지 아니하노라

비록 우리가 그리스도도 육신을 따라 알았으나 이제부터는 그같이 알지 아

니하노라 고후 5:16

그분이 부활하신 후에는 이 땅뿐만 아니라 땅 아래와 하늘의 권세
를 가지시고, 이 세상뿐만 아니라 오는 세상에 일컫는 모든 이름보다
뛰어나신 영광의 주님이 되셨다.

15 그는 보이지 아니하는 하나님의 형상이시요 모든 피조물보다 먼저 나신

이시니 16 만물이 그에게서 창조되되 하늘과 땅에서 보이는 것들과 보이지

않는 것들과 혹은 왕권들이나 주권들이나 통치자들이나 권세들이나 만물

이 다 그로 말미암고 그를 위하여 창조되었고 17 또한 그가 만물보다 먼저

계시고 만물이 그 안에 함께 섰느니라 18 그는 몸인 교회의 머리시라 그가

근본이시요 죽은 자들 가운데서 먼저 나신 이시니 이는 친히 만물의 으뜸이

되려 하심이요 골 1:15 – 18

18 예수께서 나아와 말씀하여 이르시되 하늘과 땅의 모든 권세를 내게 주셨

으니 마 28:18

20 그의 능력이 그리스도 안에서 역사하사 죽은 자들 가운데서 다시 살리시고 하늘에서 자기의 오른편에 앉히사 21 모든 통치와 권세와 능력과 주권과 이 세상뿐 아니라 오는 세상에 일컫는 모든 이름 위에 뛰어나게 하시고 엡 1:20,21

10 하늘에 있는 자들과 땅에 있는 자들과 땅 아래에 있는 자들로 모든 무릎을 예수의 이름에 꿇게 하시고 빌 2:10

우리는 더 이상 아담의 육적인 족보에 속한 것이 아니라 주님의 족보에 들어갔으며, 부활 승천하신 예수 그리스도를 나타내는 영생을 지닌 존재가 된 것이다.

29 하나님이 미리 아신 자들을 또한 그 아들의 형상을 본받게 하기 위하여 미리 정하셨으니 이는 그로 많은 형제 중에서 맏아들이 되게 하려 하심이니라(··· and he chose them to become like his Son, so that his Son would be the firstborn among many brothers and sisters) 롬 8:29

킹덤 빌더의 국적은 하늘나라이다

흔히 우리는 우리 자신을 하나님나라와 이 땅에 동시에 속해 있는 이중국적자라고 생각한다. 과연 우리는 이중국적자인가? 우리가 그렇게 생각하기 때문에 상황에 따라 양다리 걸치는 삶을 살고 있는 것은 아닌지 자문해보게 된다. 우리가 이중국적을 가지고 있다는 생각 때문에 "하나님의 것은 하나님께, 이 땅의 것은 이 땅에게"라는 신앙적 타협이 자행되고 있다.

그러나 사실 이 땅의 것도 모두 하나님의 것이다. 우리는 이중국적
자가 아니다. 우리의 국적은 하나뿐이다. 우리는 하늘나라(Kingdom
of Heaven)에 속해 있다. 우리는 이 땅에 살면서 하나님나라 복음의
말씀을 지키려고 애쓰는 존재가 아니라, 하늘나라의 상위법을 이 땅에
적용시키기 위해 주님 안에서 새롭게 태어난 자들이다. 다른 말로 하면
이 세상을 하나님나라로 바꾸기 위해 파송된 대사(大使)들이다.

> 20 그러나 우리의 시민권은 하늘에 있는지라 거기로부터 구원하는 자 곧 주
> 예수 그리스도를 기다리노니 빌 3:20

> 20 그러므로 우리가 그리스도를 대신하여 사신이 되어 하나님이 우리를 통
> 하여 너희를 권면하시는 것같이 그리스도를 대신하여 간청하노니 너희는
> 하나님과 화목하라 고후 5:20

우리는 하늘의 영향도 받고 땅의 영향도 받는 존재가 아니다(현실적
으로는 그렇게 영향을 받으며 살고 있지만). 우리는 하늘의 시민권자로서
하늘의 영향만 받는 자이며, 하나님이 주신 권세로서 이 땅에 영향력을
끼치는 자이다. 따라서 우리는 이 땅의 영향력과 날마다 충돌한다. 우
리는 이 땅에 하늘의 영향력을 끼치기 위해서 영적 전쟁을 벌여야 한다.

> 1 그러므로 너희가 그리스도와 함께 다시 살리심을 받았으면 위의 것을 찾

으라 거기는 그리스도께서 하나님 우편에 앉아 계시느니라 2 위의 것을 생각하고 땅의 것을 생각하지 말라 3 이는 너희가 죽었고 너희 생명이 그리스도와 함께 하나님 안에 감추어졌음이라 골 3:1-3

우리는 언제 어디서나 성령님을 통하여 주님과 교제하며 주(主)의 뜻을 이 땅에 이루고자 하는, 예수 그리스도를 대표하는 자이다. 한편, 예수님은 우리를 대표하시는 분으로서 하나님 우편에서 우리를 위해 중보하고 계신다.

9 그러나 너희는 택하신 족속이요 왕 같은 제사장들이요 거룩한 나라요 그의 소유가 된 백성이니 이는 너희를 어두운 데서 불러 내어 그의 기이한 빛에 들어가게 하신 이의 아름다운 덕을 선포하게 하려 하심이라 벧전 2:9

14 그가 우리를 대신하여 자신을 주심은 모든 불법에서 우리를 속량하시고 우리를 깨끗하게 하사 선한 일을 열심히 하는 자기 백성이 되게 하려 하심이라 딛 2:14

25 그러므로 자기를 힘입어 하나님께 나아가는 자들을 온전히 구원하실 수 있으니 이는 그가 항상 살아 계셔서 그들을 위하여 간구하심이라 히 7:25

34 누가 정죄하리요 죽으실 뿐 아니라 다시 살아나신 이는 그리스도 예수시니 그는 하나님 우편에 계신 자요 우리를 위하여 간구하시는 자시니라 롬 8:34

결국 사복음서가 예수님의 지상사역을 기록한 것이라고 한다면, 사도행전에 나오는 사도들의 복음 전파 사역은 주 예수 그리스도의 천상 사역에 대한 예시이다.

예수님이 공생애 사역 기간 동안 제자들을 가르치신 이유는 예수님이 부활 승천하신 후 그들로 하여금 이 땅 위에 하나님나라를 이루도록 하기 위함이었다. 지금도 주님은 사도들을 통해 일하셨던 것처럼, 오늘날 우리를 통해서도 이 땅을 다스리기를 원하신다. 사도들이 한 일들은 하나님의 백성인 교회(에클레시아)를 통해 이 땅에 '킹덤', 즉 '하나님나라'를 이루는 새 역사의 시작이었다. 오늘날 우리도 동일하게 하나님의 나라로 들어가 하나님의 자녀가 되어야 하고, 이 세상 속에서 주의 뜻을 이루는 자들이 되어야 한다. 사도행전 29장을 쓰기 위해서 말이다.

킹덤 빌더가 누구인지를 다시 요약해보자.

▶ 사람으로부터 난 자가 아니라 하나님께로부터 난 자로서(요 1:13)

▶ 그 시민권은 하늘에 있고(빌 3:20)

▶ 이 땅에 대사(大使)로 부름 받은 자들이며(고후 5:20)

▶ 그리스도 안에서 새로운 피조물이며(고후 5:17)

▶ 하나님의 가족이 되었고(히 2:10,11)

▶ 하나님과 화목케 하는 직분을 행하며(고후 5:18)

▶ 하나님을 위하여 열매를 맺는 자들이다(롬 7:4)

킹덤 빌더는 새 사람의 삶을 산다

킹덤 빌더는 하나님나라의 백성이기 때문에 새로운 법과 사고 체계를 가지고 새로운 삶을 살아야 한다.

> 4 그러므로 내 형제들아 너희도 그리스도의 몸으로 말미암아 율법에 대하여 죽임을 당하였으니 이는 다른 이 곧 죽은 자 가운데서 살아나신 이에게 가서 우리가 하나님을 위하여 열매를 맺게 하려 함이라 롬 7:4

그러나 동시에 우리는 영지주의의 오류를 경계해야 한다. 영지주의는 자신의 육신으로부터 탈출하여 영을 해방시킴으로써 신(神)과의 합일(合一)을 이루려고 하는 신앙이다. 우리는 영혼과 육체를 이원론적으로 보아서는 안 된다. 영혼육(靈魂肉) 전부가 동일하게 중요하다. 영(靈)은 우리 인간의 본질이지만, 육(肉)을 통하여 이 땅에서의 삶을 온전히 영위할 수 있다. 우리의 신앙은 육체로부터 분리된 신과의 합일이 아니라 하나님의 영의 인도를 받음으로써 이 땅에서 새로운 육체를 경험하는 것이다. 즉, 그동안 우리 몸을 죄의 병기로 사용했던 옛 사람은 죽고, 의의 병기로 사용하는 새 사람의 삶을 경험하는 것이다.

참된 영성은 인간적인 방법과 추구에 의해서 이루어지는 것이 아니라, 오직 하나님의 임재를 통해 이루어지는 것이다. 다른 말로, 신적 본질을 얻기 위해 인간이 스스로 더 높은 영적 단계를 추구해야 하는 것이 아니라, 오직 예수 그리스도만이 참된 하나님이심을 믿고 고백할 때 그분이 임하시는 것이다. 그리스도인들은 영지주의자들처럼 세상을 포기하고 피안(彼岸)의 신비에 이르는 것이 아니라, 자신을 부인하고 자기 십자가를 짐으로써 예수님의 사랑으로 세상을 사랑하고 이 땅을 하나님의 나라로 바꿔나가야 한다.

결국 자녀의 삶은 신과의 합일을 통해서 신의 본질인 사랑을 홀로 누리는 것이 아니라, 하나님이 은혜로 부어주신 사랑을 다른 사람들과 (우리 가운데서) 나누는 데 그 목적이 있다. 그것이 바로 하나님나라이고, 그것을 이루도록 하는 곳이 교회이다.

킹덤 빌더의 삶으로 재정립

예수 그리스도 안에서 성령님에 의해 자녀의 정체성이 확증될 때 킹덤 빌더로서의 삶의 목적, 삶의 동인(動因, 삶을 살아가게 하는 원인), 삶의 이유에 대한 명확한 계시가 주어진다.

킹덤 빌더의 삶의 동인

킹덤 빌더는 자신 안에 계신 예수 그리스도를 나타내고자 하는 갈망이 삶의 동인이다. 인간의 본래적 갈망은 하나님 자신(그분의 성품과 권능)을 나타내고자 하는 갈망이다. 왜냐하면 인간은 주(主)의 영광을 드러내도록 창조되었기 때문이다. 그러나 타락 이후 하나님의 생명과의 관계가 끊어지고 그 본질적인 갈망은 자신의 소유, 통치, 공급을 더 확보하기 위한 탐욕으로 변질되었다. 그 결과 인간은 채워도 채워지지 않는 탐욕의 노예가 되어 자신의 전부를 허탄한 것에 던져 넣는 어리석은 삶을 살게 되었다.

> 13 내 백성이 두 가지 악을 행하였나니 곧 그들이 생수의 근원되는 나를 버린 것과 스스로 웅덩이를 판 것인데 그것은 그 물을 가두지 못할 터진 웅덩이들이니라 렘 2:13

킹덤 빌더의 삶의 목적

킹덤 빌더는 자신의 분야와 영역에서 하나님의 뜻을 나타내는 것을 삶의 목적으로 한다. 예수 그리스도로 말미암아 구원받은 후부터 우리 안에는 다시 하나님의 생명이 임하셨고, 그분은 자신의 기쁘신 뜻을 이루기 위해서 우리 각자에게 소원을 두고 행하게 하셨다. 이것이 바로 회복된 인간의 가장 근원적인 삶의 목적이다. 그리스도인이 삶 속에서 이 목적을 알지 못하는 것은 비록 신앙생활은 하고 있지만 그리스도의 영에 의해 인도함을 받지 못하기 때문이다.

> 13 너희 안에서 행하시는 이는 하나님이시니 자기의 기쁘신 뜻을 위하여 너희에게 소원을 두고 행하게 하시나니 빌 2:13

킹덤 빌더의 삶의 이유

킹덤 빌더는 하나님의 즐거움에 동참하기 위해 산다. 인생에서 기쁨이나 즐거움(카라)이 없다면 살 만한 이유가 없을 것이다. 일반적으로 우리는 자신의 만족감을 충족시킬 때 인생의 즐거움을 느낀다고 생각한다. 그러나 그 즐거움이 지속되는지, 그 즐거움만으로 만족하는지, 그 즐거움이 내면의 모든 의문과 갈등을 사라지게 만드는지 반문해보면 그것만이 전부일 수 없다는 사실을 즉시 알게 될 것이다.

그렇다면 진정한 즐거움이란 무엇인가? 우리가 정말 거듭난 존재이고 자기 자신의 삶이 아니라 내 안에 계신 예수 그리스도의 삶을 사는 자라면, 우리는 더 이상 자신의 만족을 위해서 무엇인가를 행하는 것으로 즐거움을 누리는 자가 아니다. 주님이 기뻐하시는 일을 행함으로써 그분의 기쁨에 동참하는 것이야말로 우리의 진정한 즐거움이어야 한다.

주께서 우리에게 마음의 소원을 주시고 우리가 그것을 행할 때, 그분이 우리를 칭찬하신다는 것을 알고 있는가? 그분이 우리를 통해서 그분의 일을 행하시며 얼마나 즐거워하고 기뻐하시는지를 아는가? 그분이 즐거워하시는 것을 자신의 내면에서 느껴본 적이 있는가?

16 오직 선을 행함과 서로 나누어주기를 잊지 말라 하나님은 이같은 제사를 기뻐하시느니라 히 13:16

22 무엇이든지 구하는 바를 그에게서 받나니 이는 우리가 그의 계명을 지키고 그 앞에서 기뻐하시는 것을 행함이라 23 그의 계명은 이것이니 곧 그 아들 예수 그리스도의 이름을 믿고 그가 우리에게 주신 계명대로 서로 사랑할 것이니라 요일 3:22,23

21 그 주인이 이르되 잘하였도다 착하고 충성된 종아 네가 적은 일에 충성
하였으매 내가 많은 것을 네게 맡기리니 네 주인의 즐거움에 참여할지어다
하고[enter into the joy of your master (NASB), come and share your
master's happiness (NIV)] 마 25:21

우리가 적은 일에 충성할 때 그분은 더 큰일을 맡기신다. 그럴 때마
다 우리를 통해 그분이 더 나타나시고 행하시기 때문에 우리의 즐거움
도 더해가는 것이다. 우리의 즐거움은 우리 자신에게 있는 것이 아니라
그분과의 관계 속에서 일어난다. 일할 때마다 그분의 기쁨을 느껴보
라. 나의 능력으로, 내가 가진 것으로 평범한 것들을 행한다고 생각하
지 말고, 모든 것이 지금 하나님으로부터 주어진다고 생각을 바꾸어보
라. 하나님으로부터 오는 능력과 소유로 자신의 일터 현장에서 그분을
나타내고 그것을 통하여 하나님의 뜻을 이루어간다고 생각해보라. 이
전에는 느껴보지 못했던 형언할 수 없는 하늘의 즐거움을 느끼게 될 것
이다.

우리 마음에 진정한 즐거움이 없는 이유는 우리가 예수 그리스도를
나타내는 삶을 소홀히 했기 때문이다. 이것은 인간의 행위와 노력으로
이루는 헌신과는 완전히 다른 삶이다. 우리는 주(主)의 생명을 나타낼
때만 주의 즐거움에 동참하게 된다. 참된 즐거움을 위해 매일의 삶 속
에서 성령의 인도함을 받아 자신의 마음을 더욱 진리의 말씀에 일치시
켜나가야 한다. 이것이 바로 오직 믿음으로 말미암아 사는 의인의 삶
이다. 눈앞의 현실에 자신의 마음이 묶이는 것이 아니라, 그 현실에 대

해 진리의 말씀이 무엇이라고 하는지를 깨닫고, 그 말씀을 통해서 세상을 보고, 느끼고, 생각하고, 선포하는 것이 기쁨의 샘을 열어가는 비밀이다.

킹덤 빌더로의 부르심과 소명

그리스도인이라면 이 세상 속에서 일어나는 모든 사건과 상황 가운데는 초자연적인 목적이 있다는 것을 알아야 한다. 주님은 그리스도인들을 통하여 세상과 그 문화를 구속하기 원하신다.

대부분의 기독교 신자들은 누군가 와서 그들의 진정한 정체성과 인생의 목적을 말해주기 전까지는 현재 자신을 향한 초자연적인 목적을 깨닫거나 이해하지 못한다. HTM(Heavenly Touch Ministry)이 이루고자 하는 비전도 바로 그런 이들에게 그들이 어떤 존재인지 알려주고, 지금 실제 전쟁 중에 있으며, 하나님의 지혜와 능력으로 싸우도록 하는 것이다.

세상의 영역에는 아무도 차지하지 않은 빈 영역이란 없다. 세상 신이 차지하고 있는 영역이 아니면 하나님이 차지하고 계신 영역이 있을 뿐이다. 하나님이 원하시는 것은 세상 신의 지배 아래 있는 그 영역을 우리가 정복하고 다스리는 것이다. 이 목적을 달성하기 위해서는 단지 악을 '행하지 않은 것'에 만족하는 삶이 아니라, 선을 위해 마땅히 '행해야 하는 일'이 무엇인지를 깨닫고 그 일을 이루기 위해서 전쟁을 치러야 한다. 즉, 전쟁을 통해 세상 신이 차지한 영역을 무너뜨리고 그곳을 우리가 차지해야 한다.

> 3 여호와께서 여호사밧과 함께하셨으니 이는 그가 그의 조상 다윗의 처음
> 길로 행하여 바알들에게 구하지 아니하고 4 오직 그의 아버지의 하나님께
> 구하며 그의 계명을 행하고 이스라엘의 행위를 따르지 아니하였음이라 5
> 그러므로 여호와께서 나라를 그의 손에서 견고하게 하시매 유다 무리가 여
> 호사밧에게 예물을 드렸으므로 그가 부귀와 영광을 크게 떨쳤더라 6 그가
> 전심으로 여호와의 길을 걸어 산당들과 아세라 목상들도 유다에서 제거하
> 였더라 대하 17:3-6

여호사밧 왕은 하나님의 큰 은혜를 입고 있었다. 첫 번째로 그는 주(主)의 계명에 순종하여 바알들에게 구하거나 이스라엘의 행위를 좇지 않았다(행하지 않아야 할 일). 두 번째로 그는 전심으로 여호와의 도(道)를 행하여 산당과 아세라 목상을 유다에서 제하였다(마땅히 행해야 할 일).

오늘날 대부분의 그리스도인들은 단지 행하지 않아야 할 일들을 하지 않는 것으로 만족하는 삶을 살고 있다. 그러나 우리가 마땅히 행해야 할 일들을 하지 않으면, 이 땅은 점점 더 세상 신의 수중에 넘어간다는 사실을 알아야 한다. 하나님이 진정한 그리스도인들에게 준 소명은 악한 일을 행하지 않는 것뿐만 아니라, 적극적으로 주의 뜻을 행하는 것이라는 점을 명심해야 한다.

> 10 우리는 그가 만드신 바라 그리스도 예수 안에서 선한 일을 위하여 지으

심을 받은 자니 이 일은 하나님이 전에 예비하사 우리로 그 가운데서 행하게 하려 하심이니라 엡 2:10

14 그가 우리를 대신하여 자신을 주심은 모든 불법에서 우리를 속량하시고 우리를 깨끗하게 하사 선한 일을 열심히 하는 자기 백성이 되게 하려 하심이라 딛 2:14

킹덤 빌더로의 부르심, 어떻게 알 수 있는가?

우리는 하나님께서 꿈이나 환상 중에 나타나셔서 자신의 이름을 친히 부르시며 소명을 주셔야 한다고 생각할지 모른다. 물론 하나님께서 누군가에게 그런 방법으로 소명을 주실 수도 있다. 하지만 그렇게 하시지 않더라도 하나님은 우리를 부르셔서 소명을 주시고 주(主)의 뜻을 이루어 나가신다.

느헤미야의 경우도 그러했다.

1 하가랴의 아들 느헤미야의 말이라 아닥사스다 왕 제이십년 기슬르월에 내가 수산 궁에 있는데 2 내 형제들 가운데 하나인 하나니가 두어 사람과 함께 유다에서 내게 이르렀기로 내가 그 사로잡힘을 면하고 남아 있는 유다와 예루살렘 사람들의 형편을 물은즉 3 그들이 내게 이르되 사로잡힘을 면하고 남아 있는 자들이 그 지방 거기에서 큰 환난을 당하고 능욕을 받으며 예루살렘 성은 허물어지고 성문들은 불탔다 하는지라 4 내가 이 말을 듣고 앉아서 울고 수일 동안 슬퍼하며 하늘의 하나님 앞에 금식하며 기도하여 느 1:1-4

느헤미야는 하나님으로부터 특별한 계시를 받은 것이 아니었다. 그는 유다와 예루살렘의 형편에 대해 사람으로부터 전해 들었을 뿐이다 (자신이 처한 위치에서 세상을 바라보라). 예루살렘 성이 훼파되고 아무도 돌보지 않는다는 사실을 알고 느헤미야는 슬퍼하며 기도했다(성령의 감동을 받아라). 그것이 바로 하나님의 마음이다. 주께서 우리의 마음에 어떤 문제와 관련한 하나님의 마음을 부어주실 때, 우리도 알 수 없는 반응이 나타나게 된다. 이것이 바로 우리가 그 일에 동참하기를 원하시는 하나님의 부르심이라는 사실을 알아야 한다(영적 감동을 분별하라).

당신은 지금 나라 가운데 무너진 성벽과 불탄 성문을 보고 있는가? 지금 믿음의 사람들이 당하는 곤경을 보고 있는가? 하나님께서 이 모든 일들을 바라보시며 우리가 무엇을 하기를 원하시는지 느끼는가? 주님은 사람을 통해서 역사하신다. 그러나 느헤미야는 특별한 사람이 아니었고, 특별한 부르심을 받지도 않았다. 그는 단지 이방 왕 아닥사스다의 신임을 얻었던 술 담당 관원이었을 뿐이다(자신의 영역과 분야를 생각해보라). 당신이 특별한 사람이 아닐지라도 하나님은 세상에서 당신이 가진 지금의 사회적 위치, 인맥, 재력, 능력을 통해서 이 사회를 바꾸기를 원하신다. 그것이 바로 부르심이다(자신의 삶을 하나님의 위대한 목적과 연결시켜라).

우리는 소명(calling)을 단지 성직자에게 해당되는 것으로 생각하는 데 익숙하다. 그러나 '직업'(vocation)의 어원은 바로 '부르심', 곧 소명이다.

하나님은 우리를 부르시고 다음과 같이 우리를 이끄신다.

새로운 존재

부르심의 일차적인 목표는 구원이다.

"고린도에 있는 하나님의 교회 곧 그리스도 예수 안에서 거룩하여지고 성도라 부르심을 받은 자들과 또 각처에서 우리의 주 곧 그들과 우리의 주 되신 예수 그리스도의 이름을 부르는 모든 자들에게"(고전 1:2).

새로운 관계

부르심의 이차 목표는 교제이다.

"너희를 불러 그의 아들 예수 그리스도 우리 주와 더불어 교제하게 하시는 하나님은 미쁘시도다"(고전 1:9).

새로운 삶

부르심의 삼차 목표는 하나님의 뜻을 이루는 일이다.

"그가 우리를 대신하여 자신을 주심은 모든 불법에서 우리를 속량하시고 우리를 깨끗하게 하사 선한 일을 열심히 하는 자기 백성이 되게 하려 하심이라"(딛 2:14).

　지금 이 책을 읽으면서 세상을 바라볼 때, "정말 이것은 하나님이 원하시는 세상의 모습이 아닌데, 주님, 왜 모든 것이 이래야 합니까?"라는 질문과 더불어 슬픔과 분노와 안타까움이 마음 깊은 곳에서 올라온다면, 그것은 하나님께서 지금 당신을 부르고 계신다는 증거다.

킹덤 빌더의 비전과 역할

예수 그리스도께서 이 땅에 오셔서 행하신 일들을 생각해보라. 그분은 하나님나라의 복음을 전하기 위해서 세상에 오셨다. 우리는 그 나라의 복된 소식을 듣고 친 백성의 삶을 누리기 위해서 회개하고 죄 사함을 받아야만 한다. 그리고 인간 중심적인 삶이 아니라 하나님 중심적인 삶을 살아야 한다. 예수님은 그 일을 위해서 십자가에 못 박히셨을 뿐만 아니라 보혜사 성령님을 보내주셨다.

교회는 일차적으로 유형의 건물이 아니라 하나님의 백성을 일컫는 말이다. 이 세상에는 '모이는 교회'(주일에 예배당에 모이는 성도들)와 '흩어진 교회'(주중에 세상으로 흩어져서 자신의 직업에 종사하는 성도들)라는 두 가지 형태의 교회가 존재한다. 과거에는 성도들이 모이는 교회를 통해서 신앙생활을 잘하고 교회에 열심히 충성으로 봉사하면서 하나님의 일을 이루고자 했다. 그 결과 교회는 부흥을 위해서 지속적으로 노력하고 있지만 그 영향력은 교회 내에 국한되어 있을 뿐, 사회 전반에는 별다른 영향을 끼치지 못하는 것이 현실이었다. 왜냐하면 교회 안과 교회 밖은 서로 다른 시스템(규범, 조직, 권위)에 의해 작동되기 때문이다.

하나님이 우리에게 주신 소명은 교회의 부흥이 아니라 이 세상에 하나님의 나라를 이루는 것이다. 따라서 우리의 주된 관심은 세상을 향해야 하며, 교회는 그 자체가 목적이 아니라 세상을 하나님나라로 만드는 전초기지로 재정비되어야 한다.

요한복음 3장 16절뿐 아니라 17절까지 읽어보자.

16 하나님이 세상을 이처럼 사랑하사 독생자를 주셨으니 이는 그를 믿는 자마다 멸망하지 않고 영생을 얻게 하려 하심이라 17 하나님이 그 아들을 세상에 보내신 것은 세상을 심판하려 하심이 아니요 그로 말미암아 세상이 구원을 받게 하려 하심이라 요 3:16,17

교회는 더 이상 거대한 호화 유람선이 아닌, 전투를 위한 항공모함이 되어야 한다. 항공모함은 전투기를 실어 나르며 작전을 수행하는 거대한 군함이다. 항공모함에서는 직접 전투기를 출격시킨다. 이 전투기는 목표 지점에 가서 중요 임무를 수행한 후에 항공모함으로 돌아와 다시 연료 공급을 받고 무기를 재장착 한다. 그리스도인들과 교회의 관계가 바로 이런 전투기와 항공모함의 관계가 되어야 한다. 우리에게 주어진 직장이나 일터로 나아가 주(主)의 뜻을 이루고 돌아왔을 때 피해본 곳을 수리하고 연료와 무기를 공급받기 위해서는 교회라는 항공모함이 필요하다. 그런데 오늘날 대부분의 교회는 모든 미션을 교회 안에서 수행한다. 더욱이 이 시대의 대형 교회는 마치 거대하고 화려한 유람선과 같아서 모든 활동이 유람선 안에서 가능하다.

그러나 사회를 변혁시키고자 한다면, 모이는 교회 안에서만 헌신하던 성도들이 흩어진 교회의 일원으로 헌신해야 하며, 자신의 일터에서 선한 영향력을 끼쳐야 한다. 따라서 그들은 첫째, 교회를 통해서 양육되고 기름부으심을 받아야 한다. 둘째, 각자 직업과 일터가 자신의 선교지이며, 바로 자신이 그 일터를 하나님의 나라로 변혁시키기 위해서 소명을 받은 자라는 사실을 인식해야 한다. 셋째, 그곳 혹은 그 분야에서 영적 권세를 회복하고 선한 영향력을 끼치는 사람이 되어야 한다. 그 결과 세상의 정사와 권세를 결박하고 하나님의 통치 아래 새로운 질서와 체계를 확립시켜야 하며, 넷째, 그 영향력을 동역자들을 통해서 지속적으로 확대해 나가야 한다.

그 일을 위해서 성도들은 올바른 교회생활과 양육을 통해 율법주의적 신앙생활(옛 언약적 사고방식)을 버려야 하며, 종교의 영◆에 의한 속박에서 벗어나야 하며, 하나님나라의 사고방식으로 전환해야 하며, 기름부으심을 받아야 하며, 자신의 분야 혹은 직업에서 영향력을 끼쳐야 한다. 교회는 그리스도의 몸이며, 교회를 통해서만 사회를 변화시킬 수 있다. 이 땅에 하나님나라의 확장을 위해 예수님이 계획하신 유일한 수단은 교회이다.

그러나 제도화되고 세속화된 교회가 하나님나라의 복음을 전하고 실천하는 그 기능을 온전히 감당하지 못하기 때문에 탈(脫)교회화 현상이 일어나고 있는 것도 부인할 수 없는 현실이다. 이 세상에서 흑암의 권세와 맞서는 유일한 곳이 바로 교회이다. 따라서 교회가 그런 현실에 처하는 것도 얼마든지 있을 수 있는 일이다. 이 시점에서 볼 때 킹덤 빌더야말로 교회와 하나님나라의 균형을 잡을 수 있다. 교회와 목회자를 사랑하고, 주(主)의 성전에 왜 하나님의 영광이 회복되어야 하는지 알고, 기도하며 영적 전쟁을 치르는 자가 되어야만 한다.

◆　**종교의 영**　하나님과의 관계를 종교적인 활동으로 대치하고 그 활동에 순종하지 않을 때(교회의 관습과 전통, 장로의 유전을 따르지 않을 때) 죄책감을 느끼게 하는 악한 영

교회를 온전히 세우고 사회를 하나님나라로 만들고자(주의 뜻을 이 땅에 이루고자) 하는 킹덤 빌더는 교회 내에서만 헌신할 것이 아니라, 교회 밖에서도 영적 전쟁을 벌임으로써 새로운 규범과 체제를 만들어가야 한다. 그 일을 위해서는 교회로부터 철저한 양육과 기름부으심을 받아서 자신의 일터와 분야를 다스릴 수 있는 권세와 능력을 회복해야 한다. 모든 전문 직종에 있는 그리스도인들은 교회에서 파송받은 킹덤 빌더로서의 역할을 담당해야 한다.

또한 킹덤 빌더는 자신의 영역에서 자원(군대, 무기, 재정)을 맡은 청지기의 역할을 해야 한다. 그리고 다른 사람들(신자와 불신자)을 전쟁에 이끌어내어 승리케 하는 일을 수행해야 한다. 즉, 하나님의 나라를 전방위적으로 이루는 것이다. 교회의 부흥은 교회의 목적이 아니라 킹덤 빌더를 통한 사회 변혁의 당연한 결과여야 한다. 참된 교회의 부흥은 성도 수의 증가, 건물의 대형화, 조직과 운영의 전문화 등에 의해 결정되는 것이 아니라, 교회에서 훈련시키고 기름을 부어 파송한 킹덤 빌더의 창조적인 일터 변혁에 따른 자연스러운 열매(선물)이다.

그렇다면 '모이는 교회'의 역할은 무엇인가? 그것은 바로 총론(總論)을 가르치는 교회이다. 각 성도가 스스로 하나님과 교제할 수 있는 신앙을 갖도록 사람을 세우는 것과 이 땅에 주(主)의 뜻을 이루는 삶을 살 수 있는 기초를 제공해주는 것이다. 그렇다면 '흩어진 교회'의 역할은 무엇인가? 그것은 각론(各論)을 배우고 적용하는 교회이다. 그렇다면 어떻게 이 일들을 구체적으로 이룰 수 있는가?

HTM은 바로 흩어진 교회(교단과 교파가 다른 신자들이 모여서 살아가는 일터)에서 자신의 삶을 성실히 살아가는 신자들로 하여금 하나님나라로 침노케 하고, 그들을 킹덤 빌더로 변화시켜 자신의 일터를 하나님 나라로 변화시키는 일에 도움을 주고 있다.

HTM의 핵심 전략은 대적(對敵)이 장악한 땅에 새로운 기초를 놓는 일이다. 이를 위해 각 영역과 분야의 킹덤 빌더들에게 비전을 주어 그들이 다스리는 세상 나라는 하나님의 영원한 목적과 연결되어 있다는 사실을 알게 한다. 그리고 적의 영토를 차지할 성경적 전략을 제공하여 영향력을 끼치게 하며, 기름을 부어 신적(神的) 위임과 그에 따르는 권능을 부여해준다. HTM의 존재 이유는 하나님나라의 복음 선포와 그에 따르는 치유와 회복 그리고 말씀의 실체를 증거하고 킹덤 빌더의 비전을 제시함으로써 기존의 전통적인 교회가 혼자 할 수 없었던 사회문화의 변혁을 위해 교회와 성도들을 돕고자 하는 데 있다.

9 그러나 너희는 택하신 족속이요 왕 같은 제사장들이요 거룩한 나라요 그의 소유가 된 백성이니 이는 너희를 어두운 데서 불러내어 그의 기이한 빛에 들어가게 하신 이의 아름다운 덕을 선포하게 하려 하심이라 벧전 2:9

킹덤 빌더의 삶의 방식

킹덤 빌더는 종교의 영에 묶여 있지 않는 자이다. 킹덤 빌더는 교회의 사역(일)에 자신을 헌신하는 것이 아니라◆ 교회 안에 하나님이 친히 나타나시도록 하는 데 최선을 다해야 한다. 또한 이원론적인 사고방식 아래 "교회의 일만 거룩하고 세상에서 하는 일은 천하다"고 주장하지 않는다. 성경 말씀과 배치되는 교회의 관습과 전통을 따르지 않더라도 죄책감이나 정죄감을 느끼지 않으며, 예배와 일 모두 하나님과 관계를 맺으며 하나님을 나타내는 것으로 본다.

전통적인 신앙인의 삶과 비교할 때, 킹덤 빌더의 삶은 크게 다음과 같은 차이점을 보여준다.

교회에 다니는 것이 아니라 교회를 세워간다

예수께서 우리에게 주신 복음의 목적은 교회를 통해서 이 땅에 하나님 나라를 이루는 것이다. 따라서 킹덤 빌더는 세상의 일터에서 하나님나라를 이루는 것과 동시에 교회를 세상의 변혁을 위한 전초기지로 만드는 데 헌신해야 한다. 교회에 더 많은 프로그램과 사역을 도입하여 그것에 헌신하는 사람이 아니라, 교회에 하나님의 영광이 충만히 임하도록 기도하는 자가 되어야 한다.

또한 목회자를 판단하는 자가 아니라, 목회자를 위해서 중보기도하며 교회를 보호하고 지키는 자가 되어야 한다. 교회 내에서 예수의 생명을 나타냄으로써 그리스도인의 참된 정체성과 삶의 방식이 무엇인지를 보여주는 모델이 되어야 한다. 즉, 율법적인 신앙생활을 하지 않고

◆ 교회 안에서 행하는 사역이 잘못되었다거나 하지 말라는 뜻이 아니라, 종교 활동이 자기의를 세우는 것으로 변질되지 않도록 해야 한다는 뜻이다.

종교의 영에 사로잡히지 않고 진정한 자유 가운데 사는 것이 무엇인지를 보여주는 자가 되어야 한다.

믿지 않는 자들과 많은 시간을 보낸다

시간만 나면 믿지 않는 자들과 가능한 한 많은 시간을 보내고자 애쓴다. 왜냐하면 킹덤 빌더의 주된 목적은 일터에서 자신을 통하여 하나님의 영광을 드러내고, 불신자들에게 선한 영향력을 미치고, 하나님나라의 법과 질서를 적용시켜가는 것이기 때문이다.

각자의 일터에서 전도하기 위해 애쓰지 않는다

예수 그리스도를 나타내는 종교적인 행위나 의식에 연연하지 않고, 어떻게 하면 자신의 삶에 예수 그리스도께서 친히 나타나시도록 할까에 모든 관심을 집중한다. 다른 말로, 예수에 대한 메시지를 전하는 자가 아니라 자신이 예수의 메시지가 되고자 하는 것이다. 또한 인간이 할 수 있는 능력을 보여주는 자가 아니라 하나님의 은혜를 보여주기에 힘쓴다.

> 4 내 말과 내 전도함이 설득력 있는 지혜의 말로 하지 아니하고 다만 성령의 나타나심과 능력으로 하여 5 너희 믿음이 사람의 지혜에 있지 아니하고 다만 하나님의 능력에 있게 하려 하였노라 고전 2:4,5

하나님나라 복음의 실체를 삶으로 보여준다

믿지 않는 자들에게 성경 말씀이나 예수 그리스도에 대한 지식을 소개하는 것이 아니라 먼저 예수님이 전하신 하나님나라 복음의 실체를 삶으로 보여준다. 그리고 바로 예수 그리스도가 그 좋은 소식을 누릴 수 있게 해주시는 유일한 분임을 알려준다.

나는 예수 그리스도를 알지 못하는 자가 질병 치유를 요청하면 기꺼이 기도해준다. 그가 기적을 경험할 때 자연스럽게 예수 그리스도를 소개할 수 있고, 치유된 자는 대부분 그 자리에서 예수 그리스도를 영접하게 된다. 왜냐하면 복음의 실체를 보았기 때문이다.

20 하나님의 나라는 말에 있지 아니하고 오직 능력에 있음이라 고전 4:20

5 이는 우리 복음이 너희에게 말로만 이른 것이 아니라 또한 능력과 성령과 큰 확신으로 된 것임이라 우리가 너희 가운데서 너희를 위하여 어떤 사람이 된 것은 너희가 아는 바와 같으니라 살전 1:5

KINGDOM

BUILDER

킹덤 멘탈리티

III

킹덤 멘탈리티가
무엇인가?

전혀 새로운 차원의 세상 속으로

킹덤 멘탈리티(Kingdom mentality)란 무엇인가? 왜 킹덤 멘탈리티가 필요한가? 한마디로, 하나님나라의 복음을 온전히 알고 그 복음을 누리기 위해서다. 비록 우리가 구원을 받았지만 마음은 여전히 세상적 사고방식에 사로잡혀 살고 있기 때문에 우리는 그 사고방식에 기초하여 자신과 세상을 바라보고 성경을 공부하는 데 익숙하다. 성경은 이런 사고방식을 '육의 생각'이라고 부른다. 그것은 마귀에 의해 형성된 옛 자아에 기초한 마음의 사고 체계와 오감(五感)을 통해서 들어오는 정보를 통해 세상을 판단하는 사고방식이다. 성경 말씀은 진리이지만, 그 진리에 대한 생각이 사람마다 서로 다른 것도 바로 이 때문이다.

복음은 이 땅에서 일어날 좋은 소식을 전하는 것이 아니라 지금과 전혀 다른 새로운 왕국이 도래했다는 소식을 전하는 것이다. 이것은 마치 어린 아이가 느끼는 동화 속 환상의 세계 같다. 우리가 복음을 듣고 믿는다는 것은 C. S. 루이스(C. S. Lewis)가 쓴 《나니아 연대기》의 스토리처럼 우리가 마법의 옷장 안으로 한 걸음 발을 내딛는 순간 '나니아 나라'로 들어가거나, 루이스 캐럴(Lewis Carroll)이 쓴 《이상한 나라의 앨리스》의 주인공이 토끼 굴에 떨어져 '이상한 나라'를 여행하기 시작하는 것과 같다.

믿음의 삶이란 지금 우리 생각으로는 도저히 상상할 수 없는 전혀 새로운 차원의 세상으로 들어가는 것이다. 배트맨이나 슈퍼맨 영화를 본 어린아이들이 영화에서 본 장면처럼 높은 곳에서 뛰어내려 크게 다치거나 죽었다는 소식을 들은 적이 있을 것이다. 왜 그런가? 아이들이 순수한 믿음을 가졌기 때문이다. 우리는 어린아이처럼 복음을 그렇게 들어야 하고, 또 듣고 믿은 그대로 행동해야 한다.

예수님이 전하신 복음은 마귀가 통치하는 이 세상에 마침내 하나님이 친히 통치하시는 그 나라(왕국, Kingdom)가 임했다는 사실과 그 나라로 들어가는 유일한 길을 알려주는 것이다. 그런데 사람들은 이 놀라운 복음을 단지 이 세상에서 경험할 수 있는 좋은 소식(good news) 정도로 생각할 뿐이다. 그 이유가 무엇인가? 자신이 가진 제한된 사고방식으로 세상을 보기 때문이다. 다시 말해 복음을 자신을 포기할 만큼 귀중하게 여기지 않기 때문이다.

우리의 옛 사고방식으로는 복음이 진정으로 무엇인지를 깨달을 수도, 경험할 수도 없다. 우리가 성경 말씀을 열심히 본다고 해서 복음의 진리를 깨닫고 누릴 수 있는 것은 아니다. 그 일이 이루어지기 위해서는 우리가 죄 사함을 받고 성령으로 거듭나야 하며, 성령의 조명 아래 진리의 말씀이 우리 안에서 풀어져야 한다. 그렇게 될 때 우리가 어린아이의 마음으로 돌아갈 수 있게 되는 것이다.

> 17 내가 진실로 너희에게 이르노니 누구든지 하나님의 나라를 어린아이와 같이 받아들이지 않는 자는 결단코 거기 들어가지 못하리라 하시니라 눅 18:17

인본주의적 사고방식

세속적 사고방식(secular mentality) 중 하나님나라의 복음을 제대로 깨닫지 못하게 가로막는 가장 큰 장애물은 바로 인본주의적 사고방식이다. 하나님나라의 복음을 누리기 위해서는 우리가 하나님의 자녀로서 킹덤 멘탈리티(Kingdom mentality)라고 명명한 하나님 중심적인 새로운 사고방식으로 전환해야 한다.

오늘날 인간 중심적인 율법주의와 영지주의◆가 혼합된 신앙생활의 분위기 속에서 진정한 복음을 알고 새 언약의 삶을 살기 위해서 가장 필요한 것이 바로 킹덤 멘탈리티이다. 킹덤 멘탈리티에 대해 세부적으로 이야기하기에 앞서 올바른 복음을 깨닫는 데 방해가 되는 인본주의적 사고방식의 몇 가지 주요 유형에 대해서 알아보자.

이원론적 사고방식

이원론(dualism, 二元論)적 사고방식은 하나님이 지으신 피조 세계를 인간의 기준에서 선과 악, 성과 속, 빛과 어두움 등으로 양분하는 사고방식이다. 예를 들면, 모든 것이 하나님의 것인데도 불구하고 우리의

◆　**율법주의와 영지주의** 율법주의자들은 이 세상에서 주의 말씀을 지켜 행함으로써 하나님으로부터 인정받고 그 대가를 누리고자 하는 행위보상적 사고방식으로 살아가는 자들이다. 그러나 하나님은 행위뿐만 아니라 마음까지도 하나님께 순종하기를 원하신다. 한편 영지주의자들은 이 세상에서의 삶 대신 신비적 체험과 신령한 지식만을 추구함으로써, 이 땅에서 사는 동안 하나님의 뜻을 나타내고 윤리적이며 인격적인 삶을 살고 세상에 대해 변화를 일으키는 책임을 다하지 못한다.

판단으로 교회는 거룩한 곳인 반면에 세상은 악한 곳이라고 생각하고, 영적 생활(기도, 예배, 성례 등)은 선한 것인 반면에 육체적인 활동(일, 노동, 감정의 표현)은 악한 것으로 보는 것이다.

그러나 어떤 장소나 일이 선하거나 악하기 이전에 모든 것은 하나님께 속한 것이며, 하나님 앞에서 중요한 것은 우리가 그분께 순종하느냐 아니면 불순종하느냐의 문제이다. 다시 말해 하나님께 속한 것인지, 하나님께 속하지 않는 것인지의 문제를 인간의 판단에 따라 거룩한 것과 악한 것으로 구분하는 것이 바로 이원론적인 사고방식이다.

이 사고방식은 그리스도인으로 하여금 교회 내에서의 종교 활동과 세상에서의 일, 영적인 활동과 육체적인 활동, 기독교적인 직업과 세속적인 직업, 성직자와 평신도 같은 잘못된 분리나 계층화의 문제를 만들어내게 되었다.

행위보상적 사고방식

행위보상적 사고방식은 어떤 목적을 달성하기 위해서는 항상 그에 합당한 방법들(조건들)을 찾아내야 하고, 그것들을 충족시킬 때 원하는 결과를 얻어낼 수 있다고 믿는 인과적 사고방식이다. 너무나 많은 그리스도인들이 신앙생활의 원리를 이 방식으로 이해한다. 예를 들면, 우리가 참된 영적 성숙을 이루기 위해서는 하나님과 올바른 관계를 가짐으로써 하나님의 실체가 자신을 통해 경험되어지도록 해야 하는데, 행위보상적인 사고방식을 가진 사람들은 하나님 대신에 자신이 주체가 되어서 큐티생활, 성경공부, 기도생활을 잘하면 영적 성숙이 이루어진다고 생각하며 필요한 방법과 조건을 찾아서 열심히 달성하고자 한다.

공리주의적 사고방식

공리주의(utilitarianism, 功利主義)적 사고방식은 자신에게 미치는 유익의 관점에서 모든 행위나 노력을 판단하는 사고방식이다. 어떤 선한 일을 하더라도 그에 따르는 유익을 먼저 고려한다. 이런 사고방식이 지금의 성공 지상주의와 결과 지상주의 풍조를 만들어냈다.

신앙인들조차 성경에 기록된 말씀대로 충실히 살면 하나님이 나의 목적을 반드시 이루어주셔야 한다고 생각한다. 또는 어려운 환경 가운데서도 나름대로 열심히 기도하며 하나님의 뜻대로 살려고 했으니 하나님이 소원하는 바를 들어주셔야 한다고 생각한다. 심지어 만일 내 생각대로 되지 않으면 하나님을 원망하고 교회를 떠나겠다는 생각을 하는 경우도 있다.

그러나 우리는 성공하거나 원하는 결과를 얻기 위해 신앙생활을 하는 존재가 아니라, 주(主)의 뜻을 나타내기 위해 살아가는 자들이다.

주지주의적 사고방식

우리는 흔히 아는 것이 힘이라고 말한다. 자연스럽게 교회 안에서도 많이 배운 사람일수록, 그리고 하나님에 대해 많은 지식을 가진 사람일수록 신앙이 좋을 것이라고 생각한다. 이것이 주지주의(intellectualism, 主知主義)적 사고방식이다. 그러나 성경에 관한 지식이 많다는 것이 반드시 좋은 신앙(성경 말씀대로 사는 것)을 의미하는 것은 아니다. 어떤 사람이 다른 사람들보다 10배 이상의 성경 지식을 가졌다고 해서 그가 남들보다 10배 더 많이 하나님을 사랑하거나 10배 더 기쁨이 넘치는 생활을 하는 것은 아니다.

성경 지식 자체는 영적 변화를 가져다주지 못한다. 신앙은 예수 그리스도 안에서 하나님 아버지와의 관계이지, 하나님 아버지에 대해서 더 많이 아는 것에 달려 있지 않기 때문이다. 우리가 배우고 아는 만큼 우리 자신이 변화되었다고 믿는다면, 그것은 심각한 오해요 무서운 착각일 뿐이다.

킹덤 멘탈리티

'킹덤 멘탈리티'(Kingdom mentality)는 하나님나라의 사고방식을 의미하는데, 이것이 어떤 특별하고 새로운 사고방식을 지칭하는 것은 아니다. 옛 사람을 벗어버리고 심령이 새롭게 되는 것으로(엡 4:23), 성령님의 조명 아래 말씀이 풀어져서 우리 마음의 태도와 생각이 새롭게 되는 데 기초가 되는 사고방식을 말한다.

이것은 죄 사함으로 '구원받은 인간'의 관점이 아니라 의인(義人)이 되어 '그리스도 안에서 하나님의 자녀'의 관점으로 세상을 대하는 마음의 태도이다. 이것은 더 이상 옛날의 육신적 사고방식으로 자신과 세상을 바라보는 것이 아니라 그리스도 안에서 새로운 피조물로서 하나님의 관점에서 말씀을 통하여 자신과 세상을 바라보는 것이다. "그리스도의 영에 의해서 형성된 거룩한 자기의식에 기초한 사고 체계"로 세상을 새롭게 보는 방식을 말한다.

우리가 우리의 사고방식을 바꿀 때(by changing the way you think) (롬 12:2) 우리는 비로소 하나님께서 우리를 새로운 피조물로 만드셨다는 것과 우리가 무엇을 하기 원하시는지, 하나님의 뜻이 얼마나 온전한지를 알게 된다.

그렇다면 킹덤 멘탈리티는 어떻게 알 수 있는가? 첫 번째는 예수님의 삶을 통해서 깨달을 수 있다. 두 번째는 사도들의 증거와 그들의 사고방식과 삶을 통해서, 세 번째는 내 안에 계신 성령님에 의해서 말씀이 풀어지는 것을 통해 배울 수 있다. 네 번째는 공동체 안에서의 삶을 통해 그 실제가 증명될 수 있다.

생명적 관점

내 생명이 아니라 예수의 생명 안에서 자신과 세상을 바라보는 것이다. 예수님은 성령충만함을 받으시고, 하나님의 아들로서 공생애 사역을 시작하셨다. 그러나 예수님은 자신의 일을 행하신 것이 아니라 하나님의 일을 행하셨다. 다시 말하자면, 그분은 하나님을 위해서 사신 것이 아니라 예수님 안에 계신 하나님께서 하나님의 일을 행하시도록 했다.

예수님은 자신의 삶과 사역에 대해서 이렇게 말씀하셨다.

30 내가 아무것도 스스로 할 수 없노라 듣는 대로 심판하노니 나는 나의 뜻대로 하려 하지 않고 나를 보내신 이의 뜻대로 하려 하므로 내 심판은 의로

우니라 요 5:30

38 내가 하늘에서 내려온 것은 내 뜻을 행하려 함이 아니요 나를 보내신 이의 뜻을 행하려 함이니라 요 6:38

10 내가 아버지 안에 거하고 아버지는 내 안에 계신 것을 네가 믿지 아니하느냐 내가 너희에게 이르는 말은 스스로 하는 것이 아니라 아버지께서 내 안에 계셔서 그의 일을 하시는 것이라 요 14:10

그리고 우리에게 말씀하셨다.

24 이에 예수께서 제자들에게 이르시되 누구든지 나를 따라오려거든 자기를 부인하고 자기 십자가를 지고 나를 따를 것이니라 마 16:24

사도들은 그 삶에 대해 다음과 같이 말했다.

20 내가 그리스도와 함께 십자가에 못 박혔나니 그런즉 이제는 내가 사는 것이 아니요 오직 내 안에 그리스도께서 사시는 것이라 이제 내가 육체 가운데 사는 것은 나를 사랑하사 나를 위하여 자기 자신을 버리신 하나님의 아들을 믿는 믿음 안에서 사는 것이라 갈 2:20

우리가 예수 그리스도를 구원자와 구주로 영접하고 중생(重生)하면,

우리는 더 이상 육적 존재가 아니라 영적 존재이다.

2천 년 전 예수 그리스도 안에 계신 하나님의 영이 우리 안에도 계신다.

> 10 또 그리스도께서 너희 안에 계시면 몸은 죄로 말미암아 죽은 것이나 영은 의로 말미암아 살아 있는 것이니라 11 예수를 죽은 자 가운데서 살리신 이의 영이 너희 안에 거하시면 그리스도 예수를 죽은 자 가운데서 살리신 이가 너희 안에 거하시는 그의 영으로 말미암아 너희 죽을 몸도 살리시리라 12 그러므로 형제들아 우리가 빚진 자로되 육신에게 져서 육신대로 살 것이 아니니라 13 너희가 육신대로 살면 반드시 죽을 것이로되 영으로써 몸의 행실을 죽이면 살리니 14 무릇 하나님의 영으로 인도함을 받는 사람은 곧 하나님의 아들이라 롬 8:10-14

> 5 너희 안에 이 마음을 품으라 곧 그리스도 예수의 마음이니 빌 2:5

> 16 누가 주의 마음을 알아서 주를 가르치겠느냐 그러나 우리가 그리스도의 마음을 가졌느니라 고전 2:16

지금까지 우리는 나 자신이 하나님을 바라보는 신앙생활을 해왔다. 즉, 자신의 처지와 상황에서 주님을 바라보며 관계하는 신앙생활을 해왔다. 그러나 이제는 내 육신의 생각과 관점 대신에 예수의 생명 안에서 그분의 마음으로 세상을 바라보고 생각하는 삶으로 전환해야 한다. 내가 단지 죄 사함을 받은 존재가 아니라 나는 이미 죽었고 예수 그리스도 안에서 존재하며, 그분을 의지하지 않고는 아무것도 할 수 없는 존재라는 것을 깨닫는 것이기도 하다.

이제 우리는 자신이 삶의 주체가 되어서 하나님을 위해 무언가 행하는 그런 삶을 더 이상 살지 말아야 한다. 내 안에 계신 그분이 친히 그분의 일을 행하시도록 해야 한다. 킹덤 멘탈리티는 '내가 하나님을 위해서 무엇을 할 수 있을까?'를 증명하는 사고방식이 아니라 '내 안에 계신 그분께서 나를 통해서 무엇을 하실까?'에 집중하는 사고방식이다.

그렇게 되기 위해서 예수님이 성령충만함을 받으셨고 예수님의 제자들이 성령충만함을 받았던 것처럼, 우리도 반드시 성령충만함을 받아야 한다. 만약 성령으로 충만하게 되는 것을 경험하지 못하면 우리는 자신의 힘만으로 주님을 위해 살 수밖에 없다. 성령충만함은 우리가 우리 자신의 삶이 아니라 그분의 삶을 살 수 있게 해준다.

시간적 관점

타락 이후에서 타락 이전을 바라보는 삶이 아니라, 타락 이전에서 타락 이후를 바라보는 사고방식이다. 예수님이 행하신 공생애 사역을 생각해보자. 하나님의 아들이신 그분은 인자(人子)로서 공생애 사역을 행하셨다. 그러나 그분은 처음부터 죄가 없으신 분이다.

> 15 우리에게 있는 대제사장은 우리의 연약함을 동정하지 못하실 이가 아니요 모든 일에 우리와 똑같이 시험을 받으신 이로되 죄는 없으시니라 히 4:15

예수께서 죄가 없으셨다는 사실은 그분이 타락 이전의 삶을 사셨다는 것을 의미한다. 예수님은 타락 이후의 삶을 사는 모든 인생들 가운데서 홀로 타락 이전의 삶을 사셨고, 타락 이전의 세상으로부터 타락한 세상을 바라보시며 이 땅을 하나님의 뜻대로 회복시키기를 원하셨다. 타락한 인간을 다시금 하나님의 자녀로 회복시키시고, 인간의 죄로 말미암아 왜곡되고 변질되고 더럽혀진 세상을 하나님의 뜻대로 바꾸기 원하셨다는 것이다. 그분은 이 땅에 하나님나라(통치)가 왔다(임했다)고 말씀하셨고, 타락 이전에 하나님이 친히 만드신 하나님나라의 실체를 이 땅에 이루고자 하셨다. 예수께서 설교하신 모든 내용을 생각해보라. 그분은 타락 이전에 하나님이 우리에게 주고자 했던 그 나라에 대해 지속적으로 말씀하고 계신다.

예수님은 예수님 자신에 대해서 다음과 같이 말씀하셨다.

56 너희 조상 아브라함은 나의 때 볼 것을 즐거워하다가 보고 기뻐하였느니라 57 유대인들이 이르되 네가 아직 오십 세도 못 되었는데 아브라함을 보았느냐 58 예수께서 이르시되 진실로 진실로 너희에게 이르노니 아브라함이 나기 전부터 내가 있느니라 하시니 요 8:56-58

16 하나님이 세상을 이처럼 사랑하사 독생자를 주셨으니 이는 그를 믿는 자마다 멸망하지 않고 영생을 얻게 하려 하심이라 17 하나님이 그 아들을 세상에 보내신 것은 세상을 심판하려 하심이 아니요 그로 말미암아 세상이 구원을 받게 하려 하심이라 요 3:16,17

예수님은 제자들에 대해서 이렇게 말씀하셨다.

> 14 내가 아버지의 말씀을 그들에게 주었사오매 세상이 그들을 미워하였사
> 오니 이는 내가 세상에 속하지 아니함 같이 그들도 세상에 속하지 아니함으
> 로 인함이니이다 15 내가 비옵는 것은 그들을 세상에서 데려가시기를 위함
> 이 아니요 다만 악에 빠지지 않게 보전하시기를 위함이니이다 16 내가 세상
> 에 속하지 아니함 같이 그들도 세상에 속하지 아니하였사옵나이다 17 그들
> 을 진리로 거룩하게 하옵소서 아버지의 말씀은 진리니이다 18 아버지께서
> 나를 세상에 보내신 것같이 나도 그들을 세상에 보내었고 요 17:14-18

그리고 제자들은 우리에게 이렇게 말했다.

> 9 너희가 서로 거짓말을 하지 말라 옛 사람과 그 행위를 벗어 버리고 10 새
> 사람을 입었으니 이는 자기를 창조하신 이의 형상을 따라 지식에까지 새롭
> 게 하심을 입은 자니라 골 3:9,10

우리가 현재 인식하고 경험하는 모든 피조 세계는 타락한 이후의 세
상이다. 또 우리의 인식 배후에서 작용하는 모든 사고 체계도 세상 신
(神)의 역사에 기초한 타락 이후의 사고방식이다. 그런데 생각해보라.
우리가 죄 사함을 받고 율법으로부터 자유롭게 되었다면, 그래서 내
육신의 삶이 죽고 그리스도의 삶을 사는 것이라면, 우리는 타락 이전의
상태로 돌아간 것이다.

우리는 더 이상 타락한 세상으로부터 교회로 도피하거나 이 땅에서 저 멀리 있는 하늘나라만을 바라보는 피안적인 사고방식을 가져서는 안 된다. 말씀과 성령을 통하여 타락 이전 하나님이 창조하신 완전한 피조 세계를 볼 줄 알아야 한다. 그리고 예수님처럼 타락 이전의 사고방식으로 타락한 이 세상을 바라볼 줄 알아야 한다. 바로 그것이 예수님의 관점이다.

우리는 더 이상 이 세상(다른 사람, 환경과 상황, 과거, 마귀)에 의해 영향을 받는 존재가 아니라, 성령 안에서 생명의 말씀을 믿음으로써 이 세상을 변화시키는 존재이다. 이 일을 이루기 위해서 하나님은 예수 그리스도 안에서 우리를 하나님의 의(義)가 되게 하시고, 우리에게 모든 것을 가능케 하는 참된 믿음을 주셨다.

예수님을 믿는 자든, 믿지 않는 자든 모두 나름대로의 믿음을 가지고 있고, 그 믿음을 통해서 각자의 세상을 만들어간다. 불신자들은 자기가 보고 듣고 생각하는 것을 믿음으로써 그들의 세상을 만들어가는 것이고, 하나님의 자녀인 우리는 성령 안에서 풀어지는 생명의 말씀을 믿음으로써 이 세상을 변화시켜 나가는 것이다.

7 스스로 속이지 말라 하나님은 업신여김을 받지 아니하시나니 사람이 무엇으로 심든지 그대로 거두리라 갈 6:7

차원적 관점

땅에서 하늘을 바라보는 것이 아니라, 하나님나라에서 이 땅을 바라보는 사고방식이다. 우리 죄를 사하기 위해 십자가에 못 박혀 죽으신 예수님은 부활하신 후 하늘로 올라가셨다. 그분은 지금 하나님 우편에서 우리를 보고 계신다. 영광 가운데 계신 주님은 하나님 아버지의 뜻이 하늘에서 이루어진 것처럼 이제 이 땅에서도 우리를 통해 이루어지기를 간절히 소망하신다.

그분의 관점은 초자연적인 영의 세계로부터 현실 세계를 바라보는 것이다. 우리가 그리스도의 영에 사로잡힐 때 우리의 관점도 변혁되어 현실 세계에서 하나님나라를 바라보는 대신 하나님나라로부터 현실 세계를 바라보는 것이 가능하게 된다. 그러므로 자신의 인식 체계를 현실 세계에 국한시키지 말고, 천국이라는 더 높은 차원의 관점에서 자신과 세상을 바라보라는 것이다.

우리는 시간, 공간, 물질에 의해 제한된 현실 세계에 육신으로 태어났다. 하지만 그리스도 안에서 새로운 피조물이 된 우리는 시민권이 하늘에 있고, 성령님을 통하여 시간, 공간, 물질의 제한을 초월하는 하나님나라 안으로 들어갈 수 있게 되었다. 그 결과 우리는 더 이상 이 현실 세계에 묶여서 살지 않고, 이 땅에 도래한 하나님나라 안에서 주(主)의 약속하신 말씀을 이 땅에 이루는 존재가 된 것이다. 우리는 우리 안에 계신 성령님과 연합하는 기도를 통하여 하나님의 깊은 것을 알기도 하고, 이 세상의 상황을 하나님께 올려드리기도 하며, 그분의 뜻을 이 땅에 이루기도 한다.

예수님은 예수님 자신에 대해서 이렇게 말씀하신다.

18 내가 너희를 고아와 같이 버려두지 아니하고 너희에게로 오리라 19 조금 있으면 세상은 다시 나를 보지 못할 것이로되 너희는 나를 보리니 이는 내가 살아 있고 너희도 살아 있겠음이라 20 그 날에는 내가 아버지 안에, 너희가 내 안에, 내가 너희 안에 있는 것을 너희가 알리라 요 14:18-20

예수님은 우리에게 이렇게 말씀하셨다.

10 나라가 임하시오며 뜻이 하늘에서 이루어진 것같이 땅에서도 이루어지이다 마 6:10

그리고 제자들은 이렇게 말했다.

1 그러므로 너희가 그리스도와 함께 다시 살리심을 받았으면 위의 것을 찾으라 거기는 그리스도께서 하나님 우편에 앉아 계시느니라 2 위의 것을 생각하고 땅의 것을 생각하지 말라 3 이는 너희가 죽었고 너희 생명이 그리스도와 함께 하나님 안에 감추어졌음이라 골 3:1-3

이것은 이 땅에 사는 동안 우리 그리스도인들이 이 땅의 것에는 전혀 관심을 두어서는 안 되고, 오직 내세적인 천국에만 관심을 가져야 한다는 뜻이 아니다. 이 땅에 주(主)의 뜻을 이루기 위해서는 이 땅의 사고방식이 아니라 하나님나라의 사고방식을 가져야 한다는 것이다. 땅의 것만을 생각하는 자는 땅을 변화시킬 수 없다. 오직 하늘의 것을 생각하는 자가 땅의 것을 바꿀 수 있다. 아름다운 덕(德)을 선전하는 곳이 어디인가? 바로 이 세상이다. 이 세상에 묶이지 않는 자만이 이 세상의 문제를 볼 수 있고, 온전치 못한 것을 회복시킬 수 있다.

> 9 그러나 너희는 택하신 족속이요 왕 같은 제사장들이요 거룩한 나라요 그의 소유가 된 백성이니 이는 너희를 어두운 데서 불러내어 그의 기이한 빛에 들어가게 하신 이의 아름다운 덕을 선포하게 하려 하심이라 벧전 2:9

아울러 이런 새로운 차원의 관점은 이 세상의 시간(chronos)에 묶인 삶으로부터 우리를 해방시켜준다. 우리가 살고 있는 현실 세계는 시간이라는 축 위에 공간과 물질로 이루어져 있다. 따라서 우리가 어떤 생각을 하고 어떤 일을 하든지 시간이라는 변수로부터 벗어날 수 없다. 이 땅의 모든 것이 시간 속에서 이루어지기 때문이다.

그러나 영원한 영적 세계가 이 땅에 도래한 하나님의 통치는 시간을 초월하여 역사한다. 그것을 다른 말로 표현하면, 하나님의 충만한 때(kairos)에 "뜻이 하늘에서 이루어진 것같이 땅에서도" 이루어지는 것이다. 현상적으로 볼 때, 하나님의 역사는 똑같이 시간 속에서 일어나는 것 같지만, 사실은 하나님의 때에 영적 세계의 실체가 이 물리 세계 안에서 나타나는 것일 뿐이다.

> 3 믿음으로 모든 세계가 하나님의 말씀으로 지어진 줄을 우리가 아나니 보이는 것은 나타난 것으로 말미암아 된 것이 아니니라 히 11:3

하나님의 은혜에 대해서도 새롭게 생각해보자. 우리는 늘 우리가 더 열심히 신앙생활을 하면(더 기도하고, 말씀 읽고, 헌신하고, 거룩해지면), 하나님께서 우리에게 은혜를 베푸실 것이라고 믿는다. 이처럼 지금은 아니지만 언젠가 이루어질 것이라는 사고방식 속에서는 모든 것이 크로노스라는 시간의 축 위에서 움직인다. 그러나 하나님의 은혜의 역사는 시간의 변수에 의해 결정되는 것이 아니라, 하나님의 영광이 이 땅에 임하시는 것과 관련된 차원의 변수에 의해 실체화되는 것이다.

말씀 체험의 관점

말씀을 보는 것이 아니라, 말씀을 통해서 자신과 세상을 보는 사고방식이다. 일반적으로 자신이 영적 존재인 것을 제대로 알지 못하고 그리스도의 영에 의해 인도되는 것을 체험하지 못한 성도들은 미처 새로워지지 않은 옛 마음으로 주(主)의 말씀을 읽고, 암송하고, 받아들인다. 즉, 육체에 기초한 사고 체계에 의해 형성된 자신의 마음으로 주의 말씀을 믿는 것이다.

이런 믿음은 마음에 아무리 열심히 말씀을 받아들일지라도, 그 말씀이 자신을 변화시키지는 못한다. 왜냐하면 우리가 말씀을 믿는 진정한 이유는 삶을 변화시키고 주의 뜻을 나타내기 위함인데, 그렇게 말씀을 받아들이는 마음 자체가 육체에 기초한 사고 체계로부터 벗어나지 못하고 있기 때문이다. 예수님이 씨 뿌리는 비유를 통해서 마음을 길가, 돌밭, 가시떨기가 자라는 밭으로 말씀하신 것을 생각해보면 쉽게 이해가 갈 것이다(막 4:1-20).

또 다른 측면에서 볼 때, 말씀은 영이요 생명이다. 말씀은 하나님이 시다. 그렇다면 우리의 옛 마음에 하나님의 영과 생명을 둘 수는 없다. 오히려 하나님의 영과 생명 안에 우리의 마음을 두어서 새로움을 경험해야 한다. 우리가 말씀을 읽을 때는 성령 하나님의 감동이 있어야 한다. 그럴 때 그 말씀에 대한 내 생각이나 감정의 개입 없이 진리의 말씀에 내 마음을 일치시킬 수 있다. 우리가 반드시 기억해야 할 사실은 진리 자체인 말씀이 우리를 자유하게 하는 것이지, 진리에 대한 우리의 생각과 느낌이 우리를 자유롭게 하지는 못한다는 것이다.

32 진리를 알지니 진리가 너희를 자유롭게 하리라 요 8:32

우리의 마음을 말씀에 일치시킨다는 것은 무엇을 의미하는 것인가? 다시 한 번 생각해보자. 말씀은 영이요 생명이다. 마음을 말씀에 일치시킨다는 것은 말씀을 우리 마음에 집어넣는 것이 아니라, 우리의 마음(생각, 감정, 의지)을 말씀이신 하나님의 영과 생명에 일치시킨다는 것이다. 이 일은 우리 자신의 힘이 아니라 오직 성령님의 감동에 의해서 이루어진다.

2 너희는 이 세대를 본받지 말고 오직 마음을 새롭게 함으로 변화를 받아 하나님의 선하시고 기뻐하시고 온전하신 뜻이 무엇인지 분별하도록 하라

롬 12:2

10 새 사람을 입었으니 이는 자기를 창조하신 이의 형상을 따라 지식에까지 새롭게 하심을 입은 자니라 골 3:10

성령의 감동하심을 매일 적극적으로 받아들이는 삶의 비결은 내가 누구인지를 진정으로 늘 인식하는 것이다. 예수 그리스도 안에 있는 우리는 더 이상 육적 존재가 아니라, 하나님의 영과 합한 영적 존재이다. 하나님의 영이 항상 우리의 영을 사로잡고 계신다는 것을 잊지 말아야 한다. 하나님의 생명 안에 하나님의 말씀이 있다. 말씀이 곧 하나님이시다. 우리가 성령의 감동하심을 통해 진리의 말씀에 우리의 마음을 내어드릴 때, 우리는 우리의 마음을 하나님의 생명에 일치시키는 것이다. 이것은 좋은 밭에 씨를 뿌린 것과 같으며, 그 밭에서는 삼십 배, 육십 배, 백 배의 결실을 얻을 수 있다.

하나님은 이것을 우리의 의(義)로 여기신다. 의는 우리가 하나님께서 우리를 지으신 본래 목적대로 돌아가서 하나님과 일치를 이루는 상태를 의미한다(a right relationship with God by the faith in Jesus Christ). 이 관계는 친히 우리의 죄가 되신 예수 그리스도 안에서만 가능한 것이다.

21 하나님이 죄를 알지도 못하신 이를 우리를 대신하여 죄로 삼으신 것은 우리로 하여금 그 안에서 하나님의 의가 되게 하려 하심이라 고후 5:21

성경에는 이것을 "마음으로 믿어 의에 이르고"라는 말씀으로 잘 표현하고 있다.

> 10 사람이 마음으로 믿어 의에 이르고 입으로 시인하여 구원에 이르느니라
>
> 롬 10:10

우리의 마음이 하나님의 영에 일치될 때, 하나님의 영은 우리 마음에 들어온 그분의 말씀이 옳다는 것을 친히 확증하신다. 그것을 가리켜 '내적 증거' 또는 '계시'라고 말할 수 있다. 이 성령 하나님의 내적 증거에 의해서 그 말씀을 내가 믿는 것이 아니라 말씀이 '믿어지는' 역사가 일어난다. 이때 비로소 내 마음이 하나님의 영(주의 영과 합한 내 영)에 의해서 변화되는 것이다. 그 영에 의해 형성된 새로운 사고 체계를 통해 이제 우리는 새로운 생각, 감정, 의지를 품을 수 있게 되는 것이다.

이것을 가리켜 "마음의 눈이 열린다"고 말한다. 즉, 하나님의 생명의 말씀이 역사할 수 있는 내면의 통로가 열리는 것이다. 이것은 과거처럼 육체가 영을 통제하는 삶이 아니라, 새로워진 영이 육체를 통제하는 삶이다. 내면에 열린 새로운 길을 통해서 하나님의 권능이 말씀에 따라 역사하는 것이다. 이때 우리는 비로소 우리의 영혼이 육신을 복종시킨다고 말할 수 있게 된다.

이 과정을 재정리해보면, '우리의 마음을 새롭게 하는 과정'과 '하나님의 생명의 말씀이 마음에 풀어지는 과정' 그리고 '믿음으로 말씀의 실체를 나타내는 과정'으로 구분해볼 수 있다. 하나님의 자녀인 우리가 날마다 훈련해야 하는 일이 바로 이런 삶이다. 이 땅에 하나님의 뜻이

이루어지는 것은 이 과정을 통해 가능해진다.

　말씀은 진리일 뿐만 아니라 하나님이시고, 말씀 안에는 하나님의 마음과 뜻이 들어 있다. 하나님께서는 그분의 마음을 나타내시기 위해 말씀하셨고 그 말씀대로 모든 것을 섭리하고 계신다. 우리는 주체가 되어 스스로 말씀을 받아들이기 위해 애써야 하는 것이 아니라, 먼저 그 말씀 안에 있는 하나님의 마음을 이해해야 한다. 그러기 위해서는 우리가 성령 안에서 그 말씀을 보는 것을 배워야 한다. 바로 그것이 하나님의 자녀가 말씀을 대하는 올바른 태도이다.

　하나님의 마음을 드러내는 것이 말씀이다. 그런데 우리는 하나님의 마음 안에서 말씀을 보는 대신, 우리 자신의 마음으로 말씀을 받아들이고 믿는다고 하면서 주(主)의 복(福)을 얻어내려고 한다. 그것은 하나님과 그분의 말씀을 경외하는 것이 아니라 멸시하는 처사이다.

주의 마음 안에 있는 뜻이 선포된 것이 말씀이고, 그 말씀대로 모든 것이 이루어졌다(그림 1).

그림 1

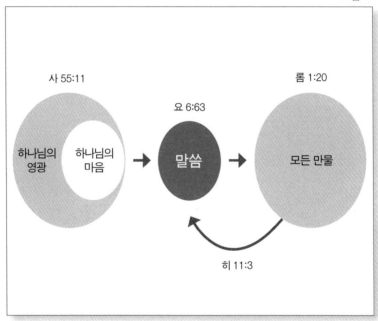

사 55:11　내 입에서 나가는 말도 이와 같이 헛되이 내게로 되돌아오지 아니하고 나의 기뻐하는 뜻을 이루며 내가 보낸 일에 형통함이니라

요 6:63　살리는 것은 영이니 육은 무익하니라 내가 너희에게 이른 말은 영이요 생명이라

롬 1:20　창세로부터 그의 보이지 아니하는 것들 곧 그의 영원하신 능력과 신성이 그가 만드신 만물에 분명히 보여 알려졌나니 그러므로 그들이 핑계하지 못할지니라

히 11:3　믿음으로 모든 세계가 하나님의 말씀으로 지어진 줄을 우리가 아나니 보이는 것은 나타난 것으로 말미암아 된 것이 아니니라

그렇다면 우리가 우리 자신의 마음으로 말씀을 품는다고 해서 그 말씀대로 이루어질까? 결코 그렇지 않다(그림 2).

그림 2

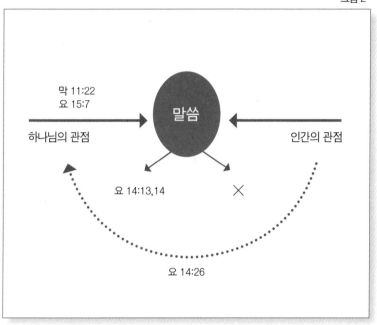

막 11:22   예수께서 그들에게 대답하여 이르시되 하나님을 믿으라(have faith in God 혹은 have faith of God)

요 15:7   너희가 내 안에 거하고 내 말이 너희 안에 거하면 무엇이든지 원하는 대로 구하라 그리하면 이루리라

요 14:26   보혜사 곧 아버지께서 내 이름으로 보내실 성령 그가 너희에게 모든 것을 가르치고 내가 너희에게 말한 모든 것을 생각나게 하리라

요 14:13,14   너희가 내 이름으로 무엇을 구하든지 내가 행하리니 이는 아버지로 하여금 아들로 말미암아 영광을 받으시게 하려 함이라 내 이름으로 무엇이든지 내게 구하면 내가 행하리라

생각해보라. 말씀은 주님의 마음으로부터 그분의 뜻이 나타난 것이다. 하나님께서 마음으로 품으신 것을 말씀하실 때 그것이 영이며 생명이 된 것이다. 그런데 우리가 주님의 마음이 아닌 우리 마음을 가지고 말씀을 붙들고 적용한다면 그 속에서 무슨 능력이 나타나겠는가? 우리가 먼저 성령충만함을 받을 때 우리의 마음이 새롭게 변화된다. 그리고 성령께서 하나님의 말씀(뜻)을 이루고자 하실 때, 우리는 믿음으로 우리의 마음을 그 말씀에 일치시킴으로써 그 말씀이 실체가 되도록 동역하는 것이다. 할렐루야!

킹덤 멘탈리티는 자신이 존재의 주체가 되어 말씀을 받아들이는 것을 포기하고, 성령 안에서 영과 생명이신 말씀으로 이루어진 자신과 세상을 새롭게 보는 사고방식이다. 내가 말씀을 진리라고 받아들이는 것이 아니라, 반대로 내 생각, 감정, 의지를 말씀에 일치시키는 사고방식이다. 그러므로 더 이상 내가 말씀을 믿는 것이 아니라, 말씀에 따라 (말씀이 보여주는 대로) 자신과 세상을 바라보는 방식으로 전환하는 것이다.

예를 들어 생각해보자.

24 친히 나무에 달려 그 몸으로 우리 죄를 담당하셨으니 이는 우리로 죄에 대하여 죽고 의에 대하여 살게 하심이라 그가 채찍에 맞음으로 너희는 나음을 얻었나니 벧전 2:24

대부분의 경우 성도들은 "제가 이 치유의 말씀을 믿습니다. 주님, 감사합니다. 제가 치유된 것을 믿습니다"라고 말할 것이다. 그러나 킹덤 멘탈리티를 가진 자는 자신이 주체가 되어 객체로서 말씀을 적용하지 않는다. 대신에 그는 말씀의 결과로 이미 이루어진 치유의 실체를 성령 안에서 상상하고 느끼고 말하기 시작한다. 즉, 주(主)의 말씀을 그대로 믿는 것이 아니라, 그 말씀대로 이루어진 것을 보고 느끼는 것이다.

상황대처의 관점

어려운 상황 가운데서도 주의 뜻을 이루고자 하는 사고방식이다. 우리는 어려운 문제와 상황에 직면할 때마다 하나님의 도우심으로 그 자리를 벗어나고자 한다. 그럴 때 우리는 하나님의 뜻을 온전히 구하기보다 그 상황을 모면하기 위해 하나님을 이용하기 십상이다.

그러나 우리가 정말 하나님을 의지한다면 어려운 상황과 처지에 있는 것도 하나님이 허락하셨다는 것을 알아야 한다(대부분은 우리의 직간접적인 죄로 인해 일어난 것이며, 하나님이 일부러 그렇게 하신 것은 아니다). 따라서 우리는 하나님의 도우심으로 문제로부터 벗어나는 데 모든 노력을 경주할 것이 아니라 "바로 그 상황에서 하나님의 뜻을 이루는 것이 무엇일까?"에 초점을 맞추는 성숙한 관점을 가져야 한다. 우리는 하나님께서 모든 사건이나 상황을 허락하신 데는 분명한 이유가 있음을 믿어야 하고, 그 자리에서 주의 뜻을 이루는 것이 무엇인지를 발견해야 한다.

문제 때문에 하나님을 만나려 하지 말고, 먼저 하나님께 자신을 드리는 자가 돼라. 그리고 하나님 안에서 그 문제를 새롭게 바라보라.

그렇게 하려면 '무엇을 어떻게' 해야 하는가의 관점이 아니라, 그리스도 안에서 '나는 누구인가'의 관점으로부터 출발하는 것이 필요하다. 당신이 하나님의 자녀라면 모든 문제는 나의 문제가 아닌, 나와 함께하시는 하나님의 문제이다. 따라서 환난 가운데서도 기뻐해야 한다. 왜냐하면 문제의 상황은 그리스도 안에서 또 한 번 주의 뜻을 이룰 수 있는 기회로 나에게 주어진 것이기 때문이다.

> 6 그러므로 너희가 이제 여러 가지 시험으로 말미암아 잠깐 근심하게 되지 않을 수 없으나 오히려 크게 기뻐하는도다 벧전 1:6

요셉과 다니엘의 삶을 생각해보라. 그들은 누구보다 어려움에 처해 있었다. 그러나 그때 고난으로부터 벗어나게 해달라고 기도한 것이 아니라, 어떤 상황에서도 하나님과의 온전한 관계를 유지하고 그분의 뜻을 이루는 데 최선을 다하는 삶을 살았다.

> 6 아무것도 염려하지 말고 다만 모든 일에 기도와 간구로, 너희 구할 것을 감사함으로 하나님께 아뢰라 7 그리하면 모든 지각에 뛰어난 하나님의 평강이 그리스도 예수 안에서 너희 마음과 생각을 지키시리라 빌 4:6,7

> 16 항상 기뻐하라 17 쉬지 말고 기도하라 18 범사에 감사하라 이것이 그리스도 예수 안에서 너희를 향하신 하나님의 뜻이니라 19 성령을 소멸하지 말며 20 예언을 멸시하지 말고 21 범사에 헤아려 좋은 것을 취하고 22 악은 어떤

모양이라도 버리라 23 평강의 하나님이 친히 너희를 온전히 거룩하게 하시고 또 너희의 온 영과 혼과 몸이 우리 주 예수 그리스도께서 강림하실 때에 흠 없게 보전되기를 원하노라 24 너희를 부르시는 이는 미쁘시니 그가 또한 이루시리라 살전 5:16-24

우리는 모든 '세상적인 사고 체계'로부터 자유함을 얻어야 한다. 교회 안에서 기도하거나 사역할 때뿐만 아니라 삶의 모든 영역에서 우리의 사고 체계를 새롭게 해야 한다. 그럴 때 우리는 비로소 하나님나라의 삶을 살 수 있고, 이 땅에 하나님의 통치권을 회복시킬 수 있다.

킹덤 멘탈리티를 소유하지 않고는 하나님이 우리를 부르신 진정한 이유와 우리가 이 세상에서 살아야 할 참된 삶에 대해서 절대로 알 수 없다. 오늘날 진정으로 헌신한 그리스도인들은 이 새로운 사고 체계를 가지기 위해 회개해야 한다. 참된 회개란 하나님이 본래 우리를 지으신 상태, 곧 하나님의 마음으로 되돌아가는 것이다.

25 만일 우리가 성령으로 살면 또한 성령으로 행할지니 갈 5:25

우리는 시간, 공간, 물질에 의해 제한된 현실 세계와 그것을 통치하고 있는 정사와 권세, 어둠의 세상 주관자들과 하늘에 있는 악한 영들에 의해 만들어진 이 포로수용소에서 탈출해야 한다. 우리가 그리스도의 영에 의해 사로잡히지 않고 자기의식으로 살아갈 때, 우리의 모든 삶과 헌신은 결국 이 포로수용소 내에서 이루어지는 것이다. 중생 이전의 자기의식이 자신의 생각, 감정, 의지를 지배하는 이 포로수용소 안의 사고 체계로부터 벗어나야 한다. 하나님의 말씀만이 자신의 생각, 감정, 의지를 지배하시도록 해야 한다.

우리는 더 이상 자신의 생각, 감정, 의지에 의해 지배당하는 육적인 존재가 아니라, 오직 주의 말씀에 의해서 생각, 감정, 의지가 통제받는 영적인 존재이다. 우리는 이 세상의 사고 체계로부터 벗어나 진정한 자유를 누려야 한다. 이 자유에 도달할 때 비로소 은혜의 삶을 살 수 있게 된다. 이 땅의 모든 기사와 표적은 하나님의 말씀이 킹덤 멘탈리티를 가진 자를 통하여 이 땅에 실체로 나타난 것이다.

오늘날 수많은 주의 종들이 열심히 주님을 섬기며 그분의 뜻을 이루고자 한다. 그러나 진정으로 하나님나라의 삶을 살기 위해서는 먼저 킹덤 멘탈리티를 가져야 한다. 그렇지 않으면 주님을 위해서 아무리 열심히 일한다 해도, 결국 그 모든 일은 인간의 자기의를 나타내고 불법을 행하는 것에 불과하다. 보혜사 성령님의 역사하심을 따라 킹덤 멘탈리티로 전환하지 못할 때, 우리는 이 포로수용소가 무엇인지조차 알 수 없기 때문에 그곳으로부터 탈출을 시도할 수도, 자유함을 누릴 수도 없다(골 1:13). 오직 성령으로 충만함을 받으라. 할렐루야!

2 내가 증언하노니 그들이 하나님께 열심이 있으나 올바른 지식을 따른 것이 아니니라 3 하나님의 의를 모르고 자기 의를 세우려고 힘써 하나님의 의에 복종하지 아니하였느니라 롬 10:2,3

킹덤 멘탈리티에 기초한
패러다임 전환

새롭게 하시는 하나님

킹덤 멘탈리티를 가지려면, 우리를 창조하신 자의 형상을 좇아 지식에 까지 새롭게 되어야 한다(골 3:10). 그것은 세상 신(神)에 기초한 초등 학문을 버리고 오직 성령님의 인도함을 받아 우리 마음에 하나님의 말씀과 계시가 새롭게 임할 때만 가능하다. 킹덤 멘탈리티의 새로운 관점과 개념은 없었던 것을 만들어낸 것이 아니라, 흩어져 있는 진리의 편린들을 다시 모아 하나님의 선하시고 기뻐하시고 온전하신 뜻이 무엇인지를 전체적으로(생명적인, 시간적인, 차원적인, 말씀체험의, 상황대처의 관점에서) 재조명한 것이다.

그렇다면 "기존의 전통적인 그리스도인의 생각으로 분류된 사고방식은 모두 잘못된 것인가?"라고 반문할 수 있을 것이다. 하지만 절대 그렇지 않다. 그 또한 분명히 진리이다. 하나님은 태초부터 지금까지 모든 역사를 통해서 말씀하고 계신다. 성경에 없는 전혀 새로운 것을 말씀하시는 것이 아니라, 시대에 따라 가려져 있던 것을 새롭게 보게 하신다. 16세기 마르틴 루터의 종교개혁, 19세기의 성결 운동 그리고 20세기의 오순절과 은사주의 운동도 결국 인간이 만든 그 시대와 상황에 대한 '항존하는 진리의 새로운 조명'인 것이다.

성경의 역사를 살펴보면 하나님께서는 시대에 따라 새로운 비전과 방향을 제시해주신다. 그리고 하나님의 사람을 세우셔서 그 시대에 부흥의 역사를 선물하신다. 그러나 시간이 지나면서 하나님과의 관계가 흐려지고 그 결과 또 다른 쇠퇴의 흑암기가 찾아오면, 하나님은 그때 또다시 그 시대에 필요한 비전을 부어주시며 새로운 방향으로 인도해 가신다. 그럴 때마다 기존의 패러다임(paradigm)◆에 익숙해 있는 다수(多數)는 하나님이 열어주시는 새로운 변화를 받아들이기보다 그들에게 뿌리가 깊은 전통을 강조하며 고수하고자 한다.

지금은 누구도 이의를 달 수 없을 정도로 명백한 신앙의 위기 시대이다. 기존의 기독교적 패러다임으로는 교회가 더 이상 제 역할을 할 수 없고, 그리스도인들도 세상에서 빛의 역할을 감당할 수 없다. 우리는 오랫동안 새로운 패러다임을 받아들이는 일에 저항해왔다. 그 결과 교회의 부흥은 사라지고 세상과 사회는 이전보다 더 어두워졌다. 지난 세기에 온 세상에 복음을 전한 선교 중심국들이 지금 어떤 영적 형편에 놓여 있는지를 생각해보라.

예수께서는 우리에게 성경을 주시기보다 약속하신 성령과 더불어 교회인 성령 공동체를 주셨다. 그리고 성령에 의지한 공동체 삶을 실제적으로 보여주셨다. 그러나 아이러니하게도 오늘날 많은 그리스도인들이 삼위일체 하나님을 믿으면서도 가나안 성도◆◆가 되는 이유가 바로 이 교회 때문이다. 이 원인에 대해서 흔히들 지나친 성직주의, 성장주의, 승리주의 성향과 더불어 형식적 예배 행위, 권위적인 위계질서, 실

◆　　**패러다임** 다양한 관념을 상호 연관시켜 체계화하는 시스템 또는 구조를 말하는 것으로, 이 책에서는 한 시대를 지배하는 신앙적 인식이나 사고, 관념, 가치관이 결합된 총체적 틀을 의미한다.

◆◆　**가나안 성도** '가나안'을 거꾸로 읽으면 '안나가'이다.

질적인 문제에 대한 무능한 대응과 답변, 교계의 교단 정치 등을 든다. 그러나 더 근원적으로 보면 이 세상에서 흑암의 권세와 맞서는 유일한 곳이 바로 교회이기 때문에 교회가 어려움에 처하고 공격을 당하는 것은 당연한 일이다. 따라서 교회가 끊임없는 각성과 갱신을 하지 않을 때는 곧바로 그 본질을 잃어버리고 세속화되어갈 것이다.

이제는 새로운 패러다임으로의 전환이 반드시 이루어져야 할 때다. 그 전환은 새로운 복음이 아니라 예수께서 친히 전하셨던 그 복음, 바로 '하나님나라의 복음'으로 돌아가는 데 있다. 그것이야말로 이 시대에 성령께서 우리에게 강력하게 말씀하시는 메시지이다. 지난 역사 동안에 수많은 목회자의 기도와 눈물, 순교와 헌신 그리고 성도들의 뜨거운 믿음과 열정으로 이룬 기독교의 부흥을 생각해보라. 지금은 교회 부흥과 사회 변혁을 위해서 새로운 패러다임으로 나아가야 할 때다. 이것은 기존의 패러다임을 부정하는 것이 아니라 그 패러다임을 경험했기 때문에 다음 패러다임으로 넘어가야 한다는 뜻이다.

킹덤 멘탈리티의 관점에서 세계관, 자아 정체성, 성화의 과정, 교회의 특징과 임무, 은혜에 대해 새롭게 조명해보자.

기존의 관점과 개념◆ vs 킹덤 멘탈리티의 관점과 개념

세계관

기존의 사고방식	킹덤 멘탈리티
헬라적 세계관◆◆(영적 세계가 실재이며, 영적 생활만이 중요하다)	히브리적 세계관(물질과 영적 세계 모두가 실재이며, 서로 영향을 미친다)
땅에서 하늘나라로	하늘나라에서 땅으로
죽음 이후의 천국	현재의 하나님나라
수동적-패배적-종말론적 세계관◆◆◆	전쟁적-종말론적 세계관

자아 정체성

기존의 사고방식	킹덤 멘탈리티
죄인이 의인이 되려고 하는 삶	의인이 주의 뜻을 이루려는 삶
하나님의 종(하나님을 사랑해야 하는 존재)	하나님의 자녀(하나님이 사랑하는 존재)
예수님의 제자	예수님의 가족(신부)
해방되어야 할 귀한 존재	하나님의 섭리를 완성해나가야 할 존재
영적 경험을 하는 육적 존재	새로운 육체를 경험하는 영적 존재
사랑받기 위해 태어난 존재	사랑 주기 위해 거듭난 존재
시민권(땅)	시민권(하늘)
세상에 대해서 교회 대사적 삶	세상에 대해서 천국 대사적 삶

◆　　이 표는 《기름부으심이 넘치는 치유와 권능》(두란노)으로부터 인용 수정되었음.

◆◆　**헬라적 세계관** 헬라적 세계관은 아리스토텔레스의 영향을 받아 인간을 몸(body)과 영혼(soul, spirit)으로 분리한다. 보이는 것과 보이지 않는 것으로 나누며, 보이지 않는 것이 실체이며 훨씬 고차원적인 것으로 본다. 반면에 히브리적 개념은 영혼육을 분리해서 보는 것이 아니라 전체로 보며 서로 유기적인 관계를 가진 것으로 본다.

성화의 과정

기존의 사고방식	킹덤 멘탈리티
기록된 말씀을 지켜 행하는 삶	그리스도 안에서 진리의 말씀이 삶 속에 풀어지는 삶
율법을 지키는 삶	새 언약을 이루는 삶
예수 그리스도를 닮아가는 삶	예수 그리스도가 나타나는 삶
구원은 이 세상으로부터 탈출하는 것	구원은 이 세상에 하나님나라를 가져오는 것
십자가를 바라보는 삶	보좌에서 이 세상을 바라보는 삶
하나님 능력을 주시옵소서	주신 능력을 제대로 사용하게 하옵소서
거룩하기 위해서 삶을 변화시킴	거룩하기 때문에 변화된 삶을 살아감
칭의를 이루기 위해 헌신하는 삶	칭의에 점차적으로 익숙해지는 삶
형통과 축복을 누리는 삶	하나님의 뜻을 이루는 삶
율법에 기초한 나의 삶	은혜와 진리에 기초한 주님의 삶
죄는 율법 준수의 실패	죄는 하나님과의 관계에서의 실패
율법을 지키지 않으면 벌	율법의 저주에서 자유함
기도는 나를 위한 것임	기도는 하나님을 위한 것임
나의 필요(문제) 중심의 삶(기도)	하나님 목적 중심의 삶(기도)
하나님을 개입시키기를 원함	하나님의 뜻에 동참하기를 원함
예수님은 그리스도인의 주	예수님은 모든 민족의 주

◆◆◆ **수동적-패배적-종말론적 세계관** 이 세계관은 성경의 말씀대로 세상이 종말을 향해 가고 있기 때문에 세상의 문제들을 해결하려고 시도하는 것은 쓸데없는 짓이며, 최후의 심판으로 역사가 끝나기 전에 하나님의 영원한 구원의 구명정(예:교회) 안에 들어가 사는 것이 제일이라고 생각하는 관점이다.

교회의 특징

기존의 사고방식	킹덤 멘탈리티
뿌리(전통)를 찾는 교회	비전(계시)을 추구하는 교회
공관복음적 성도의 양육◆	사도행전적 성도의 양육
삼위일체 하나님을 믿는 교회	삼위일체 하나님을 경험하는 교회
땅에서 하늘을 바라보는 교회	하늘에서 땅을 바라보는 교회
제사장적 교회	선지자적 교회
교세를 확장하는 교회	하나님나라를 확장하는 교회
세상의 문화를 배격하는 교회	세상의 문화를 이끌어가는 교회

교회의 존재와 임무

기존의 사고방식	킹덤 멘탈리티
유람선 역할에서	항공모함 역할로◆◆
신자의 필요를 채우기 위해서	하나님나라의 복음을 전하기 위해서
교회에서의 양육과 세움	양육된 성도를 세상 속으로
양의 들판은 교회	양의 들판은 세상
그리스도인의 활동 영역은 교회(교회적 삶)	그리스도인의 활동 영역은 세상(세상적 삶)
세상을 떠나 교회로(세상은 피해야 할 장소)	교회를 떠나 세상으로(세상은 정복해야 할 장소)
제사장의 회복(성직자)	왕 같은 제사장의 회복(평신도)
성도가 죄로부터 벗어나기를 원함	성도가 하나님의 의를 나타내기를 원함
예수님의 능력과 권한을 교회 영역에 제한함	예수님의 능력과 권한은 만물 안에 있음

축복과 은혜

기존의 사고방식	킹덤 멘탈리티
언젠가 이루어질 것으로(미래)	지금 여기에(현재)
시간적 차원(물리적 세계에서)	통치적 차원(영적 세계에서 물리적 세계로)
우리의 신분과 이름으로	예수 그리스도의 이름으로
우리의 믿음으로	예수 그리스도 안에 있는 믿음으로
고난을 피하는(번영 혹은 기복신앙에서)	고난을 기뻐하는(킹덤신앙으로)
누리는 삶에서(영광의 신학에서)	다시 섬기는 삶으로(십자가 신학으로)

◆　**공관복음적 성도의 양육** 베드로는 공생애 전부를 예수님과 함께 동행했지만, 결국 예수님이 십자가에 못 박히시던 날 밤 세 번이나 예수님을 부인하고 만다. 그의 진정한 변화는 예수님의 부활 후 갈릴리 해변에서 내적치유를 받고 오순절 날 성령체험을 한 뒤부터다. 결국 예수를 닮아가는 삶이 아닌 성령님이 임하셔서 예수가 드러나는 삶으로 변할 때다. 이것을 공관복음적 성도와 사도행전적 성도로 비교했다.

◆◆ 자세한 내용은 이 책 pp.124-128을 참고하라.

킹덤 빌더의
새로운 사고 체계

CHAPTER

7

육에 기초한 사고 체계와 영에 기초한 사고 체계

우리의 행동을 바꾸면 우리 자신을 변화시킬 수 있는가? 예를 들어 어렵고 힘들어도 매일 새벽기도회에 나가면 내 삶이 달라질 수 있는가? 결론적으로 이야기하면, 내 행동 양식의 변화가 내 삶 자체를 바꾸지는 못한다. 그러면 우리의 생각과 가치관을 바꾸면 우리 자신을 변화시킬 수 있는? 예를 들어 매일 말씀을 읽고 묵상하면 삶이 변화되는가? 그러나 내 가치관의 변화로도 내 삶의 변화를 만들어낼 수는 없다. 왜냐하면 우리의 삶은 우리의 사고 체계에 영향을 받고 있기 때문이다.

우리는 나타난 사실과 현상을 보고 자신의 생각, 감정, 의지를 바꾼다고 생각할지 모르지만, 사실은 그렇지 않다. 우리는 이미 우리 안에 형성되어 있는 사고 체계에 따라 생각하고 느끼고 결정한다. 따라서 사고 체계(사고의 틀) 자체가 바뀌지 않는 한 우리 자신은 변화될 수 없다. 우리는 무의식적으로, 무의도적으로 만들어진 이 사고 체계를 통하여 생각하고 느끼고 행동하기 때문이다.

성경은 구습에 물든 사고 체계를 견고한 진(陣)이라고 표현한다.

> 4 우리의 싸우는 무기는 육신에 속한 것이 아니요 오직 어떤 견고한 진도 무너뜨리는 하나님의 능력이라 모든 이론을 무너뜨리며 5 하나님 아는 것을 대적하여 높아진 것을 다 무너뜨리고 모든 생각을 사로잡아 그리스도에게 복종하게 하니 고후 10:4,5

이 사고 체계를 철학적으로 가장 근접한 용어로 기술하면 '세계관'(worldwide view)이라고 하는 것이 가장 적절할 것이다. 우리가 세상을 살아가는 데 이 세계관이 어떤 역할을 하는지에 대해 많은 사람들이 잘 설명하고 있다. 그러나 그들은 이 세계관이 인간이 갖는 특징이라고 말할 뿐, 그것의 진정한 기초에 대해서는 제대로 말하지 않고 있다. 왜냐하면 세계관의 근원은 영적이기 때문이다.

인간은 혼에 육을 소유한 영적인 존재이다. 사람들은 흔히 우리의 마음이 영의 인도함을 받는다고 말하지만, 좀 더 정확히 말하면 '마음의 사고 체계'가 영의 영향을 받는다고 해야 한다. 우리가 새 사람이 되었음에도 불구하고(옛 자아는 이미 죽었지만) 우리 마음에 남아 있는 과거의 사고 체계가 여전히 우리 안에서 어떻게 작동하는지 알아보자.

우리의 마음은 이 세상에 묶여 있다
우리 마음은 오감을 통하여 세상의 환경에 묶여 있다.

오감을 통해서 들어오는 모든 정보를 타락한 이성에 기초한 사고 체계와 자신의 경험으로 인식하고 있다
즉, 세상의 실재에 대해서는 알지 못하고, 자기 마음의 주관적인 해석으로 세상을 본다. 듣는 것 또한 마찬가지이다. 이 사고 체계는 세상신의 기초 위에서 형성된 것이다.

우리 마음은 자신이 받아들인 말씀으로 자신을 변화시키려고 노력한다. 자신을 변화시킨다는 것은 자신의 사고 체계를 변화시키는 것인데, 자신이 원하는 것만 받아들인 사고 체계를 가지고는 자신의 사고 체계를 바꿀 수 없다.

그러나 당신이 그리스도 안에서 새로운 피조물이 되었다면, "내가 예수 믿고 죄 사함을 받아서, 내가 새 사람이 되었다"는 것이 아니라 ('내가'라고 말하는 당신의 사고 체계가 만들어낸 새 사람이 아니라), 당신 안에 계신 하나님의 생명으로 말미암아 이제 당신의 본성이 바뀌었고 (sinful nature에서 divine nature로), 하나님의 영으로 말미암은 새 생명에 기초한 새로운 사고 체계가 형성되었다는 것을 믿어야 한다. 이제는 오감으로 들어오는 정보를 가지고 자신의 사고 체계가 형성한 의식에 따라 믿는 것이 아니라, 자신 안에 계신 하나님의 생명으로 말미암아 심령에서부터 마음으로 넘어오는 하나님의 말씀에 새롭게 반응하고, 그 말씀을 통하여 세상을 보고 판단하는 존재가 되었기 때문이다.

> 22 너희는 유혹의 욕심을 따라 썩어져 가는 구습을 따르는 옛 사람을 벗어 버리고(Instead, let the Spirit renew your thoughts and attitudes) 23 오직 너희의 심령이 새롭게 되어 24 하나님을 따라 의와 진리의 거룩함으로 지으심을 받은 새 사람을 입으라 엡 4:22-24

따라서 우리의 삶은 매일 육신을 통해 우리 마음에 죄의 영향력을 펴트리려는 사탄의 공격과 내 심령에 계신 성령께서 우리 마음에 부으시는 그분의 마음이 충돌하는 영적 전쟁터가 되는 것이다. 우리는 이 전쟁에서 어떻게 승리할 수 있는가? 내 마음에서 벌어지는 이 전쟁에서 승리를 얻는 유일한 길은 내가 힘써 육체의 욕심과 싸우는 것이 아니다. 지속적인 성령충만함을 받음으로써 성령을 좇아 행하고, 영으로써 몸의 악한 행실을 죽이는 것이다.

> 16 내가 이르노니 너희는 성령을 따라 행하라 그리하면 육체의 욕심을 이루지 아니하리라 17 육체의 소욕은 성령을 거스르고 성령은 육체를 거스르나니 이 둘이 서로 대적함으로 너희가 원하는 것을 하지 못하게 하려 함이니라 갈 5:16,17

> 13 너희가 육신대로 살면 반드시 죽을 것이로되 영으로써 몸의 행실을 죽이면 살리니 롬 8:13

성령충만함이란 성령님이 나를 사로잡아 그리스도의 영의 인도함을 받는(순종하게 되는) 상태를 말한다. 단지 성령님이 내 안에 내주(內住)하시는 것이 아니라, 그 성령님에 의해서 내 전부가 사로잡힌 결과로 예수 그리스도의 말씀에 내 육신이 반응하는 것이다. 이 일이 내 삶 가운데 실제적으로 일어나기 위해서는 위로부터 임하는 성령체험을 해야 한다. 즉, 자기의식이 주체가 되어 주(主)의 말씀을 받아들이는 것이 아니라 성령님에 의해서 새로운 자기의식이 생겨남으로써 나의 생각, 감

그림 3

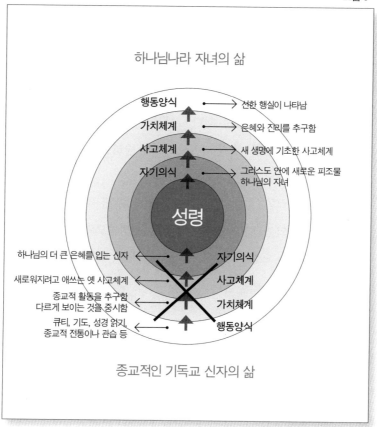

하나님나라 자녀의 삶

행동양식 → 선한 행실이 나타남

가치체계 → 은혜와 진리를 추구함

사고체계 → 새 생명에 기초한 사고체계

자기의식 → 그리스도 안에 새로운 피조물
하나님의 자녀

성령

하나님의 더 큰 은혜를 입는 신자 ← **자기의식**

새로워지려고 애쓰는 옛 사고체계 ← **사고체계**

종교적 활동을 추구함
다르게 보이는 것을 중시함 ← **가치체계**

큐티, 기도, 성경 읽기,
종교적 전통이나 관습 등 ← **행동양식**

종교적인 기독교 신자의 삶

정, 의지가 아닌 주의 말씀에 의해 지배되는 새로운 사고 체계가 형성되는 것이다. 다시 말해서 하나님의 영에 의한 거룩한 자아에 새로운 사고 체계가 형성되고, 그것에 기초하여 새로운 가치 체계가 형성되며, 그가치 체계의 결과로 새로운 행동이 일어나는 것이라고 볼 수 있다.

그러나 하나님의 영의 인도함을 받음으로 말미암아 변화된 사고 체계에 따라 가치 체계를 변화시키려 하지 않고, 세상 신에 의해서 형성된 기존의 가치 체계에 말씀을 집어넣음으로써 새로운 사고 체계를 만들고자 할 때는(자신의 인간적인 믿음으로 말씀을 받아들이려고 애쓸 때는) 충돌이 일어난다. 그 결과는 '결단 - 헌신 - 우울'의 악순환이다. 그리고 이 마음의 전쟁에서는 항상 육체의 소욕이 승리한다.

> 22 내 속사람으로는 하나님의 법을 즐거워하되 23 내 지체 속에서 한 다른 법이 내 마음의 법과 싸워 내 지체 속에 있는 죄의 법으로 나를 사로잡는 것을 보는도다 24 오호라 나는 곤고한 사람이로다 이 사망의 몸에서 누가 나를 건져내랴 롬 7:22-24

새로운 사고 체계에 기초한 삶

한편, 우리의 영의 본질이 무엇이며(물리적 실체와 반대되는, 즉 보이지 않지만 실재하는), 영적 세계와 영적 법칙이 무엇인가를 알려주는 것이 바로 진리의 말씀이다. 성경 말씀은 바로 이 영적 세계에 대한 것을 말하기 때문에(하나님의 통치와 하나님의 자녀인 나와 그분의 통치 세계에 대해서 말하기 때문에) 우리의 육체에 기초한 사고 체계로는 이해할 수 없다. 그렇기 때문에 성경은 성령 안에서 믿으라고 말씀하신다.

성경 말씀을 볼 때 우리는 비로소 타락 이전에 우리의 실재, 하나님의 뜻과 회복된 하나님의 자녀의 삶이 어떠한지를 알게 된다. 성경 말씀은 타락 이전 우리의 영적 실체와 영적 세계를 보여주는 거울이다. 그 거울을 통해서 타락 이전의 진정한 나와 본래의 세상 모습을 볼 수 있게 되는 것이다.

그런데 사람들은 거울을 보고도 자신을 변화시키지 않거나 변화시키지 못한다. 왜냐하면 거울에 비춰지는 것을 실재로 인정하지 않고, 그 실재에 대해서 자신이 생각하고 느끼는 것에 계속 묶여 있기 때문이다.

> 23 누구든지 말씀을 듣고 행하지 아니하면 그는 거울로 자기의 생긴 얼굴을 보는 사람과 같아서 24 제 자신을 보고 가서 그 모습이 어떠했는지를 곧 잊어버리거니와 25 자유롭게 하는 온전한 율법을 들여다보고 있는 자는 듣고 잊어버리는 자가 아니요 실천하는 자니 이 사람은 그 행하는 일에 복을 받으리라 약 1:23-25

많은 그리스도인들이 영적 성숙을 통해서 예수 그리스도를 닮아가고자 한다. 그런데 대부분 이 영적 성숙을 오해하여 스스로 훌륭한 그리스도인이 되기 위해 추구해야 할 또 하나의 과정이나 경지로 생각한다. 그러나 진정한 영적 성숙은 우리의 삶 그 자체이다. 우리가 예수 그리스도 안에서 하나님의 의(義)가 되어서 자신을 통하여 예수 그리스도의 성품과 속성을 온전히 드러내는 것이 바로 참된 영성이고, 그렇게 사는 삶이 진정한 영적인 삶이다. 성경은 이것을 "우리 속에 그리스도의 형상을 이루는 것"이라고 말한다.

영적 성숙이란 예수 그리스도의 형상이 더 온전히 나타나도록 하는 지속적인 훈련의 과정이다. 이것은 내가 추구하는 것이 아니라 나 자신을 포기함으로써 우리 안에 계신 그리스도가 나타나시게 하는 것이다.

> 19 나의 자녀들아 너희 속에 그리스도의 형상을 이루기까지 다시 너희를 위하여 해산하는 수고를 하노니 갈 4:19

> 29 하나님이 미리 아신 자들을 또한 그 아들의 형상을 본받게 하기 위하여 미리 정하셨으니 이는 그로 많은 형제 중에서 맏아들이 되게 하려 하심이니라 롬 8:29

영적 성장은 하나님의 영에 의한 본질적인 변화에 따르는 내면으로부터의 변화이다. 즉, 영적 존재로서 매일 새로운 육체를 경험하는 삶을 가리킨다. 다시 말하자면 정체성의 변화에 따른 실제 삶의 변화를 의미한다고 할 수 있다. 우리가 흔히 영적 성장을 예수 그리스도를 더 닮아가는 것이라고 생각하는데, 사실은 외적으로 그분을 닮아가는 것이 아니라 이미 우리 안에 계신 예수 그리스도를 더 나타내는 것이다 (그림 3 참고).

한편 하나님의 영에 의해 인도함을 받지 못하는 종교적 열심은 결국 자신이 다른 사람들과는 다르다고 느끼게 하는 외적인 방법에 집착할 수밖에 없다. 자신만의 전통과 관습, 특정 어휘, 의복, 규칙과 규례 등이 여기에 속한다. 이런 외적인 방법들(주로 행위적인 노력들)로 스스로 다른 사람들과 구별하고 자신의 우월성을 과시하고자 한다. 바로 이것이 예수께서 바리새인들과 서기관들을 가리켜 외식하는 자들이라고 말씀하셨던 이유라는 것을 우리는 기억해야 한다.

> 25 화 있을진저 외식하는 서기관들과 바리새인들이여 잔과 대접의 겉은 깨끗이 하되 그 안에는 탐욕과 방탕으로 가득하게 하는도다 마 23:25

외적인 방법에 집착하는 사람일수록 자신은 다른 사람과 다르다고 생각하고, 다르게 보이려고 애쓴다. 그렇지만 실제로 다른 점은 그에게 자유함이 없고, 스스로 위축되고 방어적이며, 다른 사람으로부터 매력을 잃게 된다는 것뿐이다.

K I N G D O M

B U I L D E R

킹덤 빌더의
하나님나라의 삶

IV

자기를 부인하고
주의 인도함을 받아라

자기 부인의 주체는 성령님이다

실제적으로 우리는 어떻게 킹덤 빌더의 삶을 이루어나가야 하는가? 예수님은 부활 승천하신 후에 보혜사 성령님을 보내주셔서 우리와 항상 함께하고 계신다. 그분의 마음은 이 땅에서 하늘을 바라보는 관점이 아니라, 하늘에서 이 땅을 바라보는 관점이다. 따라서 우리가 그리스도 예수의 마음을 가진다는 것은 이 땅에서 "주여, 주여"라고 외치는 마음이 아니라, 이미 거듭난 거룩한 자로서(예수 그리스도 안에서 새로운 피조물이 된 자로서) 하늘에서 이 땅을 바라보는 마음을 갖는 것이다 (마 7:21-23). 이 킹덤 멘탈리티(Kingdom mentality)는 우리의 경험이나 이성적 노력으로 얻을 수 있는 것이 아니라, 성령님으로부터 주어지는 계시에 의해서만 얻어질 수 있다.

> 5 너희 안에 이 마음을 품으라 곧 그리스도 예수의 마음이니 빌 2:5

따라서 성령충만함을 통해 성령님이 나를 소유하시도록 나 자신을 내어드려야 한다. 그리고 그분의 인도하심에 따라 그분의 뜻대로 행하는 삶을 살아야 한다. 이것은 성경을 읽고 성경대로 살려고 노력하는 것과는 다르다. 전자와 후자는 그 출발점이 서로 다르다. 그분의 인도하심은 주(主)의 뜻이지만, 내 의지로 하나님을 섬기는 것은 결국 나의 뜻일 수밖에 없다.

우리는 흔히 성령체험을 해야 한다고 말하지만 성령체험이 모든 것을 해결해주는 것은 아니다. 구원받는 것은 회개로부터 시작되지만 구원을 이루어가는 것은 끊임없는 자기 부인과 성령의 인도함을 받는 것이다.

타락한 이후 우리의 삶 가운데는 하나님에 대한 대적과 사단에 대한 순종이 모든 영역에서 일어난다. 그렇기 때문에 우리는 살아가는 동안 지속적으로 육과 혼의 부분을 주께 내어드리고 영으로부터 우리의 혼에 부어주시는 그분의 말씀에 인도함을 받는 삶을 살아야 한다. 자기 부인과 인도함을 받는 것은 구별될 수 있는 것이 아니라 동시에 이루어지는 것이다.

그러나 우리는 중요한 사실을 알아야 한다. 자기를 부인하고 인도함을 받도록 하는 주체는 내가 아니라 '성령님'이라는 것이다. 이것이 바로 자기 의지로 자신의 삶을 통제하는 금욕이나 고행 그리고 자기 학대(masochism)와 다른 점이다. 금욕이나 고행을 통해 아무리 높고 거룩한 경지에 도달했다 하더라도 그것을 이루기 위한 주체가 자기 자신이라면 그것은 기독교와 아무런 상관이 없다. 왜냐하면 우리가 구원받았다는 것은 나는 죽고 예수 그리스도가 사는 삶이기 때문이다.

그리스도인의 삶에 있어 자기 부인이 필요한 부분은 크게 두 가지로 생각해볼 수 있다. 첫째는 육신의 정욕, 안목의 정욕, 이생의 자랑 등으로 자신의 육체와 마음이 원하는 대로 살고자 하는 것을 포기하는 것이다. 이것은 세상으로부터 온 것으로 자존자(自存者)의 삶을 살고자 하는 욕심 때문에 우리의 오감과 경험, 사단의 속임과 참소를 통해 들어온다.

¹⁵ 이 세상이나 세상에 있는 것들을 사랑하지 말라 누구든지 세상을 사랑하면 아버지의 사랑이 그 안에 있지 아니하니 ¹⁶ 이는 세상에 있는 모든 것이 육신의 정욕과 안목의 정욕과 이생의 자랑이니 다 아버지께로부터 온 것이 아니요 세상으로부터 온 것이라 요일 2:15,16

둘째는 자기의(自己義)로 주님을 섬기고자 하는 마음을 내려놓는 것이다. 하나님에 대한 열심은 있으나 하나님의 방식이 아닌 자기 방식대로 하나님을 섬기고자 하는 마음이다.

² 내가 증언하노니 그들이 하나님께 열심이 있으나 올바른 지식을 따른 것이 아니니라 ³ 하나님의 의를 모르고 자기 의를 세우려고 힘써 하나님의 의에 복종하지 아니하였느니라 롬 10:2,3

구원을 이루어가는 삶을 사는 동안에 첫 번째에 해당하는 자기 부인은 늘 경각심을 가지기 때문에 쉽게 발견할 수 있다. 그러나 두 번째에 해당하는 자기 부인은 찾아내기 어렵다. 왜냐하면 하나님을 향한 우리의 열심으로 내면의 옛 사고 체계가 포장되어 있기 때문이다.

나는 1990년 건국대학교에 교수로 부임하면서 한국창조과학회 학술위원으로 섬겼는데, 그때부터 여러 교회를 다니며 하나님의 창조 섭리에 대한 세미나를 인도했다. 하나님께서 나를 과학자로 부르셨고, 내 전공을 통해 하나님의 창조 섭리를 전파하는 것이 하나님이 주신 소명이라고 여겼기 때문에 나는 그 일을 참으로 열심히 했다. 심지어

수업을 휴강하고 세미나를 하러 간 적도 있었다. 지금 생각해보면 참으로 어리석었지만, 그때 나는 속으로 주님이 언제라도 부르시면 주님 앞에 나아가 "저는 주님을 위해 최선을 다해 살았습니다"라고 고백할 수 있다고 생각했다.

그렇게 10여 년이 지난 어느 날, 성령님께 이끌려 기도를 할 때였다. 하나님께서는 그동안 내가 한 일에 대해 언급하시며 하나도 카운트해줄 수 없다고 말씀하셨다. 처음에는 내가 잘못 들었다고 생각했다. 그러나 주님이 그 말씀에 대해서 분명히 확증해주셨고, 나는 너무 억울하기도 하고 화가 난 나머지 한참을 하나님께 따졌다. 그때 주님은 내 호소(呼訴)와 반박(反駁)을 다 들으시더니 세미한 음성으로, 그러나 너무나 분명하게 딱 한마디 하셨다. 아직도 그 말씀이 뇌리에 생생히 떠오른다.

"그런데 그건 네가 했잖아."

나는 충격을 받고 아무 말도 할 수 없었다. 그러나 그 순간 그 말씀이 뜻하는 것이 무엇인지 즉시 깨달을 수 있었다. 내가 주님을 위해 그 일에 최선을 다함으로써 주께 인정받고자 했던 내 내면의 동기를 분명히 보게 되었기 때문이다.

사도들은 회개와 구원에 따르는 자기 부인과 그리스도의 영의 인도하심을 절묘하게 표현하고 있다.

15 그가 모든 사람을 대신하여 죽으심은 살아 있는 자들로 하여금 '다시는' 그들 자신을 위하여 살지 않고 오직 그들을 대신하여 죽었다가 다시 살아나

신 이를 위하여 살게 하려 함이라 고후 5:15

2 '그 후로는' 다시 사람의 정욕을 따르지 않고 하나님의 뜻을 따라 육체의 남은 때를 살게 하려 함이라 벧전 4:2

그런데 이 말씀에 "다시는"이라는 단어는 과거의 삶을 반추하며 쓴 표현인 반면, "그 후로는"은 앞으로의 삶을 생각하며 쓴 표현이다. 나는 살아가면서 내 숨은 동기를 찾아낼 때마다 내 자신을 정죄하지 않고, '다시는'과 '그 후로는'으로 새롭게 시작한다.

자기 부인은 회개의 결과로, 그리스도의 영이 우리 안에 들어오시고 그분에 의해서 내 삶이 비춰질 때(다른 말로 그분의 관점에서 내 삶을 돌아볼 때) 우리 육신에 선한 것이 거하지 않는 줄을 깨닫게 되는 것이다. 이것이 바로 우리가 매일매일 경험해야 할 자기 부인이다. 내 심령에 계신 성령님이 하나님 아버지의 마음을 내 마음판에 부어주시고 그것을 깨닫는데도 실질적으로 그렇게 살지 못하는 것은, 죄의 세력이 끊임없이 우리 육신의 구습과 환경을 통해 과거의 방식대로(자신의 뜻대로) 우리를 이끌어 가고자 하기 때문이다.

그렇기 때문에 영의 인도함을 받아야 하는 것이다.

18 내 속 곧 내 육신에 선한 것이 거하지 아니하는 줄을 아노니 원함은 내게 있으나 선을 행하는 것은 없노라 롬 7:18

13 너희가 육신대로 살면 반드시 죽을 것이로되 영으로써 몸의 행실을 죽이

면 살리니 롬 8:13

9 우리는 우리 자신이 사형 선고를 받은 줄 알았으니 이는 우리로 자기를 의

지하지 말고 오직 죽은 자를 다시 살리시는 하나님만 의지하게 하심이라

고후 1:9

이 자기 부인은 오직 내 안에 계신 그리스도의 영의 조명을 받을 때
만 가능하다. 구약의 에스겔 선지자는 새 언약에 대해 예언할 때 하나
님의 신(神)이 친히 그 백성에게 임한다고 했다. 그 결과 어떤 일이 일어
났는가? 새 영을 우리에게 주심으로 우리의 육신 안에 있는 굳은 마음
이 제거되고(자기를 부인하게 되고) 그 결과 우리는 주(主)의 율례를 행
하는 것이 가능하게 되었다. 이때 주의 율례를 행하는 것은 자신이 주
체가 되어 율법을 지켜 행하는 것이 아니다. 자기를 부인함으로써 주의
마음으로 주의 법을 이루어간다는 뜻이다.

26 또 새 영을 너희 속에 두고 새 마음을 너희에게 주되 너희 육신에서 굳은

마음을 제거하고 부드러운 마음을 줄 것이며 27 또 내 영을 너희 속에 두어 너

희로 내 율례를 행하게 하리니 너희가 내 규례를 지켜 행할지라 겔 36:26,27

이처럼 구약에서 예언된 바와 같이 지금 우리가 성령의 인도함을 받
게 되면 더 이상 율법 아래에 있지 않게 되고, 그 결과 육체의 일에 붙들

리지 않고 성령의 열매를 맺어가게 된다(갈 5:18-24). 자기를 부인하고 성령의 인도함을 받는 삶은 끊임없는 하나님의 임재의식 속에서 예수의 생명이 나타나는 것이고, 삶의 모든 영역에서 이루어져야 할 위대한 도전이다.

> 10 우리가 항상 예수의 죽음을 몸에 짊어짐은 예수의 생명이 또한 우리 몸에 나타나게 하려 함이라 11 우리 살아 있는 자가 항상 예수를 위하여 죽음에 넘겨짐은 예수의 생명이 또한 우리 죽을 육체에 나타나게 하려 함이라
>
> 고후 4:10,11

> 25 만일 우리가 성령으로 살면 또한 성령으로 행할지니(Since we are living by the Spirit, let us follow the Spirit's leading in every part of our lives) 갈 5:25

개인적인 경험으로 볼 때 이러한 삶을 살아가기 위해서는 무엇보다 먼저 내적 치유가 필요하다. 왜냐하면 우리에게 고난, 시험, 유혹을 주는 것은 마귀라 할지라도 그것을 받느냐 받지 않느냐는 우리의 마음에 달려 있기 때문이다. 만약 우리 마음에 탐욕과 상처, 그로 인한 쓴 뿌리와 왜곡된 믿음 체계가 있다면 우리는 마귀의 올무에 걸리게 되고 자기를 부인하지 못하게 된다. 따라서 우리는 무의식 가운데서도 끊임없이 작동하는 자기 내면의 탐욕과 상처를 반드시 치유해야 한다.

실제적으로 성령님의 인도함을 받는 삶이란 무엇을 의미하는 것인

가? 우리는 매일매일 일, 만남, 시간, 물질, 건강이라는 삶의 요소와 관계를 맺으며 산다. 그 가운데서도 우리는 누가, 언제, 어디서, 무엇을, 어떻게, 왜를 순간순간 판단하고 선택하고 결정해야 한다. 그럴 때 우리는 이미 어릴 때부터 학습되어 프로그램 된 사고 체계에 따라 자연스럽게 생각하고 느끼고 행동하기 마련이다. 따라서 성령님의 인도함을 받는 삶을 살기 위해서는 자기 부인이 절대적으로 선행되어야 한다. 그 기초 위에 주(主)의 마음을 나타내는 말씀의 깨달음과 그 말씀을 이루어가는 성령님의 감동하심이 함께해야 한다.

내 삶을 돌아볼 때 세월이 갈수록 살아갈 날은 줄어드는데 해야 할 일은 더 많아진다는 느낌을 지워버릴 수 없다. 그동안 '잘 살아야 한다. 성공해야 한다. 인정받아야 한다'는 생각은 포기한 지 오래다. 하지만 가능하면 모든 것에 최선을 다하고 싶었기 때문에 조화롭고 균형 잡힌 삶을 살기 위해 많은 노력을 기울여왔다.

그러나 되돌아보면 내가 당한 고난 중에는 물론 나의 죄로 인한 것도 있지만, 도리어 내가 최선을 다했기 때문에(하나님께서 원하시지 않는 때에, 하나님께서 하라고 하시지 않는 일을 열심히 했기 때문에) 받은 고난도 많았다. 나는 늘 무언가를 하지 않으면 안 될 것 같은 두려움으로, 그리고 그분이 언제 어디서나 함께하신다는 믿음이 부족했기 때문에, 그분이 원하지 않으실 때 하라고 하시지 않는 일을 (스스로는 주를 위한 일이라고 합리화시키면서 또는 예상되는 고난을 피하기 위해서) 하는 잘못을 많이 했다.

지금도 나는 나의 어리석음으로 인한 이런 고난을 통해서 믿음의 시련과 더불어 성령님의 세밀한 인도함을 받는 기쁨을 누린다. 하지만 나이가 들면 들수록 감사한 것은, 보이지 않는 하나님의 손길이 나를 늘 인도하신다는 느낌이 점점 더 커진다는 사실이다. 새 생명 가운데 누리는 풍성한 삶이란, 할 수 있는(그리고 할 수만 있다면) 모든 일을 다 하는 것이 아니라 하나님께서 원하시는 때에 하나님께서 하라고 하시는 일만 행하는 삶이라고 생각한다. 되돌아보면 결국 고난을 통해 자기 부인을 더 경험하게 되고, 그 결과 더 큰 믿음으로 더 세밀하게 성령님의 인도함을 받게 되는 것 같다.

힘을 다하여 수고하는 삶인가?

자기를 부인하고 성령님께 모든 것을 맡긴다는 것은, 성령님이 다 알아서 하시도록 우리는 그저 팔짱 끼고 가만히 앉아 있어야 한다는 말이 아니다. 성령님의 인도함을 받는 삶은 아무것도 하지 않는 삶이 아니라 오히려 최선을 다하는 삶이다.

그렇다면 자기를 부인하는 것과 최선을 다하는 삶이 서로 모순적이지 않은가?

> 29 이를 위하여 나도 내 속에서 능력으로 역사하시는 이의 역사를 따라 힘
> 을 다하여 수고하노라 골 1:29

결코 그렇지 않다. 예를 들어 설명해보자. 자신을 부인하고 성령의 인도함을 받는 삶은 모터보트 대신에 요트를 타는 것과 같다. 모터보트는 자체의 동력으로 상황과 상관없이 자신이 정한 목적지를 향해 나아갈 수 있다. 하지만 요트는 바람이 불지 않으면 조금도 움직일 수 없다.

성령님의 인도함을 받는 삶이란 아버지께서 일하실 때 우리도 일하는 것이다. 바람이 불기 시작할 때 요트가 가장 정확한 방향으로 바람을 타고 움직일 수 있도록 일하는 것이다. 그런데 실제 우리 삶의 가장 큰 문제는 바람이 불지 않는데 자신이 무언가를 이루고자 애쓴다는 데 있다. 왜냐하면 무엇인가를 하지 않으면 자신의 존재 가치를 느끼지 못해 두렵기 때문이다.

바람이 불지 않는데도 자신의 뜻을 이루기 위해서 하나님을 이용하려고 애쓰는 삶을 살지 말아야 한다. 성령님이 운행하시지 않을 때는 기다릴 줄 알아야 한다. 하나님의 자녀는 그럴 때에도 하나님이 나와 함께하시며 나를 돌보신다는 것을 신뢰해야 한다. 그리고 하나님이 나를 통해서 자신을 드러내신다는 것을 믿어야 한다.

그렇다면 최선을 다하는 삶이란 무엇을 뜻하는 것인가?

> 17 예수께서 그들에게 이르시되 내 아버지께서 이제까지 일하시니 나도 일한다 하시매 요 5:17

모터보트는 상황과 관계없이 자신이 원하는 대로 움직일 수 있지만,

그것은 기름이 있을 동안만 가능한 것이다. 기름이 떨어지면 모터보트는 아무것도 할 수 없게 된다. 우리는 더 이상 모터보트처럼 자신의 소유와 능력으로 살아가야 하는 존재가 아니라, 요트처럼 하나님이 공급하시는 능력으로 살아가는 존재가 되어야 한다. 진정으로 최선을 다하는 삶이란 모터보트가 아니라 요트처럼 살아가는 것이다.

> 8 바람이 임의로 불매 네가 그 소리는 들어도 어디서 와서 어디로 가는지 알지 못하나니 성령으로 난 사람도 다 그러하니라 요 3:8

우리는 성령님의 운행하심에 민감해져야 한다. 성령님과 친밀한 교제를 갖지 않는 사람은 마치 "바람이 임의로 불매 어디서 와서 어디로 가는지 알지 못하는" 것처럼 성령의 운행하심을 알지 못한다. 우리는 바람이 불 때(성령님이 역사하실 때)를 알아야 한다. 그것이 분별이다. 우리는 바람이 불 때 즉시 돛을 올리고 올바른 목적지로 향할 수 있도록 돛의 방향을 잘 잡아야 한다. 그것이 바로 우리가 최선을 다해야 할 일이다.

그런데 우리는 배를 움직이는 일에 최선을 다해야 한다고 착각한다. 역사는 내 안에 계신 성령님이 하시는 것이지 내가 하는 것이 아니다. 바람이 불지 않는데도 자신이 배를 이끌어 가려고 하거나 바람에 순응하지 않고 자기 방식대로 배를 이끌고자 하는 모든 노력은 바로 성령님을 근심시키거나(엡 4:30) 소멸하는(살전 5:19) 일일 뿐이다.

자기 부인과 하나님의 계시를 분별하라

온전하지 못한 자기 부인은 하나님의 영의 인도함을 받는 일을 방해한다. 구원받은 후 우리의 심령에 그리스도의 영이 함께하심으로 우리는 죄의 형벌로부터 완전한 자유함을 얻었다. 하지만 죄의 세력으로 인한 육체의 소욕은 여전히 남아 있다. 이 육체의 소욕은 늘 우리가 마음으로부터 세상을 좇게 만든다.

한편 우리의 심령에 계시는 그리스도의 영은 우리 마음에 늘 예수 그리스도의 마음을 부어주신다. 그런데 우리가 실제적으로 그런 사실을 느끼고 인지하는 곳은 우리의 영이 아닌 혼이다. 혼은 우리의 마음을 가리킨다. 이 마음은 지식, 감정, 느낌, 기분, 의지, 행동을 총괄하는 곳이다. 따라서 육신으로부터 오는 것과 하나님의 영으로부터 오는 것을 마음에 비추어 구별할 수 있을 때, 비로소 우리는 자기 부인과 하나님의 영의 인도함을 제대로 경험할 수 있다.

이를 위해 분별이 필요하다. 그렇지 못하면 하나님께서 우리 마음에 부어주시는 소원을 자기 것으로 착각해서 자기를 부인한다고 하면서 소멸시켜버리는 우(愚)를 범할 수도 있다.

> 13 너희 안에서 행하시는 이는 하나님이시니 자기의 기쁘신 뜻을 위하여 너희에게 소원을 두고 행하게 하시나니 빌 2:13

우리가 신앙생활에서 가장 많이 듣는 충고가 무엇인가? "자신의 마음이 원하는 대로 살지 말고 하나님을 위해서 옛 사람을 죽여야 한다"
는 것이다. 그렇기 때문에 우리는 자신의 신앙 성숙과 하나님에 대한
순종을 표현하기 위해 스스로 원하는 것을 모두 없애버리고 자신의 마
음에서 일어나는 모든 생각이나 소망을 인정하지 않는 경향이 많다.
이것은 마치 자신의 모든 것을 버려야만 하나님을 기쁘시게 해드릴 수
있다고 생각하는 것과 같다. 그리고 오직 말씀대로 살겠다고 굳게 결
심하며, 말씀에서 벗어나지 않는 삶을 인생 최고의 목표로 삼는다. 하
지만 바로 이런 삶이야말로 우리를 종교의 영에 묶이도록 하는 사탄의
가장 교묘한 책략 중 하나이다.

우리의 마음은 스크린과 같다. 과거에는 비록 사탄의 본질을 나타
내는 스크린이었지만, 지금은 하나님의 뜻을 나타내는 스크린으로 변
했다. 우리는 이 사실을 기억해야 한다. 옛 사람은 이미 죽었고 나는
새 사람이 되었다. 물론 과거에 프로그램 된 습성, 내재된 육체의 욕망
이 뇌를 비롯해서 온몸에 저장되어 있기 때문에 언제든 마음판에 나타
나기도 한다. 그러나 그렇기 때문에 우리는 늘 마음을 새롭게 해야 하
며(롬 12:2), 육체의 소욕 대신에 성령을 따라 행하며(갈 5:16), 늘 성령
충만한(엡 5:18) 삶을 살아야 하는 것이다.

이제 우리가 킹덤 빌더로서 하나님나라의 삶을 살기 위해서 필요한 것
은 스스로 우리 마음의 생각을 부인하는 것이 아니다. 하나님으로부터
오는 새로운 생각을 적극적으로 받아들이고, 그 생각 안에서 꿈꾸며, 예
수님이 행하신 것처럼 이 땅에 그분의 뜻을 나타내는 것이다. 그런데 놀랍
게도 많은 성도들이 자기 마음의 생각을 애써 부인하며 포기하고 있다.

이는 마치 하나님나라 안에 들어온 사람들이 하나님나라에 들어오지 않았던 때의 삶을 그리워하며 이전으로 되돌아가기를 원하는 것과 같다. 자기를 부인하는 것은 하나님나라에 들어가기 위해서 필요한 것이다. 그러나 하나님나라에 들어가면 더 이상 과거의 자신은 없다.

> 17 그런즉 누구든지 그리스도 안에 있으면 새로운 피조물이라 이전 것은 지나갔으니 보라 새것이 되었도다 고후 5:17

킹덤 빌더의 삶은 자기 십자가를 지고 오직 내 안에 계신 예수 그리스도 안에 있는 믿음으로 새 사람의 삶을 사는 것이다(갈 2:20 ; 딤전 1:14 ; 딤후 3:15). 이 삶을 사는 우리의 마음은 하나님의 뜻을 나타내는 빈 캔버스와 같다. 우리는 우리의 심령에 계시며 하나님의 깊은 것이라도 통달하시는 성령님으로부터 오는 하나님의 뜻을 내 마음판에 마음껏 그려볼 줄 알아야 한다. 예수 그리스도 안에서 하나님의 꿈을 그리는 자유함이야말로 진정한 자기 부인이다.

우리가 그리스도 안에 새로운 피조물이 되었다는 것은 우리의 마음이 완전히 새롭게 되었다는 뜻이 아니라 하나님의 뜻을 마음에 품을 수 있게 되었다는 것이다. 우리의 심령 안에 세상 신이 함께했던 과거에 우리의 마음은 결코 하나님의 뜻을 품을 수 없었다. 왜냐하면 우리는 본질적으로 악한 존재였기 때문이다. 그러나 우리가 죄 사함을 받고 우리의 자아를 십자가에 못 박았을 때부터 우리 안에 예수 그리스도께서 함께하신다. 그분은 우리의 마음판에 늘 하나님의 뜻을 부어

주신다. 우리가 그것을 생각하고 느낄 수 있을 뿐만 아니라 그것을 이 땅에 나타내고자 하는 마음을 갖게 해주신다.

> 28 이에 예수께서 이르시되 너희가 인자를 든 후에 내가 그인 줄을 알고 또 '내가 스스로 아무것도 하지 아니하고' 오직 아버지께서 가르치신 대로 이런 것을 말하는 줄도 알리라 29 나를 보내신 이가 나와 함께하시도다 나는 항상 그가 기뻐하시는 일을 행하므로 나를 혼자 두지 아니하셨느니라 요 8:28,29

"내가 스스로 아무것도 하지 아니하고"라는 말씀은 예수께서도 육신을 지니신 분이지만 육체의 욕심대로 행하지 않으셨으며, 하나님께서 감동을 주시고 보여주시는 대로 사셨다는 것이다. 이 말씀은 예수님이 언제나 그분의 마음을 하나님의 뜻으로 가득 채우셨다는 뜻이기도 하다. 우리는 하나님이 기뻐하시는 일을 행해야 한다. 그렇게 할 때 하나님은 우리를 혼자 내버려두지 않으시고, 우리와 항상 함께하시며 우리를 돌보신다.

우리의 심령으로부터 마음판에 소원을 부어주시는 분이 하나님이시라면, 우리 마음판에 임한 그 소원이 이 땅에 실체로 나타날 수 있도록 행하는 것은 우리의 몫이다. 우리 마음에 하나님의 소원이 임하는 것이 바로 계시이며, 그 소원을 이 땅에 이루는 것이 바로 믿음이다.

이처럼 자기 부인은 과거 육체의 삶을 죽이는 것이지, 하나님께서 내게 부어주시는 거룩한 소원을 부인하는 것이 아니다. 우리에게 필요한 것은 지금 내가 가진 이 생각이 육체로부터 온 것인지, 아니면 내 안에 계신 하나님의 영으로부터 온 것인지 구별하는 '영적 분별력'이다. 하나님이 정말 우리의 아버지라면, 그분은 우리가 아들로서 그분의 신적인 특성을 나타내는 것을 즐거워하실 것이다. 하나님은 처음부터 우리를 그분의 형상과 모양대로 지으셨다. 따라서 당연히 그분의 특성(창조성과 성품)을 나타내는 것을 보고 흐뭇해하실 것이다. 하나님의 영의 인도함 가운데 떠오르는 상상과 생각과 감정들을 이 땅에 나타내는 것은 우리의 가장 고결한 임무이다.

> 22 무엇이든지 구하는 바를 그에게서 받나니 이는 우리가 그의 계명을 지키고 그 앞에서 기뻐하시는 것을 행함이라 요일 3:22

킹덤 빌더는 (영원 전부터 존재하는) 하나님나라에서 이루어진 하나님의 꿈을 (도래한 하나님나라가 영향을 미치는) 이 땅에 실현하는 하나님의 대사(大使)이다. 우리는 그 직분을 영광스럽게 여겨야 한다. 그 임무를 제대로 깨닫지 못하고 온전히 행하지 않는 것은 하나님의 뜻을 훼방하는 것이다.

내어드림을 통하여 기적을 경험하라

자기 부인과 성령님의 인도함을 받는 삶이 중요하기 때문에 우리는 흔히 '내려놓음'이라는 말을 많이 한다. 그러나 삶에서 실제적인 기적을 경험하기 위해서는 '내어드림'의 비밀을 알아야 한다. 내려놓음이란 자신을 부인하는(포기하는) 것을 의미한다. 그런데 우리의 삶에서 실제적인 기적을 경험하기 위해서는 자신을 부인할 뿐만 아니라 자신의 소유를 드리는 것이 중요하다는 것도 알아야 한다. 자기 부인과 더불어 자신의 것을 주(主)께 드리는 것, 여기에 기적의 비밀이 있다.

우리는 자신을 포기하고 성령님의 인도함을 받기 원한다. 하지만 실제적으로 자신의 것을 주께 드리지 않을 때는 기적을 경험하지 못한다. 왜냐하면 주님은 우리를 통해서 역사하시고, 우리가 주께 드리지 않은 것은 주님이 사용하실 수 없기 때문이다. 우리가 잘 아는 오병이어(五餠二魚)의 기적을 생각해보라(마 14:15-20). 예수께서 남자만 헤아려도 5천 명이나 모인 빈 들에서 병자를 치유하고 말씀을 전하셨다. 여자와 어린아이까지 합하면 대략 2만 명 정도 되었을 것이다. 날이 저물자 걱정이 된 제자들은 예수님께 그들을 마을로 보내어 먹을 음식을 구하도록 하는 것이 좋겠다고 했다. 그때 예수님이 제자들에게 말씀하셨다.

"갈 것 없다. 너희가 먹을 것을 주라."

당황한 제자들은 "우리가 가서 이백 데나리온의 떡을 사다 먹이리이까"(막 6:37)라고 답했다. 이에 예수님은 "가서 이 사람들에게 떡 몇 개가 있는지 알아보라" 하셨고, 마침내 제자 안드레가 어린아이가 가진 떡 다섯 개와 물고기 두 마리를 찾아내었다.

"그것을 내게 가져오라."

예수님은 그 오병이어를 축사(祝謝)하셨고, 그것들을 제자들에게 주시고 무리에게 나눠주라고 하셨다. 제자들은 그것을 사람들에게 나누어줄 때 놀라운 기적을 경험했다. 2만 명을 배불리 먹이고도 떡과 물고기가 줄어들지 않았을 뿐만 아니라 남은 것이 열두 바구니에 가득 찼기 때문이다.

이 상황과 주(主)의 말씀을 잘 파악하면 놀라운 비밀을 깨달을 수 있다. 주님은 지금도 우리와 함께 동역하심으로 주의 뜻을 이루기를 원하신다. 우리의 삶에는, 해내야 하지만 우리의 능력으로는 도저히 감당할 수 없는 일들이 수도 없이 일어난다. 그럴 때 우리는 자신의 소유, 능력, 지혜로 판단하기 때문에 절망하거나 포기한다. 제자들이 2만 명의 사람들을 먹일 음식을 생각하자 기가 막히고 절망한 것과 같이 말이다. 바로 이런 마음의 태도를 갖지 않는 것이 내려놓음이다. 왜냐하면 기적을 일으키는 것은 우리의 일이 아니라 주님의 일이기 때문이다.

그러나 내려놓음만으로는 기적을 경험할 수 없다. 자신의 마음을 내려놓는 것과 더불어서 그 일을 위해 자신이 가지고 있는 것을(부족하든 적든 개의치 않고) 주님이 사용하실 수 있도록 주께 드려야 한다. 주님은 우리가 드린 것만을 통해서 기적을 베푸신다. 어린아이가 자신이 가진 오병이어를 주께 드리지 않았다면, 주께서 어떻게 기적을 일으키실 수 있었겠는가? 이와 마찬가지로 모든 일에 있어서 세상의 것을 주께 내어드릴 때 주님은 그것을 축사하신다. 즉, 주님의 것을 주께 내어드릴 때 비로소 주님은 그것들을 사용하신다.

킹덤 빌더는 자신의 것을 주께 바침으로써 그에 상응하는 대가로 축복받는다는 식의 기복신앙적 사고방식을 버려야 한다. 주님이 축사하시고 그것을 통하여 기적을 이루실 수 있도록 자신을 내려놓고 어떤 일을 이루기 위해서 필요한 것을(일이든, 마음이든, 물질이든 자신의 것을 혹은 구할 수 있는 것을) 주께 드리는 것이다. 하나님나라는 겨자씨 한 알같다고 말씀하셨다. 눈에 보이지 않을 정도의 작은 씨라도 드려야 주님이 큰 나무로 만드실 수 있다는 것을 기억해야 한다(마 13:31,32).

흔히 우리는 주께 드릴 것이 별로 없다고 생각한다. 왜냐하면 남이 갖지 않거나, 남보다 뛰어나거나, 세상에서 희귀한 그 무엇을 드려야 한다고 생각하기 때문이다. 그렇게 생각하는 것은 드린다는 의미를 주께 귀한 것을 가져다 바친다는 개념으로 생각하기 때문이다. 그러나 주께 드릴 수 있는 것은 우리 생각보다 훨씬 많고 특별해야 하는 것도 아니다. 본래 주님은 주께서 만드신 무엇이라도 다 사용하실 수 있다. 중요한 것은 주께 드려진 것만을 사용하실 수 있다는 것이다.

우리가 주께 드릴 수 있는 것이 얼마나 많은지를 시간, 자기 자신, 재물의 관점에서 생각해보라. 당신이 가진 시간을 자신의 것으로 생각하지 말고 주님의 시간이라고 생각해보라. 주님의 놀라운 역사를 경험하지 못하는 것은 당신이 그 시간을 자신의 시간으로 사용하고 있기 때문이다. 무슨 일을 하더라도 그 시간을 주께 드리는 훈련을 하라. 시간의 오병이어의 기적을 경험하게 될 것이다. 당신 자신을 드려라. 당신의 건강, 태도, 성격, 지혜, 일 모두가 포함된다. 그리고 당신이 가진 재물을 주께 바치는 개념으로 생각하지 말고 주님이 사용하시기 위한 씨앗의 개념으로 드려보라. 가만히 생각해보면 드릴 것이 없는 것이 문제가 아니라 더 드리지 않는 것이 문제다.

율법·은혜·믿음의 관계를
깨달아라

9

율법의 저주에서 벗어나라

성경의 모든 말씀은 일점일획도 오류가 없는 절대적인 진리이다. 그러나 오늘날 그리스도인들의 가장 큰 문제점은 구약과 신약을 제대로 적용하지 못하고 있다는 것이다. 약의 용법을 제대로 알지 못하고 오용하면 독약이 되듯이, 하나님의 약속의 말씀을 제대로 적용하지 못하면 비참해지기도 한다.◆

　율법은 죄인들, 즉 영적 죽음 가운데 있는 자들이 지켜야 할 규례이다. 그러나 우리는 예수 그리스도를 믿음으로 말미암아 죄에 대해서 죽었고, 율법의 저주로부터 자유함을 얻었다. 우리가 구원을 받았다는 것은 죄 사함을 얻은 우리 안에 이제 하나님의 생명이 다시 임하셔서 우리가 죄인의 삶이 아니라 의인의 삶을 살게 되었기 때문에 율법시대 이전의 상태로 돌아갔다는 의미이기도 하다(갈 3:14). 그럼에도 불구하고 너무나 많은 그리스도인들이 여전히 율법적이고 인과응보적인 사고방식을 가지고 있다.

> 4 율법 안에서 의롭다 함을 얻으려 하는 너희는 그리스도에게서 끊어지고 은혜에서 떨어진 자로다 갈 5:4

◆　더 자세히 알고 싶다면 《알고 싶어요 하나님의 의》(두란노) pp.59-98을 참고하라.

그런데 이런 인과응보적인 사고방식을 새 언약에 적용하면 약을 오용하여 독약을 먹는 것과 같게 된다. 즉, 내가 죄 사함을 받고 구원을 받았으니 좀 더 나은 삶을 살아야 한다거나 하나님과 좀 더 좋은 관계를 갖고 더 많은 축복을 받는 삶을 누려야 한다고 생각하는 것이다.

'내가 그리스도인으로서 올바른 삶을 살면, 하나님이 나를 축복해 주실 거야.'

'거짓 없이 성실하게 살면 모든 일에 행복과 풍성함이 넘칠 거야.'

'내가 열심히 교회생활, 신앙생활 잘하면 모든 것이 다 잘될 거야.'

이런 생각들이 많은 성도들의 마음속에 자리 잡고 있다. 하지만 우리가 죄를 짓지 않고 올바른 일을 행한다 하더라도, 우리가 추구하고 원하는 것을 얻지 못하는 일은 얼마든지 일어날 수 있다. 그럴 때 신앙이 흔들리고, 하나님에 대한 신뢰가 사라지며, 방황하게 된다. 우리 주위에 이런 모습으로 살아가는 신앙인들이 얼마나 많은가?

율법(더 정확히 말해서 유대인이 믿는 유대법)은 "우리의 행위로 말씀을 지킬 때 의롭다 함을 얻을 수 있다"고 하지만, 복음은 "주께서 행하신 일을 듣고 믿으라"고 한다. 복음의 모든 약속은 오직 '은혜'이기 때문에 나의 노력과 행위와는 아무런 상관이 없다는 것을 알아야 한다. 다른 말로, 우리의 기도로 약속의 말씀이 이 땅에 이루어지는 것은 사실 그 일을 이루기 위한 나의 노력이나 행위와 아무런 인과관계가 없다는 것이다.

그렇다고 해서 어떤 일이 이 땅에 이루어지는 것이 아무런 인과관계도 없이 일어난다는 것은 아니다. 즉, 우리가 기도하고 구하는 것이 이 땅에 이루어질 수 있는 것은 예수께서 그 일을 이루시기 위해 이미 행하신 일로 인한 결과로 일어나는 것이지, 우리가 행한 일의 결과로 일어나는 것이 아니다. 우리는 이 진리를 분명하게 깨달아야 한다.

> 6 우리는 다 양 같아서 그릇 행하여 각기 제 길로 갔거늘 여호와께서는 우리 모두의 죄악을 그에게 담당시키셨도다 사 53:6

이 땅에 주(主)의 뜻을 이루기 위해서는 먼저 구약에서처럼 율법을 지키고 행함으로 축복받는다는 행위보상적인 사고방식에서 벗어나야 한다. 우리가 믿어야 할 것은 오직 주께서 행하신다는 사실이다.

> 1 어리석도다 갈라디아 사람들아 예수 그리스도께서 십자가에 못 박히신 것이 너희 눈 앞에 밝히 보이거늘 누가 너희를 꾀더냐 2 내가 너희에게서 다만 이것을 알려 하노니 너희가 성령을 받은 것이 율법의 행위로냐 혹은 듣고 믿음으로냐 3 너희가 이같이 어리석으냐 성령으로 시작하였다가 이제는 육체로 마치겠느냐 4 너희가 이같이 많은 괴로움을 헛되이 받았느냐 과연 헛되냐 5 너희에게 성령을 주시고 너희 가운데서 능력을 행하시는 이의 일이 율법의 행위에서냐 혹은 듣고 믿음에서냐 갈 3:1-5

이것이 바로 복음이고 우리가 누려야 할 자유다.

> 6 이 복음이 이미 너희에게 이르매 너희가 듣고 참으로 하나님의 은혜를 깨달

은 날부터 너희 중에서와 같이 또한 온 천하에서도 열매를 맺어 자라는도다
골 1:6

4 율법 안에서 의롭다 함을 얻으려 하는 너희는 그리스도에게서 끊어지고
은혜에서 떨어진 자로다 갈 5:4

우리는 율법을 통해서 우리가 전적으로 타락하고 완전히 부패한 인간이라는 것을 배우기보다는, 우리가 율법을 지킴으로써 죄를 짓지 않는 거룩한 자로 하나님 앞으로 나아가 그분의 축복을 얻어낼 수 있다고 오랫동안 배워왔다. 이율배반적이지만 그와 동시에 우리는 율법을 온전히 지키지 못했기 때문에 늘 죄의식에 시달리며 살아왔다.

그러나 예수 그리스도 안에 있는 하나님의 자녀들은 예수 그리스도께서 십자가에 못 박히시고 이미 이루신 약속의 말씀을 받아들여야 한다. 하나님께서 우리에게 원하시는 것은 우리가 그분과의 친밀한 관계를 회복하고 그분의 뜻을 이 땅에 나타냄으로써 그분을 영화롭게 하는 것이다.

5 그 기쁘신 뜻대로 우리를 예정하사 예수 그리스도로 말미암아 자기의 아들들이 되게 하셨으니 6 이는 그가 사랑하시는 자 안에서 우리에게 거저 주시는 바 그의 은혜의 영광을 찬송하게 하려는 것이라 엡 1:5,6

자신이 어떤 문제를 해결받기 위해서는 어떠한 대가를 지불해야 한다

고 하는 마음을 버려라. 그것은 우리의 교만일 뿐이다. 우리가 기도하는 내용과 우리의 의(義) 사이의 인과관계를 끊어라. 기도 응답과 우리의 수고 사이에는 아무런 상관관계가 없다. 왜냐하면 그 일을 이루시는 분은 예수님이시지 우리가 아니기 때문이다. 예수님이 그 일을 하실 수 있을 뿐만 아니라 행하신다는 것을 굳게 믿어라. 내 일이 아니라 하나님의 뜻을 이루는 일은 오직 예수님과 인과관계가 있다는 것을 확신하라.

예수께서는 우리에게 "오늘 있다가 내일 아궁이에 던져지는 들풀도 하나님이 이렇게 입히시거든 하물며 너희일까보냐 믿음이 작은 자들아"(마 6:30)라고 말씀하셨다. 그리고 우리에게 이렇게 물으신다.

"네가 믿느냐?"

이미 주어진 은혜를 깨달아라

신약의 새 언약에는 은혜의 법칙이 적용되지, 결코 인과의 법칙이 적용되는 것이 아니다. 구원받은 우리는 이 세상의 인과법칙에 묶여 있는 시시한 존재가 아니다. 우리는 하늘나라에서 이루어진 것을 이 땅에 가져오는 존재이기 때문이다. 우리의 삶은 내 뜻이 아니라 하나님의 뜻을 이루는 삶이며, 하나님 안에 거하면서 오직 그분의 태생적인 사랑으로 만족하는 삶이다.

우리가 해야 할 일은 예수께서 친히 이루어 놓으신 법적 근거 위에서 그분의 뜻을 집행하는 것이다. 원인이 다 충족되었음(예수 그리스도께서 십자가에 못 박히심으로 다 이루셨음)을 믿고, 그 결과(하늘나라에서 약속의 말씀이 이미 이루어진 것)를 은혜로 받아 누리는 것이다. 다시 말해서 당신이 어떤 일을 믿음으로 구하고 응답을 얻었다면 그것은 당신이 그 응답을 얻어내기 위해서 무엇을 했기 때문이 아니라, 예수님이 당신을 위해서 죽으셨고 이미 다 이루셨기 때문이다.

주의 뜻을 이루는 삶을 살기 위해서는 하나님의 놀라운 은혜를 먼저 알아야 한다. 그런데도 많은 성도들이 하나님의 놀라운 은혜는 알지 못한 채 단지 자신들의 믿음으로 문제를 해결하고자 애쓰는 것을 볼 때 매우 가슴이 아프다. 하나님께서 이미 이루시고 자녀에게 무조건적으로 베푸신 은혜를 알지 못하면 우리는 참으로 어리석은 신앙생활을 할 수밖에 없다. 우리가 구원을 얻었을 때 이미 이루어진 것을 다시 생각해보라.◆ 그리고 다음 성경 구절을 천천히 읽어보라. 미래 시제인가, 아니면 현재 완료 시제인가?

> 3 찬송하리로다 하나님 곧 우리 주 예수 그리스도의 아버지께서 그리스도 안에서 하늘에 속한 모든 신령한 복을 우리에게 주시되(··· who 'has blessed' us with every spiritual blessing in the heavenly realms) 엡 1:3

> 3 그의 신기한 능력으로 생명과 경건에 속한 모든 것을 우리에게 주셨으

◆　더 자세한 내용은 이 책 pp.240-245를 참고하라.

니(By his divine power, God 'has given' us everything we need for living a godly life) 이는 자기의 영광과 덕으로써 우리를 부르신 이를 앎으로 말미암음이라 벧후 1:3

6 이는 그가 사랑하시는 자 안에서 우리에게 거저 주시는 바 그의 은혜의 영광을 찬송하게 하려는 것이라(… for the glorious grace he 'has poured out' on us …) 엡 1:6

이처럼 하나님께서는 우리로 하여금 주의 자녀로 사는 데 필요한 모든 은사를 이미 은혜로 주셨다. 더욱이 상상 이상으로 놀라운 것은 우리로 하여금 이 땅에 주의 뜻을 이룰 수 있는 권세와 능력까지도 이미 은혜로 주셨다는 사실이다. 할렐루야! 이 진리는 우리가 지혜와 계시의 영을 통하여 하나님의 지식이 자라날 때 알게 된다.

17 우리 주 예수 그리스도의 하나님, 영광의 아버지께서 '지혜와 계시의 영을 너희에게 주사 하나님을 알게 하시고'(… to give you spiritual wisdom and insight so that you might grow in your knowledge of God) 엡 1:17

"지혜와 계시의 영을 너희에게 주사 하나님을 알게 하시고"라는 말씀은 성령 안에서 하나님에 대한 우리의 지식이 아닌 '하나님의 지식'(in your knowledge of God)이 자라게 된다는 것이다. 진리만이 우리를 자유케 할 뿐, 진리에 대한 우리의 생각과 감정은 결코 우리를 자유케 하지 못한다. 하나님의 지식은 영적인 지식이며, 그것은 결코 우리의 혼적인 지식으로는 알 수 없다.

그 결과 우리는 다음 세 가지를 알게 된다.

> 18 너희 마음의 눈을 밝히사 그의 부르심의 소망이 무엇이며 성도 안에서 그 기업의 영광의 풍성함이 무엇이며(I pray that your hearts will be flooded with light) 엡 1:18

성령님은 우리 마음(이해하고 생각하고 느끼고 원하는 기능으로서의 마음)의 눈을 밝히셔서, 첫째, 부르신 자들에게 약속한(과거 시제) 놀라운 미래(the wonderful future he 'has promised' to those he called)를 알게 하신다. 둘째, 성도들에게 주어진(과거 시제) 풍성하고 영광스러운 유업(a rich and glorious inheritance he 'has given' to his people)을 알게 하신다.

> 19 그의 힘의 위력으로 역사하심을 따라 '믿는 우리에게 베푸신 능력'의 지극히 크심이 어떠한 것을 너희로 '알게 하시기를' 구하노라 엡 1:19

셋째, 예수 그리스도를 믿는 자들에게 베푸시는(현재 시제) 믿을 수 없을 만큼 큰 하나님의 능력(incredible greatness of his power for us who believe him)을 알게 하신다. 여기서 "앎"(알게 하시기를)은 이론적인 지식이 아니라 경험적인 지식으로서의 앎을 나타내는 단어(에이데나

이)로 표현되었다. 그리고 "믿는 우리에게 베푸신 능력"(19절)은 바로 예수 그리스도를 죽음으로부터 다시 살리신, 그 신적 생명의 충만한 능력을 말한다(20절). 참으로 놀랍지 않은가?

> 20 그의 능력이 그리스도 안에서 역사하사 죽은 자들 가운데서 다시 살리시고 하늘에서 자기의 오른편에 앉히사('This is the same mighty power' that raised Christ from the dead and seated him in the place of honor at God's right hand in the heavenly realms) 21 모든 '통치와 권세와 능력과 주권'과 '이 세상뿐 아니라 오는 세상'에 일컫는 모든 이름 위에 뛰어나게 하시고 22 또 '만물'을 그의 발아래에 복종하게 하시고 그를 만물 위에 교회의 머리로 삼으셨느니라(God has put all things under the authority of Christ, and he gave him this authority for the benefit of the church) 엡 1:20-22

"통치, 권세, 능력, 주권"은 인간들이 맡은 세상의 직책들이 아니다. 영적 존재들인 천사들(악한 영들)이 맡은 직책을 나타낸다. 그리고 "이 세상뿐 아니라 오는 세상"은 재림 이전뿐만 아니라 재림 이후까지 아우르는 표현이다. "만물"은 삼위일체 하나님을 제외한 모든 피조물을 가리키며, 빌립보서 2장 10절에 나오는 "하늘에 있는 자들과 땅에 있는 자들과 땅 아래에 있는 자들"과 동일한 대상을 의미한다. 결국 하나님께서는 교회의 유익을 위하여 자신의 독생자 예수 그리스도께 땅 아래와 이 땅과 하늘에 있는 모든 존재에 대해서 현재적 하나님나라뿐 아니라 미래적 하나님나라에서 영원히 다스리는 권세를 주셨다.

> 23 교회는 그의 몸이니 만물 안에서 만물을 충만하게 하시는 이의 충만
> 함이니라(And the church is his body; it is filled by Christ, who fills
> everything everywhere with his presence) 엡 1:23

> 9 그 안에는 신성의 모든 충만이 육체로 거하시고 10 너희도 그 안에서 충
> 만하여졌으니 그는 모든 통치자와 권세의 머리시라(For in Christ lives
> all the fullness of God in a human body. So you also are complete
> through your union with Christ, who is the head over every ruler and
> authority) 골 2:9,10

예수님은 교회의 머리이시고 교회인 우리는 그리스도의 몸이다. 교회
는 그리스도를 머리로 모신 몸이기에, 또한 그리스도로 말미암아 충만
하게 되는 존재이다. 예수님은 만물을 그분의 발아래 복종시키시는 분
이기 때문에 만물은 교회인 성도들의 발아래 있다. 결국 우리 안에 계
신 그리스도로 말미암아 하나님의 자녀인 우리가 만물을 다시 다스려
야 한다는 것이다. 그 일을 위해 하나님께서는 예수 그리스도 안에서
우리의 죄와 저주의 모든 값을 지불하셨고, 은혜로 모든 권세와 능력
을 위임하셨다.

이미 우리 안에 하나님의 모든 은혜가 있다. 이는 하나님께서 우리에
게 타락으로 인한 모든 환난과 고난으로부터 해방시키는 은혜를 주셨

고, 하나님의 자녀로 온전한 삶을 살기 위해 필요한 모든 것을 은혜로 주셨으며, 또한 우리로 하여금 주의 뜻을 이루기 위한 권세와 능력도 은혜로 주셨다는 것이다. 우리가 기도하고 수고함으로써 하나님을 움직여 역사하시게 하는 것이 아니라, 먼저 하나님의 말할 수 없는 은혜로 말미암아 그리스도의 충만함이 우리 안에 함께한다는 사실을 알아야 한다. 이것을 알지 못하면 우리는 절대 온전한 믿음을 가질 수 없다.

> 6 이 복음이 이미 너희에게 이르매 너희가 듣고 참으로 하나님의 은혜를 깨달은 날부터 너희 중에서와 같이 또한 온 천하에서도 열매를 맺어 자라는도다 골 1:6

우리는 흔히 간증을 통해 "내가 이만큼 노력했더니 하나님이 축복해 주셔서 이렇게 되었다, 내가 자녀교육을 잘 시켰더니 내 자녀가 이렇게 훌륭하게 자랐다, 내가 성경에 나와 있는 이런 방식으로 했더니 이렇게 성공하게 되었다, 어떤 일이 일어났을 때 내가 이렇게 했기 때문에 그런 일이 일어났다"라고 하는 말을 많이 듣는다. 하지만 그것은 하나님의 은혜를 마치 자신의 노력에 근거한 인과적 관계에 의해 얻은 것처럼 잘못 표현하는 것이다. 물론 우리의 삶에는 인과법칙이 적용된다. 그것을 통해서도 뭔가를 얻을 수 있다. 그러나 그렇게 해서 얻는 것은 이 땅에서 우리 자신의 노력으로 얻은 더없이 하찮은 것에 불과하다. 하나님의 자녀는 그런 시시한 존재가 아니다. 우리는 하나님나라의 것을 이 땅에 가져오는 존재이다.

다시 한 번 강조하지만, 인과법칙이 없어졌다고 말하는 것이 아니다. 그것은 여전히 세상 속에 존재하며, 죄인에게 적용된다. 하지만 우리가 구원을 받았음에도 불구하고 생명의 성령의 법을 알지 못한다면, 과거의 그 법칙은 우리에게 여전히 적용된다. 그러나 법적으로 죽은 자에게는 세상적 인과법칙이 적용되지 않는다는 사실을 명심하라. 킹덤 빌더인 우리는 우리의 삶을 그런 인과법칙이 적용되는 삶이 아니라 새로운 은혜의 법칙이 적용되는 삶으로 전환시켜야 한다. 한마디로, 킹덤 빌더는 근본적으로 다른 법칙과 규범과 체계가 지배하는 하나님의 아들의 나라에서 사는 자이다.

축복을 소망하는 것 자체가 잘못된 것은 아니다. 그러나 축복받는 것이 삶의 목적이 되고 그것을 위해 자신의 삶을 던진다면, 그때부터 잘못된 삶을 살게 되는 것이다. 킹덤 빌더는 예수님이 지불하신 피 값 위에서 삶의 모든 부분에 은혜의 법칙을 적용해야 한다.

8 하나님이 능히 모든 은혜를 너희에게 넘치게 하시나니 이는 너희로 모든 일에 항상 모든 것이 넉넉하여 모든 착한 일을 넘치게 하게 하려 하심이라

고후 9:8

은혜를 누리기 위해 믿음을 가져라

하나님께서는 '그 날' 이후에 사는 모든 자녀들을 위해서 시간과 공간

과 물질을 초월하여 모든 것을 이미 공급하셨다(요 14:20). 이는 우리가 주의 자녀로 살기 위해서 필요한 모든 것과 앞으로 필요할 모든 것을 이미 공급하셨다는 뜻이다. 이것이 바로 도래한 하나님나라의 은혜이다.

그러나 모든 것이 이미 공급되었다고(은혜) 해서 자동적으로 우리가 누릴 수 있다는 것은 아니다. 왜냐하면 은혜와 믿음은 함께 가야 하기 때문이다. 생각해보라. 우리는 은혜에 의하여 믿음으로 말미암아 구원을 받았다(엡 2:8). 하지만 은혜만으로도, 믿음만으로도 구원을 얻지는 못한다. 만약 우리가 하나님의 은혜만 알고 믿음을 제대로 알지 못한다면 그 은혜를 이해할 수는 있어도 자신의 삶 가운데서 누리지는 못한다. 반면에 은혜는 알지 못하고 믿음만 필요하다고 생각한다면 우리는 최선을 다해 하나님의 마음을 움직이기 위해서 노력할 것이다.

우리가 믿음으로 기도하면 그때 하나님이 우리의 필요를 채우시는 것이 아니다. 하나님께서는 우리가 필요로 하기 전에 이미 모든 것을 은혜로 공급해주셨다. 그 공급을 이 땅에서, 우리의 삶 가운데 누리기 위해서는 믿음으로 기도해야 한다. 예를 들어 재정, 건강, 관계, 환경에 문제가 있을 때, 우리가 그 문제를 해결받기 위해서 하나님께 믿음으로 기도하는 것은 아니라는 말이다. 이미 우리 안에 계신 하나님께서 그 문제를 다 해결하셨기 때문에 그 실체를 누리기 위해서 믿음으로 기도하는 것이다. 우리가 하나님의 사랑스러운 자녀라는 것을 다시 한 번 생각해보라.

대부분의 그리스도인들이 하나님은 우리의 믿음에 반응하시며, 우리의 믿음은 우리의 행위(의지적이고 간절한 헌신)에 기초한다고 생각한다. 하지만 그것은 믿음에 대한 올바른 이해가 아니다. 우리의 기도와 행위로 하나님을 움직일 수 있다고 생각하지 말라.

물론 신앙생활에서 가장 중요한 것은 우리의 믿음이다. 그러나 참된 믿음은 우리가 하나님을 움직이려고 하는 것이 아니다. 하나님을 움직이겠다는 우리의 믿음에 하나님께서는 반응하시지 않는다. 이것이 우리의 간절한 기도에도 불구하고 하나님께서 묵묵부답하시는 이유이기도 하다. 왜냐하면 그런 관계성의 주체는 하나님이 아니라 우리 자신이기 때문이다. 흔히 우리는 더 오래 기도하면, 더 간절히 매달리면, 더 많이 무릎 꿇으면 하나님께서 감동을 받으셔서 마침내 그분의 보좌로부터 움직이기 시작하실 것이라고 생각한다. 그렇다면 누가 주체인가? 하나님을 움직이는 우리가 주인이라는 말인가? 그것이 얼마나 인간 중심적인 생각인가? 피조물인 우리가 도대체 누구이기에, 천지만물을 창조하신 분이 하루에 열두 번도 더 변하는 우리 마음의 믿음에 따라 반응하셔야 한다고 주장하는가?

올바른 믿음은 올바른 은혜를 아는 자만이 가질 수 있다. 진정한 믿음의 기초는 하나님이 이미 은혜로 공급하신 것을 아는 것이다. 하나님께서는 내 믿음과 기도를 통해 일하고 움직이시는 것이 아니라, 예수 그리스도의 죽으심을 통하여 이미 모든 것을 이루셨다. 그러므로 우리의 믿음에 하나님이 반응하셔야 하는 것이 아니라 하나님이 베푸신 은혜에 우리의 믿음이 반응해야 한다. 믿음이란 하나님께서 이미 은혜로 공급하신 것을 신뢰하고 온전히 누리고자 하는 자녀의 가장 자연스러운 반응이다.

다시 한 번 우리의 생각을 떠올려보라. '과연 하나님께서 응답하실까?', '하나님께서 이렇게 하시기를 원하실까?', '어차피 모든 것은 하나님께 달려 있는데 이런다고 되나?' 등등. 만약에 우리가 종교적인 신자라면 이런 생각을 하게 되는 것이 당연하다. 그러나 당신이 진정한 하나님의 자녀라면서 그런 생각을 한다면 참으로 어리석은 일이다. 하나님은 이미 당신의 질문에 응답하셨고(요일 5:14,15), 행하셨고(엡 1:3 ; 벧전 2:24 ; 벧후 1:3 ; 빌 4:19), 우리에게 달려 있다고(막 11:24 ; 마 7:7,8) 말씀하셨기 때문이다.

> 14 그를 향하여 우리가 가진 바 담대함이 이것이니 그의 뜻대로 무엇을 구하면 들으심이라 15 우리가 무엇이든지 구하는 바를 들으시는 줄을 안즉 우리가 그에게 구한 그것을 얻은 줄을 또한 아느니라 요일 5:14,15

하나님은 이미 우리에게 응답하셨고 은혜를 베푸셨다. 하나님은 현재와 미래에 필요한 모든 것을 이미 은혜로 공급하셨다. 다른 말로, 하나님은 이미 우리를 위해 모든 것을 온전히 이루셨다. 오늘 하나님이 우리에게 베푸시는 사랑과 은혜는 예수 그리스도로 인하여 이미 우리에게 주어진 것이다. 따라서 우리가 이 사실을 제대로 알지 못하면 올바른 믿음을 가질 수 없다.

설령 우리가 죄를 지었다고 해도 우리를 향한 하나님의 사랑과 은혜는 털끝만큼의 차이도 없다. 단지 우리가 생각하는 우리 자신과 하나님의 관계에는 영향을 미치게 될 것이다. 그렇다고 해서 그것이 하나님이 우리를 정죄하거나 판단하는 근거가 되지는 않는다. 그러나 마귀는 바로 그 틈을 타고 들어와 우리를 속이고 참소하게 될 것이다. 만약 우리가 마귀의 거짓과 참소에 귀를 기울이면 우리는 죄의식을 갖게 되고, 그 결과 하나님에 의해서가 아니라 바로 자기 스스로에 의해서 하나님의 사랑과 은혜의 통로가 막히게 될 것이다. 회개함으로 주님 앞에 다시 서라.

믿음이란 하나님께서 이미 베푸신 은혜를 이 땅에 나타나도록 하는 거룩한 수단이다. 이 믿음을 통하여 아버지께서 이미 베풀어주신 은혜를 우리의 삶에 실제적으로 구현시키는 것은 자녀의 가장 자연스러운 반응이다. 하나님은 자녀인 우리의 믿음을 통해서 주의 뜻을 이루기를 원하신다. 그것도 정말이지 간절히 원하신다. 이것을 제대로 깨닫지 못하는 것은, 준 것도 찾아 먹지 못하는 것이며, 심각하게 표현하면 주님의 뜻을 훼방하는 것이나 마찬가지다.

우리는 이미 받은 것을 알기 때문에 믿음으로 기도하는 것이지, 주시지 않은 것을 받아내기 위해 믿음이 필요한 것이 아니다. 하나님이 이미 하신 일을 신뢰하고 누리고자 하는 믿음과 하나님이 일하시도록 내가 노력하는 믿음은 하늘과 땅 차이다.◆ 참된 믿음은 우리가 행해야 하는 노력이나 의지력과 관계 있는 것이 아니라, 오직 하나님이 행하신

◆   전자가 하나님 자녀의 믿음이라면 후자는 번영신학에 기초한 믿음 운동에서 주장하는 믿음일 것이다.

것을 신뢰하고 그 속에서 안식하는 것이다. 우리에게 필요한 것은 약속의 말씀에 대한 절대적인 신뢰이다. 하나님의 자녀라면 지금까지 믿음에 대해서 가졌던 잘못된 사고방식을 바꾸라.

어떤 문제 앞에서 '내가 이렇게 기도한다고 해서 될까?'라는 생각이 드는가? 그렇다면 이번 장을 다시 읽어라. 그리고 자신의 기도가 하나님의 뜻에 합당한지부터 분별하라. 또 "주님은 약속의 말씀대로 행하십니다"라고 외쳐라. 하나님께서 우리를 통해 이루시는 모든 것은 우리의 행위나 공로와 상관없이 예수께서 친히 우리를 위해 죽으신 대속(代贖)과 그것을 통해 이루신 일에 기초하고 있다. 그리고 그분이 지금 우리 안에 계시고 영원히 함께하신다. 그분이 이미 이루신 모든 은혜가 우리 안에 있기 때문에, 하나님이 약속하신 말씀이 성령을 통하여 우리의 삶에 풀어지도록 새로운 믿음을 가져라! 당신의 마음에 진리의 빛이 임하게 하라! 당신의 삶에 놀라운 변화가 있을 것이다!

하나님나라의 믿음인지
점검하라

CHAPTER

10

인본주의적 믿음을 버려라

의인은 오직 믿음으로 살아야 한다. 그러나 믿음이 어떻게 정의되고 어떻게 사용되느냐는 그야말로 성도 수만큼이나 다양하다. 기복신앙 또는 번영신앙의 근저에도 믿음이 핵심이다. 그 믿음의 핵심은 하나님은 전지전능하시고 우리에게 약속의 말씀을 주셨기 때문에 우리에게 믿음이 있으면 그 약속은 우리에게 반드시 이루어진다는 것이다. 우리가 이런 복음을 받아들이는 이상, 약속의 말씀이 이루어지지 않을 때 자신의 믿음이 부족하기 때문이라는 결론 역시 불가피한 것이다.

이러한 신앙관에는 진정한 복음과는 아무 상관이 없는 여러 가지 인본주의적 사고방식들이 내재되어 있다. 앞서 언급했지만, 첫 번째는 행위보상적인 사고방식이다. 약속을 이루기 위해서 믿음이라는 수단으로 대가를 지불했기 때문에 그에 따르는 보상을 받아야 한다는 생각이다. 두 번째는 공리주의적 사고방식이다. 우리가 신앙생활을 하는 것은 성공을 위해서 혹은 나에게 유익한 어떤 결과를 얻어내기 위해서라고 생각하는 것이다.

그러나 이것은 하나님나라의 복음과는 아무 상관없는 인간 중심적인 축복론일 뿐이다. 이러한 사고방식 아래에서 신앙생활을 할 때, 우리는 최선을 다해서 기도(하나님께 드리는 행위)를 하고, 그 결과(보상)를 확인하는 과정을 밟게 된다. 한 예로, 질병의 치유를 위해 우리는 이렇게 기도한다.

"주여! 주님의 말씀을 믿습니다. 내가 예수 그리스도의 이름으로 명하노니 이 더러운 질병아, 떠나갈지어다."

그런 뒤 자신의 질병에 차도가 있는지 확인하기 위해서 자신의 육신을 살펴보는 것이다. 그런데 아무런 차도가 없으면, '나에게는 믿음이 없구나' 혹은 '하나님은 나를 사랑하시지 않는구나'라는 생각에 사로잡히고 만다. 이런 믿음은 사실상 하나님으로부터 더 많은 것을 얻어내려고 하는 거래 행위에 불과하며, 하나님나라의 복음이나 자녀의 삶과는 전혀 무관한 형통을 추구하는 세상적인 사고방식일 뿐이다.

진정한 믿음은 자신의 성공과 유익을 위해서 지불한 대가만큼 보상을 얻어내고자 하는 행위적인 수고가 아니라, 성공과 실패 여부에 상관없이 주(主)의 뜻을 이루는 과정이다. 지금은 볼 수 없고 아직 나타나지 않았기 때문에 믿음이 필요한 것이다(히 11:3). 자녀의 믿음은 하나님의 영광 안에서 주의 말씀이 실체로 변화되는 통로이다. 이 진리를 깨닫지 못하면, 우리는 믿음에 대해서 단지 인간적인 생각을 가질 수밖에 없다. 즉, 주의 약속의 말씀을 믿었지만 그 말씀이 실제로 이루어지기보다는 그렇지 않은 것이 훨씬 더 많기 때문에, 믿음을 강조하는 것이 잘못되었다고 결론짓거나, 오직 믿음으로 나아가는 자들은 자책감을 갖게 되는 것이다. 많은 사람들이 이런 사고방식을 가지게 되는 이유는 이 땅의 인본주의적인 믿음과 하나님나라의 진정한 믿음의 차이를 잘 모르기 때문이다.

하나님나라의 믿음을 제대로 이해하기 위해서는 다음 세 가지 관점의 차이를 새롭게 깨달아야 한다. 바로 종교적 신자의 관점과 자녀의 관점, 하늘나라의 관점과 이 세상의 관점 그리고 법적인 관점과 현실적인 관점의 차이다.

종교적 신자의 관점 vs 자녀의 관점

먼저 두 가지 측면에서 생각해볼 수 있다. 첫 번째는 우리가 여전히 자신이 주체가 되어 하나님으로부터 무언가를 받아내려고 하는 마음을 가진 종교적 신자인가, 아니면 내 안에 계시는 예수 그리스도를 통하여 하나님의 영광과 뜻을 이루어가고자 하는 자녀인가의 측면이다.

우리는 예수 그리스도 안에서 하나님의 자녀이다. 우리는 예수 그리스도를 통하여 하나님 아버지를 알아야 하고, 하늘 아버지의 뜻을 이루는 삶을 살아야 한다. 그런데 종교적 신자는 하나님이라는 신을 섬긴다. 그리고 그 신을 기쁘시게 하고 노여워하지 않게 함으로써 자신을 위한 복과 형통을 구하는 삶을 살고자 한다.

하나님은 우리를 사랑하신다. 우리의 모든 문제를 알고 계신다. 그리고 우리의 고통과 슬픔, 질병과 환난을 없애주기를 원하신다. 그러나 그렇다고 해서 그분이 단지 우리의 문제를 해결해주기 위해 존재하시는 분은 아니다. 그런데 하나님에 대해서 그런 식으로 생각하는 이들이 많다. 어려움이 있을 때는 그분을 필요로 하지만, 살 만하면 그분과 교제하기는커녕 그분의 존재마저 잊어버리는 일이 너무나 자주 일어난다. 하나님 아버지는 지금도 자신의 문제 해결만을 위해서 이따금 하나님을 방문하는 신자가 아니라 그분의 품으로 돌아오고자 하는 자녀들(즉, 하나님 아버지의 생명에 자신의 마음을 일치시킴으로써 의롭게 되는 자들)을 찾고 계시고, 바로 그들을 통해서 주의 뜻을 이루고자 하신다.

두 번째는 주의 뜻을 이루는 자녀의 삶이 아니라 신께 드린 제물에 대한 대가로 무언가 보상을 받아내려는 마음을 가지고 있지는 않은가 하는 측면이다. 이런 마음을 가진 신자는, 'give and take'의 사고방식을 가지고 있다. 많은 사람들이 "믿은 대로 될지어다"라는 말씀을 "내가 믿기만 하면 하나님 아버지께서 해주신다"라는 뜻으로 이해한다. 그러나 이 또한 믿으면 그 믿은 대가로 하나님께서 기적을(하나님나라가 도래했다는 증거가 아니라 내가 원하는 것을) 주신다는 사고방식인 것이다.

이것이 바로 구약적이고 율법적인 행위보상적 신앙생활이다. 내가 하나님께서 말씀하신 약속의 말씀을 지키고 믿었으니(대가를 지불했으니), 나는 그것에 대한 보상을 받을 자격이 있다는 것이다. 만약 대가로 무언가가 주어지지 않으면 내가 지불한 것이 부족하기 때문이라고 생각한다. 이것이 대부분의 사람들이 "믿은 대로 될지어다"라는 말씀을 이해하는 방식이다.

그러나 "믿은 대로 될지어다"라는 성경 말씀은 결코 세상적 사고방식에 젖은 신자가 삶에 적용할 수 있는 말이 아니다. 예수 그리스도의 대속에 연합하여 지금까지 살아온 삶의 방식을 포기하고 주(主)의 뜻을 나타내고자 하는 자녀에게 적용되는 말씀이다. 내가 주의 말씀을 믿고 행위적으로 드리는 만큼 주께서 무엇을 해주셔야 한다는 거래적 관계의 삶 대신, 예수 그리스도 안에서 이미 하늘에서 이루어진 주의 말씀을 이 땅에 실체로 나타내기 위한 소명적(대리적, delegated) 관계의 삶을 사는 자에게 믿은 대로 모든 것이 이루어지는 것이다.

하나님의 자녀는 주님을 바라보는 존재가 아니라, 그분 안에서 그분과 같은 방향을 보는 존재가 되어야 한다. 주는 만큼 받는 존재가 아니라 내 안에 계신 그분의 믿음으로(갈 2:20 ; 딤후 3:15) 뜻이 하늘에서 이루어진 것같이 이 땅에 이루어지도록 하는 존재가 되는 것이다.

믿음은 주님으로부터 무언가 받아내게 하는 증서가 아니다. 믿음을 증서라고 생각하는 사람은 주께서 주시지 않을 때 그 증서를 가짜라고 생각할 수밖에 없다. 하지만 믿음을 주 안에서 주의 뜻을 이루는 수단으로 삼는 사람에게는 아직 이루어지지 않은 현실조차 더 큰 믿음이 생기는 원인이 된다.

의인의 믿음은 자신의 생각, 감정, 의지를 성령 안에서 주의 말씀에 일치시켜 나아가는 과정이다. 따라서 그것은 결코 한 번 기도하고 확인하고 실망하는 식으로 이루어지는 것이 아니다. 우리는 믿는 만큼 더 받아낼 수 있다는 관점이 아니라 믿은 만큼 하나님께서 더 역사하실 수 있다는 관점에서 모든 것을 바라보아야 한다.

하늘나라의 관점 vs 이 세상의 관점

아직 아무 일도 일어나지 않았는데도 불구하고, 나는 "예수 그리스도의 이름으로 나왔음을 선포하노라"라는 기도를 한다. 대부분의 사람들은 내가 이렇게 기도하는 것을 들을 때 비논리적이고, 비합리적, 비이성적이라고 생각하며, 더 나아가서 속인다고까지 한다.

그러나 생각해보라.

> 24 그러므로 내가 너희에게 말하노니 무엇이든지 기도하고 구하는 것은 '받은 줄로' 믿으라 그리하면 너희에게 그대로 되리라 막 11:24

> 24 친히 나무에 달려 그 몸으로 우리 죄를 담당하셨으니 이는 우리로 죄에 대하여 죽고 의에 대하여 살게 하려 하심이라 그가 채찍에 맞음으로 너희는 '나음을 얻었나니' 벧전 2:24

두 말씀의 시제가 현재인가, 과거인가? 또 "받은 줄로"와 "나음을 얻었나니"는 지금 현실에 나타난 것을 말하는 것인가, 아니면 하늘나라에서 이루어진 것을 말하는가?

> 10 나라가 임하시오며 뜻이 하늘에서 이루어진 것같이 땅에서도 이루어지이다 마 6:10

예수께서 친히 이루시고 우리에게 주신 약속의 말씀은(영적 세계에서 이미 이루어진 주의 뜻이) 하나님의 통치가 임하심으로 말미암아 마침내 이 땅에서도 그 말씀대로 이루어진다는 것을 의미한다.

우리는 누구인가? 단지 이 땅에 사는 존재인가, 아니면 이 땅에 도래한 하나님나라에서 사는 존재인가? 우리가 그리스도 안에 있는 새로운 피조물이며 하나님의 자녀라면, 이 땅의 말을 해야 하는가, 아니면 하나님나라의 말을 해야 하는가? 우리가 선포하고 기도하는 것은 예수께서 십자가를 지심으로 이미 이루신 것을 이 땅에 나타내기 위한 것이다. 하늘나라에서 이미 이루어진 것을 믿지 않고 어떻게 이 땅에 그 일이 이루어질 것이라고 생각할 수 있는가? 하늘나라에서 이미 이루어진 것을 믿는다면 하나님께서 이루신 것을 그대로 말하지 않고 어떻게 이 땅에 그 말씀의 실체가 나타날 수 있다고 생각하는가?

종교적 신자는 세상의 말을 하지만, 하나님의 자녀는 이 땅에 도래한 하나님나라에서 그 나라의 말을 그대로 할 줄 알아야 한다. 그렇기 때문에 세상 사람들로부터 오는 오해나 비난도 감수해야 한다. 그 날(하나님나라의 도래) 이후에 대한 성경의 약속은 이제 "믿으면 된다"가 아니라, "믿은 대로 된다"이다. '믿으면'이란 말은 미래에 대한 기대를 의미할 뿐이다. 인간의 기대가 주의 뜻을 이루는 것이 아니라, 하나님의 말씀처럼 하나님이 보시는 대로 보는 참된 믿음과 그에 따른 선포가 기적을 일으킨다. 그것은 약속의 말씀대로 이미 이루어진 것을 보고 그대로 말하고 행동하는 믿음이다. 이런 믿음에 기초한 의인의 간구는 역사하는 힘이 크다(약 5:16).

17 복음에는 하나님의 의가 나타나서 믿음으로 믿음에 이르게 하나니 기록된 바 오직 의인은 믿음으로 말미암아 살리라 함과 같으니라 롬 1:17

법적인 관점 vs 현실적인 관점

예수께서 우리 안에 계시는 그 순간부터 우리에게 적용되는 새로운 법과 그분이 이루신 모든 역사를 현실에서 실제로 누리는 것의 차이에 대해서 생각해보자.

먼저 예수께서 십자가를 지시고 이루신 구원의 역사는 치유, 해방, 형통, 온전함, 권세와 능력의 회복 모두를 포함한다. 우리는 이 사실을 알아야 한다. 다른 말로, 우리는 죄, 저주, 사망, 질병, 마귀의 세력 등으로부터 총체적으로 자유함을 얻게 된 것이다. 또한 그분이 이제 우리 안에 계심으로 인해 우리는 그에 따르는 모든 혜택을 누리게 되었다.

그러나 지금 우리가 이 땅에서 주님이 약속하신 모든 것을 실제적으로 다 누리지 못하고 있는 것 또한 부정할 수 없는 사실이다. 그렇기 때문에 우리는 이미 이루어진 것과 (그럼에도 불구하고) 아직 다 누리지 못하는 현실에 대해서 정확히 알아야 한다. 다른 말로, 구원의 법적 구속력과 그 법의 적용에 따른 현실은 다르다는 것이다.

죄로부터의 구원

"하나님이 죄를 알지도 못하신 이를 우리를 대신하여 죄로 삼으신 것은 우리로 하여금 그 안에서 하나님의 의가 되게 하려 하심이라"(고후 5:21).

율법의 저주로부터의 구원

"그리스도께서 우리를 위하여 저주를 받은 바 되사 율법의 저주에서 우리를 속량하셨으니 기록된 바 나무에 달린 자마다 저주 아래에 있는 자라 하였음이라"(갈 3:13).

마귀의 세력으로부터의 구원

"통치자들과 권세들을 무력화하여 드러내어 구경거리로 삼으시고 십자가로 그들을 이기셨느니라(In this way, he disarmed the spiritual rulers and authorities. He shamed them publically by his victory over them on the cross)"(골 2:15).

질병으로부터의 구원

"친히 나무에 달려 그 몸으로 우리 죄를 담당하셨으니 이는 우리로 죄에 대하여 죽고 의에 대하여 살게 하려 하심이라 그가 채찍에 맞음으로 너희는 나음을 얻었나니"(벧전 2:24).

죽음으로부터의 구원

"죄의 삯은 사망이요 하나님의 은사는 그리스도 예수 우리 주 안에 있는 영생이니라"(롬 6:23).

가난으로부터의 구원

"우리 주 예수 그리스도의 은혜를 너희가 알거니와 부요하신 이로서 너희를 위하여 가난하게 되심은 그의 가난함으로 말미암아 너희를 부요하게 하려 하심이라"(고후 8:9).

예를 들어보자. 만약 당신이 집을 사기 위해 상대방에게 돈을 지불하고 서명한 계약서를 가지고 있다고 생각해보라. 계약서를 손에 쥐는 순간부터 법적으로 그 집은 이미 당신의 소유가 되었지만, 당신이 실제로 그 집에 들어가서 살게 되는 것은 또 다른 일이다. 이와 마찬가지로 예수께서 우리 안에 오심으로써 구원의 모든 약속은 이미 이루어졌지만, 그 약속이 우리의 현실에서 실체로 나타나는 것은 또 다른 일인 것이다. 약속의 말씀이 현실에 나타나도록 하기 위해서 필요한 것이 바로 우리의 믿음이다.

예수 그리스도께서 우리의 심령에 오심으로 인하여 우리의 영은 구원받았다. 그러나 우리의 육체는 여전히 세상에 묶여 있기 때문에, 우리는 날마다 주의 영의 인도함을 받아 우리 육체의 삶을 새롭게 해야 한다(롬 8:13). 앞서 언급한 예로 돌아가보자. 만약 당신이 구입한 집에 다른 사람이 살고 있다고 가정해보자. 그렇다면 당신이 그 집에서 살기 위해 계약서를 가지고 이미 살고 있는 사람에게 가서, "이 집은 내 집이 될 것입니다. 나가주세요"라고 말하겠는가, 아니면 "이 집은 이미 내 집입니다. 나가주세요"라고 말하겠는가? 혹 당신이 전자처럼 이야기한다면, 지금 살고 있는 사람은 "그렇다면 당신 집이 되었을 때 다시 오세요"라고 말하지 않겠는가? 현실적으로는 남의 집처럼 보일지라도 (왜냐하면 아직까지 다른 사람이 살고 있기 때문에) 법적으로 그 집은 이미 내 집이다. 하나님나라에서 사는 하나님의 자녀는 이처럼 그 나라의 법에 기초해서 생각하고 말해야지 이 세상에서 눈에 보이는 현실에 기초해서 생각하고 말해서는 안 된다.

이 믿음을 가진 의인 엘리야의 간구를 살펴보자(약 5:16-18).

1 많은 날이 지나고 제삼년에 여호와의 말씀이 엘리야에게 임하여 이르시되 너는 가서 아합에게 보이라 내가 비를 지면에 내리리라 2 엘리야가 아합에게 보이려고 가니 그때에 사마리아에 기근이 심하였더라 왕상 18:1,2

41 엘리야가 아합에게 이르되 올라가서 먹고 마시소서 큰 비 소리가 있나이다(for I hear a mighty rainstorm coming!) 42 아합이 먹고 마시러 올라가니라 엘리야가 갈멜 산 꼭대기로 올라가서 땅에 꿇어 엎드려 그의 얼굴을 무릎 사이에 넣고 (기도하였다, 저자 첨가) 43 그의 사환에게 이르되 올라가 바다 쪽을 바라보라 그가 올라가 바라보고 말하되 아무것도 없나이다 이르되 일곱 번까지 다시 가라 44 일곱 번째 이르러서는 그가 말하되 바다에서 사람의 손만 한 작은 구름이 일어나나이다 이르되 올라가 아합에게 말하기를 비에 막히지 아니하도록 마차를 갖추고 내려가소서 하라 하니라 45 조금 후에 구름과 바람이 일어나서 하늘이 캄캄해지며 큰 비가 내리는지라 아합이 마차를 타고 이스르엘로 가니 왕상 18:41-45

엘리야는 주(主)의 뜻을 이루기 위해서 기도했지, 비를 내리기 위해서 기도하지 않았다. 다른 말로, '하나님의 약속이 주어졌고 내가 믿고 기도했으니 비가 와야 하지 않는가?'라는 거래적 방식으로 기도하지 않았다. 그는 아직 기도하지 않았고 비를 본 적도 없지만, 아합에게 "큰 비 소리가 있나이다"라고 말했다. 이는 하나님나라의 자녀가 아닌 사람(하나님을 자신의 이성으로만 아는 사람)은 이해할 수 없다.

엘리야는 자신의 마음이 하나님의 마음에 일치됨으로써 하나님의 말씀에 따른 역사가 이루어지도록 기도했다. 그것도 한 번이 아니라, 계속해서 일곱 번이나 기도했다. 한 번 기도했음에도 불구하고 이전과 동일한 자기 육신의 고통이 느껴질 때(아무것도 변한 것이 없을 때) 실망하는 우리와 비교해보라. 자신이 주체가 되어 내가 믿었으니 그 대가로 무언가를 바라고 확인하는 것과는 차원이 다르다. 왜 계속 기도하는가? 내 마음을 주의 마음에 일치시킴으로써 주의 권능이 나타나도록 하기 위해서이다.

의인(하나님 자녀)의 믿음은 주(主)의 약속의 말씀에 따라 주의 뜻을 이루어가는 과정이다. 이는 자신의 생각, 감정, 의지를 하나님의 말씀에 일치시켜가는 것으로, 그 결과 하나님의 영광이 어떤 일에 임하심으로써 말씀의 실체가 이루어진 것을 체험하는 것이다. 엘리야는 바다에서 손바닥만 한 작은 구름이 일어나고 있다는 말을 전해 들었을 때, 더 이상 기도하지 않았다. 왜냐하면 "뜻이 하늘에서 이루어진 것같이 땅에서 이루어진" 것을 보았기 때문이다. 보이지 않는 주의 말씀이 보이는 세계에 나타난 것을 보았기 때문이다.

현실적으로 볼 때, 우리가 믿음으로 기도했지만 기적이 일어나는 것보다 일어나지 않는 경우가 훨씬 많다. 그것이 엄연한 사실이다. 그렇기 때문에 우리는 역사하는 힘이 큰 '의인의 믿음'으로 드리는 기도를 배우고자 하는 것이다. 믿음으로 기도했는데도 아무 일도 일어나지 않았다고 해서 우리에게 믿음이 없거나 하나님이 우리를 버리신 것이 아니다. 그럴 때 우리는 더욱더 주님 안에 온전히 거하는 법을 배워야 하는 것이다.

믿으면 된다고 했는데 아무 일도 일어나지 않았으니 믿음으로 기도하는 것을 포기하는 것이 하나님의 뜻이고 다른 방법을 취해야 한다는 논리에 굴복해서는 안 된다. 우리는 그 믿음의 과정을 통해 하나님의 뜻을 분별하고, 우리의 믿음을 방해하는 불신과 의심을 제거하며, 하나님과의 더 깊은 친밀함을 회복해야 한다.

> 5 너희는 믿음 안에 있는가 너희 자신을 시험하고 너희 자신을 확증하라 예수 그리스도께서 너희 안에 계신 줄을 너희가 스스로 알지 못하느냐 그렇지 않으면 너희는 버림 받은 자니라 고후 13:5

믿음이 현실에 미치는
영향을 이해하라

우리는 무엇을 믿고 기도하는가?

믿음 없이 살아갈 수 있는 사람은 없다. 우리는 매일, 아니 매 순간 믿음으로 기도하며 산다. 매 순간 보고 듣고 마음으로 생각하며 산다. 우리는 이 과정을 통하여 경험하고, 인식하고, 믿음을 가지게 된다. 결과적으로 매일 믿음생활을 하는 것이다. 따라서 무엇을 믿느냐에 차이가 있을 뿐이지 모든 사람은 보고 듣고 마음에 생각하는 것을 믿으며 살고 있다. 더 나아가 우리가 보고 듣고 마음으로 생각하고 믿는다는 것은, 그 믿는 것이 자연스럽게 자신이 원하는 대로 되기를 간절히 소망하며 살아가는 것이다. 그것이 바로 기도이다.

이렇듯 사실 모든 인간은 의식적으로 또는 무의식적으로 믿음과 기도생활을 하며 산다. 단지 '무엇을 믿으며, 무엇을 위해서 기도하는가'가 다를 뿐이다. 세상 사람들은 '자기 나라'와 '자기의'를 위해서 믿음과 기도생활을 한다. 예수께서는 우리에게도 믿음과 기도생활을 하라고 가르치셨다. 단, 우리가 눈으로 보고, 귀로 듣고, 마음으로 생각하는 대로 믿고 기도하지 말고, 하나님의 말씀을 듣고 믿고 기도하라고 하셨다.

> 17 복음에는 하나님의 의가 나타나서 믿음으로 믿음에 이르게 하나니 기록된 바 오직 의인은 믿음으로 말미암아 살리라 함과 같으니라 롬 1:17

> 17 그러므로 믿음은 들음에서 나며 들음은 그리스도의 말씀으로 말미암았

느니라 롬 10:17

예수께서 우리에게 가르쳐주신 것은, 지금까지 '자기 나라'와 '자기
의'를 위해서 믿음과 기도생활 해왔던 것을 바꾸어 '하나님의 나라'와
'하나님의 의'를 위해서 믿음과 기도생활을 하라고 말씀하신 것이다.

> 33 그런즉 너희는 먼저 그의 나라와 그의 의를 구하라 그리하면 이 모든 것
> 을 너희에게 더하시리라 마 6:33

결국 이방인과 그리스도인의 생활방식의 차이는, 세상(마귀의 권세)
에 속해서 자기 나라와 의를 위해 믿음과 기도생활을 하거나, 아니면
세상에서 벗어나서(하나님나라로 침노해서) 세상 것의 원본(原本)이 되는
하나님의 말씀을 믿고 '하나님의 나라'와 '하나님의 의'를 위해서 기도
한다는 것이다.

현실은 자신의 믿음대로 만들어진다

믿음은 하나님께서 태초에 인간을 창조하실 때부터 주신 근본 법칙이
다. "믿은 대로 될지어다"라는 이 법칙은 영원불변한 것으로 하나님을
믿는 자나 믿지 않는 자 모두에게 동일하게 적용된다. 본래 하나님께
서는 말씀으로 천지만물을 지으신 후, 우리 인간을 그분 자신의 형상

과 모양대로 창조하셔서 우리가 하나님의 생명과 영광 안에서 그분의 말씀을 드러내게 하심으로써 이 땅이 주(主)의 말씀대로 운행되도록 하셨다. 우리를 자녀 삼으시고, 우리의 마음을 주의 말씀으로 충만케 하셔서, 우리가 믿은 대로 이 땅이 통치되도록 하신 것이다.

그런데 죄로 인해 타락한 인간은 더 이상 하나님의 말씀대로 마음에 상상하고 느끼고 말하는 삶을 살 수 없게 되었다. 그 대신 마귀가 통치하는 이 세상 속에서 자신이 보고 듣고 마음에 생각되는 대로(마귀가 마음에 주는 생각대로) 그려보고 느끼고 말하며 그에 따라 행동하는 존재로 전락하고 말았다. 결국 마귀는 인간의 타락한 마음에 주의 말씀 대신 마귀 자신의 생각을 집어넣고 믿게 함으로써 하나님이 본래 만드신 완전하고 "보시기에 심히 좋았던" 이 피조 세계의 모든 것을 왜곡시키고 변질시키고 파괴하였다. 타락한 본성으로 인간 개개인의 삶을 망가뜨렸고, 사람들의 관계를 깨뜨렸으며, 모든 피조 세계를 저주와 죽음의 구렁텅이 속으로 몰아넣었다. 이것이 바로 이 세상의 현실이다.

타락한 인간은 자신의 오감(五感)으로 경험되어지는 현실과 상황에 의해 제한된 삶을 산다. 그는 현실과 상황에 대해서 자신이 보고 듣고 마음에 생각하는 대로 믿는다. 그래서 눈앞에 보이는 관계와 환경과 형편 때문에 자신의 삶은 이럴 수밖에 없다고 생각한다. 결국 자신이 경험한 현실에 꽁꽁 묶이게 되는 것이다. 그러나 이것은 마귀가 모든 타락한 인간으로 하여금 육적인 삶을 살도록 만드는 가장 놀라운 계략(속임)이다. 진실은 우리가 믿는 대로 우리 자신과 우리의 현실을 만들어가며 살고 있다는 것이다. 우리는 현실과 상황 때문에 특정한 방식으로 살 수밖에 없는 것이 아니라, 그 현실과 상황에 대해서 자신이 보고 듣고 마음으로 생각하는 대로(즉, 그렇게 믿은 대로) 삶을 만들어 간다. 동시에 스스로 만든 현실을 매 순간 경험하고 있는 것이다.

하나님께서는 독생자 예수 그리스도를 보내셔서 우리의 죄를 사하셨을 뿐만 아니라 우리를 다시 하나님 가족의 일원으로 받아들이셔서, 우리로 하여금 자녀의 삶을 살게 하셨다. 그리고 하나님은 우리와 이 땅을 그분께서 본래 지으신 모습대로 회복시키기를 원하신다. 어떻게 그 일이 가능한가? 그것은 바로 우리가 모든 피조 세계를 위한 창조의 원본(原本)인 말씀을 듣고 보고 마음에 그림으로써(믿은 대로) 그 말씀의 실체가 이 땅에 나타나도록 하는 것이다(될지어다).

그 일을 위해서 하나님은 은혜와 진리이신 예수 그리스도를 통해서 본래 하나님이 누구이시며, 하나님께서 말씀하신 것이 무엇이며, 다시 회복된 인간과 세상이 어떤 것인지를 직접 보여주셨다. 그리고 우리가 예수 그리스도 안에서 그분의 자녀가 되게 하기 위해서 우리 대신 예수 그리스도를 십자가에서 죽게 하셨고, 우리가 주의 말씀을 듣고 보고 생각하며 이 땅에 이룰 수 있도록 하기 위해서 보혜사 성령님을 우리에게 보내주셨다. 그 결과 우리는 예수 그리스도로 말미암아 육(肉)으로 난 자가 아닌 영(靈)으로 난 자가 되어, 더 이상 육의 생각을 따르는 것이 아니라 영의 생각으로 살 수 있게 하셨다(롬 8:4-8).

이 말은 우리가 더 이상 타락한 육신의 삶 속에서 경험하고 배웠던 대로, 단지 현실과 상황에 따라 보고 듣고 생각하는 것을 믿지 말고, 하나님께서 우리의 영을 통하여 우리 마음에 친히 부어주시는 말씀에 따라 상상하고 느끼고 말하고 행동해야 한다는 것이다. 이러한 삶은 우리 자신의 노력이나 행위로는 절대 불가능하다. 오직 우리가 예수 그리스도 안에서 주(主)의 자녀가 되어 성령의 인도하심을 받을 때에만 하나님의 말씀에 온전히 일치하는 참된 믿음의 삶이 가능하다. 하나님의 생명이 우리 안에 없었던 과거에는 우리의 눈과 입과 마음을 다하여 스스로 주의 말씀을 붙들 수밖에 없었지만(잠 4:20-22), '그 날' 이후인 새 언약 시대를 사는 우리는 우리 안에 계신 성령님의 인도함을 받을 수 있고, 또 받아야 하는 것이다(고전 2:9,10).

> 20 내 아들아 내 말에 주의하며 내가 말하는 것에 네 귀를 기울이라 21 그것을 네 눈에서 떠나게 하지 말며 네 마음속에 지키라 22 그것은 얻는 자에게 생명이 되며 그의 온 육체의 건강이 됨이니라 잠 4:20-22

> 9 기록된 바 하나님이 자기를 사랑하는 자들을 위하여 예비하신 모든 것은 눈으로 보지 못하고 귀로 듣지 못하고 사람의 마음으로 생각하지도 못하였다 함과 같으니라 10 오직 하나님이 성령으로 이것을 우리에게 보이셨으니 성령은 모든 것 곧 하나님의 깊은 것까지도 통달하시느니라 고전 2:9,10

믿은 대로 될지어다! 주님은 더 이상 현실과 상황을 보고 듣고 생각하는 대로 믿고 기도함으로써 이 세상과 자신을 더 타락시키고 더 저주 아래 놓이게 하지 말고, 친히 천지만물을 지으셨고 지금도 붙들고 계시는 하나님의 말씀대로 우리 마음에 그려보고 느끼고 말하고 행동함으로써 자신과 세상을 바꾸라고 말씀하신다. 이런 일들이 성령 안에서 우리를 통해 이루어질 때, 하나님의 뜻이 하늘에서 이루어진 것같이 이 땅에서도 이루어진다고 가르쳐주셨다. 할렐루야!! 이것이 진정한 복음적인 삶이다.

> 1 믿음은 바라는 것들의 실상이요 보이지 않는 것들의 증거니 히 11:1

> 10 사람이 마음으로 믿어 의에 이르고 입으로 시인하여 구원에 이르느니라
> 롬 10:10

상황과 현실에 일치되어 있는(묶인, 사로잡힌, 빼앗긴) 마음으로부터 돌아서서 하나님의 말씀(마음)에 우리의 마음을 일치시키는 것이 바로 믿음이다. 그리고 바로 그 믿음을 통해서 하나님은 어제나 오늘이나 영원토록 동일하게 역사하신다.

> 2 너희는 이 세대를 본받지 말고 오직 마음을 새롭게 함으로 변화를 받아 하나님의 선하시고 기뻐하시고 온전하신 뜻이 무엇인지 분별하도록 하라
> 롬 12:2

생각해보라. 우리가 새로운 마음을 가지고 주(主)의 말씀을 그리고, 느끼고, 의식하는 것이 얼마나 큰 축복이고 기쁨이며 특권인가를!

6 믿음이 없이는 하나님을 기쁘시게 하지 못하나니 하나님께 나아가는 자
는 반드시 그가 계신 것과 또한 그가 자기를 찾는 자들에게 상 주시는 이심
을 믿어야 할지니라 히 11:6

예수님은 우리로 하여금 잃어버린 아버지를 다시 찾고, 우리가 누구
인지를 알고, 하나님 아버지와 사랑을 나누고, 이 땅에 다시 아버지의
뜻을 이루게 하시기 위해서 오셨다. 그분은 병든 자를 치유하셨고 귀
신을 내쫓으셨고 오병이어의 기적을 행하셨으며 사람들에게 "네 믿음
이 너를 구원하였다"고 선언하셨다. 또한 우리 모두의 죄를 사하기 위
해서 죽으시고 부활하시고 승천하신 주님은 보혜사 성령님을 보내주
셔서 우리를 새롭게 태어나게 하시고 친히 우리 안에 거하시며 우리가
어떻게 하나님의 말씀(뜻)을 이룰 수 있는지를 가르쳐주고 계신다.

마귀는 그가 통치하는 현실이 우리의 삶을 만들어가도록 한다. 반
면에 하나님은 하나님의 마음과 일치된 우리의 의식(믿음)을 통하여 우
리의 현실을 새롭게 만들어가기를 원하신다. 킹덤 빌더의 삶은 지금까
지 우리가 타락한 세상에서 태어나 경험하고 배우고 알고 있는 현실
세계의 관점에서 믿어지지 않는 말씀을 붙잡으려고 더욱 애쓰는 그런
삶이 아니다. 우리가 다시 태어났기 때문에 하나님나라의 말씀(법)으
로 세상을 보고 경험하는 것이다. 본래대로, 창조된 대로, 진리대로 세
상을 바라보라. 예수 그리스도의 이름으로 "본래 세상은 이런 것이야"
라고 말하라. 그리고 새롭게 지은 바대로 살아가라.

결론적으로 우리는 우리 자신의 생각으로 현실을 보는 것이 아니라,

'말씀'을 통해서 현실을 보아야 한다. 믿어지지 않는 말씀을 믿으려고 분투하는 것이 아니라, 하나님의 자녀로 태어났기 때문에 하나님이 친히 열어주시는 그분의 방식, 그분의 마음으로 세상을 보아야 한다. 우리는 먼저 어떤 대가를 지불함으로써 하나님의 은혜를 얻어내는 자가 아니라, 주(主)의 자녀이기 때문에 하나님의 말씀을 이루어가는 자이다. 인간의 생각은 시간, 공간, 물질에 묶여 있지만 하나님의 영광 안에서 하나님의 말씀을 의식하는 것은 시간, 공간, 물질의 모든 제한을 초월한다. 하나님의 통치가 임한 곳에는 하나님의 자녀를 통하여 그분의 뜻이 하늘에서 이루어진 것같이 땅에서도 이루어진다.

더 이상 포로수용소 안에서 신자로서 이 세상의 법대로 살지 말고, 하나님나라에서 주의 자녀로서 주의 말씀을 선포하고 기적을 경험해보라. 할렐루야!

성화된 상상력과 감정으로
왕의 기도를 하라

성화된 상상력과 감정을 회복하라

하나님의 자녀는 하나님나라에서 주(主)의 뜻을 이루어가는 자이다. 그렇다면 주의 말씀을 어떻게 이루어갈 수 있는가? 짧게 요약하자면, 성령 안에서 주의 말씀대로 상상하고 느끼고 선포하고 믿은 대로 행동해야 한다. 이미 앞선 장에서 말했듯이 우리가 해야 할 일은 주의 말씀을 믿는 것이 아니라, 주의 말씀대로 세상을 보는 것이다. 여기서는 주의 뜻을 이루는 데 가장 큰 방해가 되는 두 요소, 즉 성화되지 못한 상상력과 감정에 대해서 알아보고자 한다. 이 두 가지가 주 안에서 회복될 때 예수께서 행하셨던 그 기도의 놀라운 역사를 경험하게 될 것이다.

성화된 상상력을 회복하라

우리는 단 1초도 쉬지 않고 생각하며 산다. 생각 중 미래적인 것, 보이지 않는 것, 이루어지지 않은 것들은 그려보며 상상한다. '상상한다'는 것은 현존하지 않거나 자신이 경험해보지 않은 것을 마음에(정신적으로) 그리는 것을 의미한다. 그리고 '상상력'은 마음에 그리는 능력을 말한다.

사실 우리는 태어나서부터 지금까지 계속해서 우리 안에 있는 상상력을 활용해왔다. 무언가 생각하고 공상에 잠길 때마다 상상력을 활용한 것이다. 그 상상을 통해서 어떤 물건이나 사건에 대해 시각화하거나 이미지화해왔다. 그리고 그것을 믿음으로 취했으며, 그 결과 현실에 새로운 것을 만들어냈다.

예를 들어 생각해보자. 최초로 비행기를 만든 라이트 형제는 한 번도 날아다니는 물체를 본 적이 없었다. 그러나 그들은 상상을 통해 그들의 마음에 비행기를 그렸으며, 그 상상을 도면 위로 옮겼고, 결국에는 그 도면에 따라 실제로 비행기를 만들어냈다. 실제로 인간이 만들어낸 모든 걸작품들은 먼저 그의 상상 속에 존재했던 것들이다. 그와 반대인 부정적인 상상물 역시 마찬가지다. 요즘 사회적으로 크게 문제가 되는 성범죄의 경우에도 누군가 상상을 통해 나쁜 것을 그리다가 마음을 빼앗기게 되면 범죄의 행위로 이어지게 되는 것이다. 이처럼 상상은 놀라운 것이기도 하지만 한편으로는 무서운 것이기도 하다.

하나님은 세상을 어떻게 창조하셨는가? 하나님께서는 그분의 마음에 품으신 것을 이 땅에 나타내시기 위해서 말씀하셨다. 그러자 그 선포된 말씀이 실체로 나타났다. 이것이 바로 하나님이 행하신 창조 역사의 핵심이다. 하나님께서는 본래 인간을 그분 자신의 형상과 모양대로 지으셨다. 그 때문에 모든 인간에게는 하나님의 창조적 본성인 상상력이 주어졌다. 하나님은 인간이 자신의 마음을 통해서 상상할 수 있는 놀라운 능력을 주셨다. 상상은 영의 세계에 있는 것을 자연계(현실 세계)에 실체로 나타나게 하는 근원이다. 다른 말로, 믿음의 바탕이 상상이라는 것이다. 따라서 진정한 믿음은 상상으로부터 출발한다.

우리가 어릴 때는 머릿속에 저장된 것이 많지 않기 때문에 상상이 우리 마음의 대부분을 차지한다. 하지만 나이가 들수록 점점 더 많이 보고, 듣고, 배우고, 경험함으로 말미암아 머릿속에 더 많은 것들이 저장되고, 그와 반비례하여 상상의 활동은 줄어든다. 대신에 현실 세계에서 습득하고 경험한 것에 기초한 생각과 감정들이 우리 마음을 가득 채우게 된다. 일반적으로 우리가 어릴 때는 상상을 많이 하면서도 그것을 실체화하는 지식이나 지혜나 기술이 없는 반면, 우리가 성장하면 할수록 상상은 점점 더 줄어들지만 마음에 있는 것을 현실로 나타내는 지식이나 지혜나 기술은 늘어난다. 성령님이 임하시면 늙은이도 꿈을 꾸게 된다. 할렐루야!

> 17 하나님이 말씀하시기를 말세에 내가 내 영을 모든 육체에 부어 주리니 … 너희의 늙은이들은 꿈을 꾸리라 행 2:17

우리가 타락한 후에는 하나님으로부터 분리된 자존자(自存者)의 삶을 살게 되었고, 마귀의 영에 의해 우리의 마음이 통치함을 받게 되었다. 그 결과 두 가지 일이 발생하게 되었다. 첫 번째는 우리 마음의 상상이 대부분 악하다는 것이다. 왜냐하면 마귀의 본성에 기초하기 때문이다. 즉, 우리가 주로 자기의 욕망과 탐욕을 이루고 마귀의 본성을 나타내고자 하는 상상을 하게 되었다는 것이다. 악하고 더러운 영화들을 생각해보면 쉽게 이해될 것이다. 두 번째는 우리의 자아가 상상의 주체이기 때문에 현실 세계에 국한된 상상만을 하게 되었다. 즉, 오감(五感)으로 들어오는 것만을 가지고 자신의 경험 내에서 현실 세계를 벗어나지 못하는 상상만을 하게 된 것이다.

지금까지 우리는 그동안 우리가 성령 밖에서(즉, 마귀의 통치 아래서) 악한 상상력을 가지고 이 땅을 더럽히고 왜곡시키고 부정적인 영향력을 끼쳐왔기 때문에, 이제 우리의 생각을 스스로 하나님의 말씀에 일치시켜야 한다고 배워왔다. 다시 말해, 그것으로부터 벗어나기 위해서는 열심히 말씀을 붙들어야 한다고 배워왔다.

> 4 우리의 싸우는 무기는 육신에 속한 것이 아니요 오직 어떤 견고한 진도 무너뜨리는 하나님의 능력이라 모든 이론을 무너뜨리며 5 하나님 아는 것을 대적하여 높아진 것을 다 무너뜨리고 모든 생각을 사로잡아 그리스도에게 복종하게 하니 고후 10:4,5

그 결과 우리는 하나님의 말씀이라는 거울(잣대)에 비춰서 주로 "옳지 않은 생각이 무엇인지, 어떤 생각을 하지 말아야 하는지"에 대해 배워왔다. 악한 우리의 마음을 새롭게 하고 마귀의 영향력(속임, 거짓, 유혹, 두려움 등)으로부터 벗어나기 위해서 주(主)의 말씀을 붙들어야 하며, 나쁜 상상을 하지 않기 위해서 아예 상상을 하지 말아야 한다고 배워왔다.

하나님의 말씀 안에는 하나님의 마음과 뜻이 들어 있다. 우리는 말씀을 통해서 하나님을 만나고, 하나님의 마음으로 말씀을 적용할 줄 알아야 한다. 그런데 우리는 말씀 안에 있는 하나님의 마음을 체험하기보다는 자신의 의지로 말씀을 붙들고 지키는 데 치중한다. 그러면서 죄를 짓지 않고 하나님께 순종하기 위해서는 우리 마음의 상상력까지도 없애버려야 한다고 믿게 되었다. 하나님께서는 말씀을 통하여 친히 부어주시는 상상력까지 없애버리라고 말씀하신 적이 없는데도 말이다. 그 결과 우리는 하나님의 뜻을 이 땅에 나타내는 가장 중요한 일을 하지 못하고 있다. 마가복음 11장 24절의 말씀을 여기에 대입해보자.

> 24 그러므로 내가 너희에게 말하노니 무엇이든지 기도하고 구하는 것은 받
> 은 줄로 믿으라 그리하면 너희에게 그대로 되리라 막 11:24

하나님의 뜻을 나타내는 일은 바로 성령 안에서 주(主)의 말씀대로 (기도하고 구하는 것은) 이미 이루어진 것을 상상하고(받은 줄로, 과거), 그것이 이 땅에 이루어지는 것을 믿으며(믿으라, 현재), 이루어지도록 선포하는 것이기 때문이다(그리하면 그대로 되리라, 미래).

본래 마음의 상상은 하나님의 본성이며, 하나님이 특별히 인간에게 나누어주신 선물이다. 문제는 우리의 마음이 하나님의 영에 의해서 통제함을 받느냐, 아니면 마귀에 의해서 통제함을 받느냐에 달린 것이지, 상상 자체를 부정하는 것은 어리석은 일이다. 그런데 오늘날 우리는 "자라 보고 놀란 가슴 솥뚜껑 보고 놀란다"는 식으로 우리 마음속에서 아예 상상의 문을 의도적으로 닫아놓고 살아가고 있다. 역사적으로 위대한 그리스도인 과학자와 예술가를 생각해보라. 모두 이 상상의 문을 열어놓았기 때문에 하나님의 신비와 비밀을 나타낼 수 있었다.

> 1 믿음은 바라는 것들의 실상이요 보이지 않는 것들의 증거니 히 11:1

바라는 것들과 보이지 않는 것들은 어떻게 형성되어지는가? 바로 상상을 통해서다. 그리고 믿음은 그것을 실상과 증거로 품는 것이다. 다

시 말해서, '바라는 것들' 또는 '보이지 않는 것들'을 마음에 그리는 것이 상상이고, 그 상상을 이루어질 실상과 증거로 현재적으로 그리고 현실적으로 받아들이는 것이 믿음이라는 것이다. 믿음은 성령 안에서 말씀에 따라 시행되는 상상으로부터 시작된다. 따라서 성령 안에서 말씀에 따라 하는 상상은 믿음의 씨앗이다.

예를 들어, 뇌종양으로 고통받는 성도를 생각해보자. "그가(예수 그리스도께서) 채찍에 맞음으로 너희는 나음을 얻었나니"(벧전 2:24), 이 말씀 앞에서 말씀을 보는 자(율법적인 신자)는 "주님! 감사합니다. 제가 이 말씀을 믿습니다. 치유될 것을 믿습니다"라고 고백할 것이다. 반면 말씀을 통해서 보는 자(자녀)는 그 말씀에 따라 자신의 뇌종양이 완전히 없어지고 깨끗한 뇌를 바라보며 "나의 뇌종양이 완전히 나았습니다. 주께서 이 일을 행하셨으니 감사합니다"라고 고백할 것이다.

"그가 믿은 바 하나님은 죽은 자를 살리시며 없는 것을 있는 것으로 부르시는 이시니라"(롬 4:17)라는 말씀을 생각해보자. 믿음이란 눈앞에 "현재 없는 것"(보이지 않는 것), 그러나 영적 세계에서는 이미 이루어진 것을 "현재 있는 것"(보이는 것), 즉 현실 세계에 실제로 이루어진 것으로 상상하는 것(미리 보는 것)을 붙드는 것이다. 우리는 '위의 것'을 상상하는 새로운 사고방식을 가져야 한다. 성령 안에서 말씀에 따라 상상하는 것이 바로 온전한 믿음을 위한 성화된 상상력이다.

1 그러므로 너희가 그리스도와 함께 다시 살리심을 받았으면 위의 것을 찾으라(Set your sights on the realities of heaven) 거기는 그리스도께서 하

나님 우편에 앉아 계시느니라 2 위의 것을 생각하고 땅의 것을 생각하지 말라 3 이는 너희가 죽었고 너희 생명이 그리스도와 함께 하나님 안에 감추어졌음이라 골 3:1-3

성화된 감정을 회복하라

우리가 구원을 받을 때는 진리를 믿음으로 받아들이는 것이지, 거기에 우리의 감정이 개입될 여지도 없고 또 그렇게 해서도 안 된다는 것을 우리는 잘 알고 있다. 실제로 교회에서는 오랫동안 신앙에 있어서 감정은 중요하지 않다고 가르쳐왔다. 즉, 신앙이란? '기관차(사실) - 연료차(믿음) - 객차(감정)'의 순이며, 이 순서(질서)가 바뀌면 온전한 신앙생활을 할 수 없다고 가르쳐온 것이다.

'사실'은 개인의 믿음이나 감정과 상관없이 진리이다. '믿음'의 진가는 그 대상의 확실성과 가치에 의해 결정된다. 따라서 믿음은 사실 위에 세워져야 한다. 만약 우리가 믿는 대상이 진리가 아니라면 그 믿음은 아무 소용이 없게 되는 것이다. 타락의 결과로 우리는 진리를 알지 못하고, 자신의 느낌으로 진리를 판단하려고 한다. 그래서 우리에게 필요한 것은 느낌(감정)이 아니라 진리에 대한 믿음이라는 것이다. 즉, 진리를 믿을 때 감정이 뒤따라오는 것이지, 타락한 감정에 따라 진리를 판단하려고 해서는 안 된다는 것이다. 그것은 백번 옳은 말이다. 우리의 구원이 감정에 의한 것이 아니라 진리에 대한 믿음으로 주어진다는 것은 정확하고 옳은 말이다.

그러나 우리가 구원받은 후 하나님이 주신 감정이 살아나지 않는다면 어떻게 주님을 영화롭게 하고 즐거워할 수 있겠는가? 찬양과 경배의 현장에서 감정을 없애버린다면 과연 하나님께서 우리의 예배를 받으실 수 있을까? 구원받은 후에 성화된 상상의 회복이 중요한 것처럼, 성화된 감정의 회복도 매우 중요하다.

타락한 인간의 마음은 하나님의 본질인 평강과 기쁨을 나타내기보다는 슬픔, 우울, 분노, 미움, 염려, 걱정, 불안 등 수많은 부정적인 감정을 표출하는 데 익숙하다. 그 때문에 예수 그리스도를 믿은 후 우리는 부정적인 감정을 나타내지 않으려고 애쓴다. 그러다보니 아예 감정을 나타내지 않는 것이 훌륭한 믿음이라는 오해까지 발생하게 된 것이다. 하지만 감정은 하나님의 자녀가 회복해야 할 마음의 중요한 요소이다. 감정이 살아나야 하나님의 능력이 운행한다.

앞서 언급한 마가복음 11장 24절을 다시 적용해보자. "기도하고 구하는 것"은 말씀에 따라 상상하라는 것이고, "받은 줄로 믿으라"는 것은 현재적으로 현실적으로 그렇게 여기는 것이다. 그러나 그것은 단지 생각만 그렇게 한다는 뜻이 아니다. 이미 이루어졌다면 그 이루어진 것을 현실로 느낄 줄 알아야 한다. 감정과 연합된 상상은 매우 강력한 힘이 되어 우리의 삶 가운데 초자연적 분위기를 만들어낸다. 하나님의 생명의 흐름은 우리가 하나님의 말씀에 합당한 감정을 가질 때 주어진다. 감정은 에너지의 움직임이기 때문에 감정이 살아나지 않으면 아무 역사도 일어나지 않는다. 감정을 하찮게 여기거나 없애는 것은 어리석은 일이다. 하나님나라에서 하나님 자녀의 올바른 감정을 가지는 것을 배워야 한다.

우리는 모든 생각을 사로잡아 예수 그리스도에게 복종하게 하지만, 하나님의 마음이 없는(즉, 하나님의 감정이 흐르지 않는) 인간의 생각은 하나님의 뜻을 이루지 못한다. 생각해보라. 당신이 찬양하고 경배하는데 왜 아무런 느낌이 없고 무덤덤한가? 어떤 때는 반대로 왜 눈물이 흐르고 하나님이 살아 계심이 느껴지는가? 하나님의 말씀에 의해 감정이 일어난다는 것은 하나님의 생명이 운행하고 있다는 징표이다. 하나님의 생명이 운행할 때, 비로소 하나님의 역사가 일어나게 된다.

하나님의 생명이 당신의 과거 경험이나 생각에 따른 감정에 묶이지 않도록 해야 한다. 하나님이 주신 말씀을 통해 상상하고 그것에 성화된 생각과 감정이 연합할 때 놀라운 믿음이 형성된다. 하늘에서 이루어진 주(主)의 뜻을 이 땅에 실체로 만들기 위해서는 생각, 감정, 의지가 연합해야 한다. 나중에 다시 언급하겠지만, 행함이 없는 믿음이 죽은 믿음인 것과 마찬가지로(약 2:22), 감정이 없는 생각은 아무런 능력이 없다. 진정으로 진리를 알고 그 진리를 믿는다면, 이제 우리의 감정이 성화된 상상에 따른 믿음의 생각에 연합되어져야 한다. 그것이 바로 능력이다.

예를 들어, 내 딸이 나에게 어떤 물건을 사달라고 조를 때, 내가 딸에게 "오는 토요일에 네가 원하는 것을 사줄게"라고 약속하면, 바로 그 순간 내 딸은 "아빠, 최고야! 감사해요"라고 외치며 나를 껴안으며 말할 수 없는 기쁨을 표현한다. 이것이 바로 이미 이루어진 것을 느끼는 것이다. 내 딸은 아직 원하는 물건을 갖지 못했지만, 아빠의 약속의 말에 따라 자신이 원하는 물건을(다만 아빠의 약속만이 아니라 그 실체를!)

마음에 그리고, 그것을 생각하고, 그것을 이미 자기가 소유한 것으로 느낀 것이다. 바로 여기에 기적을 일으키는 믿음의 비밀이 있다.

기적의 비밀은 약속한 것이 이루어진 것을 상상하고, 그 상상한 것을 생각하고, 거기에 살아 있는 감정이 연합되는 것이다. 이것이 하나님이 역사하실 수 있는 영적 분위기를 만드는 놀라운 비밀 중에 하나이다. 왜냐하면 믿음은 마음의 작용이고, 마음은 생각, 감정, 의지의 총체이기 때문이다.

지금까지 우리가 배운 하나님나라의 법과 더불어 성화된 상상력과 감정을 통해서 이제 주(主)의 뜻을 이루는 '왕의 기도'◆를 실제적으로 실천해보자.

왕의 기도

묵상하라

당신에게 지금 기도할(하나님의 뜻을 이룰) 문제가 있다고 가정해보라. 먼저 성령님을 초청하고 예수 그리스도의 이름으로 말씀이 내 마음에 깨달아지도록 아버지께 간구한 뒤 다음 다섯 구절을 천천히 읽어보라.

◆ **왕의 기도** 인자로 오신 예수님이 이 땅에서 하나님 아버지의 뜻을 이루기 위해 행하셨던 기도를 의미한다. 예수 그리스도 안에서 하나님의 자녀 된 우리도 예수님이 하셨던 것처럼 기도해야 한다. 왕의 기도에 대해서 구체적으로 알기 위해서는 《왕의 기도》(규장)를 참고하라.

6 아무것도 염려하지 말고 다만 모든 일에 기도와 간구로, 너희 구할 것을 감사함으로 하나님께 아뢰라 7 그리하면 모든 지각에 뛰어난 하나님의 평강이 그리스도 예수 안에서 너희 마음과 생각을 지키시리라 빌 4:6,7

26 이와 같이 성령도 우리의 연약함을 도우시나니 우리는 마땅히 기도할 바를 알지 못하나 오직 성령이 말할 수 없는 탄식으로 우리를 위하여 친히 간구하시느니라 27 마음을 살피시는 이가 성령의 생각을 아시나니 이는 성령이 하나님의 뜻대로 성도를 위하여 간구하심이니라 롬 8:26,27

9 기록된 바 하나님이 자기를 사랑하는 자들을 위하여 예비하신 모든 것은 눈으로 보지 못하고 귀로 듣지 못하고 사람의 마음으로 생각하지도 못하였다 함과 같으니라 10 오직 하나님이 성령으로 이것을 우리에게 보이셨으니 성령은 모든 것 곧 하나님의 깊은 것까지도 통달하시느니라 고전 2:9,10

14 그를 향하여 우리가 가진 바 담대함이 이것이니 그의 뜻대로 무엇을 구하면 들으심이라 15 우리가 무엇이든지 구하는 바를 들으시는 줄을 안즉 우리가 그에게 구한 그것을 얻은 줄을 또한 아느니라 요일 5:14,15

24 그러므로 내가 너희에게 말하노니 무엇이든지 기도하고 구하는 것은 받은 줄로 믿으라 그리하면 너희에게 그대로 되리라 막 11:24

기도 전 마음의 태도를 확인하라

첫째, 자신의 정체성을 확인하라.

당신은 하나님의 자녀인가, 신자인가? 당신이 신자라면 단지 예수 그리스도를 믿는 것이지 예수 그리스도 안에 있다고 할 수 없다. 예수 그리스도 안에서 예수 그리스도를 나타내는 자가 아니라면 예수 그리스도의 이름으로 기도할 수 없다. 당신이 구원을 받았다면 고범죄(故犯罪)를 회개하고 다시 예수 그리스도 안에 거하라.

> 8 만일 우리가 죄가 없다고 말하면 스스로 속이고 또 진리가 우리 속에 있지
> 아니할 것이요 9 만일 우리가 우리 죄를 자백하면 그는 미쁘시고 의로우사
> 우리 죄를 사하시며 우리를 모든 불의에서 깨끗하게 하실 것이요 요일 1:8,9

둘째, 당신이 속해 있는 곳이 어디인지 확인하라.

당신은 지금 하나님나라에 속해 있는가, 세상에 속해 있는가? 세상에 속해 있다면 하나님나라 법을 적용할 수 없고, 그 법의 혜택을 누릴 수도 없다.

> 13 그가 우리를 흑암의 권세에서 건져내사 그의 사랑의 아들의 나라로 옮기
> 셨으니 골 1:13

셋째, 지금 당신은 무엇을 위해서 기도하는가?

자신의 문제 해결을 위해서 기도하는가, 하나님의 뜻을 이루기 위해

서 기도하는가? 자신의 문제를 해결하기 위해 하나님을 이용하려고 하는 것은 아닌지 생각해보라.

> 14 그가 우리를 대신하여 자신을 주심은 모든 불법에서 우리를 속량하시고 우리를 깨끗하게 하사 선한 일을 열심히 하는 자기 백성이 되게 하려 하심이라 _딛 2:14_

넷째, 지금 당신의 마음은 어디에 묶여 있는가?

그 문제로 인하여 염려, 걱정, 불안, 두려움, 공포, 좌절, 분노, 미움 등에 묶여 있는가? 아니면 문제가 있지만 당신의 마음은 성령 안에서 주(主)의 말씀에 묶여 있는가? 빌립보서 4장 6,7절을 읽고 모든 지각에 뛰어나신 하나님의 평강이 그리스도 예수 안에서 당신의 마음과 생각을 지키시도록 하라. 스스로 문제가 없다고 생각하거나 부정적인 감정을 부인하라는 것이 아니라, 그럼에도 불구하고 당신의 마음이 그 문제에 묶이지 않고 하나님의 말씀에 붙들려 있어야 한다는 것이다.

그래도 당신의 마음이 여전히 부정적인 감정에 묶여 있거나 어떻게 기도해야 할지 모르겠다면 먼저 성령님을 초청하라. 로마서 8장 26,27절을 다시 읽어라. 그리고 "성령님! 도와주세요. 지금 제가 어떻게 해야 할지 모르겠습니다. 어떻게 기도해야 할지도 모르겠습니다. 제 마음을 아시는 성령님, 저를 주님의 마음으로 인도해주옵소서!"라고 기도하라. 당신의 마음을 있는 그대로 하나님 앞에 토해내라. 그분은 우리 아버지이시다. 망설이지 말고 두려워하지 말고 당신의 부정적인 감정을 있는 그대로 주님 앞에 토설하라. 당신의 온몸에 박힌 감정의 독(毒)을 빼내라.

> 2 내가 내 원통함을 그의 앞에 토로하며 내 우환을 그의 앞에 진술하는도다
>
> 시 142:2

성령님은 우리가 마땅히 어떻게 기도해야 할지 모를 때 우리를 도우신다. (당신이 방언을 할 수 있다면 방언으로 기도하라.) 우리 마음에 있는 독을 빼내도록 도우시고, 우리의 마음을 감동시키시고, 변화시키시고, 마침내 우리의 마음이 하나님의 뜻에 일치되도록 하신다.

기도하라

문제에 당신의 마음을 빼앗기거나 당신의 마음이 문제 해결에 묶이지 않는다면, 이제 당신은 기도할 준비가 된 것이다.

첫째, 문제에 대한 하나님의 말씀을 찾아라.

당신은 이제 믿음으로 당신 안에 계신 주께서 주의 말씀을 이루시도록 하는 존재가 되었다. 말씀 없이 기도한다는 것은 마치 씨를 심지 않고 열매를 구하는 것과 같다. 다시 말해 단지 우리 마음의 생각을 기도함으로써 기적을 이루는 것이 아니라는 말이다. 주의 말씀은 생명의 씨다(막 4:14). 씨를 심어야 열매를 거둘 수 있다. 해당되는 약속의 말씀을 찾고 온 마음을 사로잡을 때까지 읽고 또 읽어라.

둘째, 성령 안에서 말씀에 따라 상상하고 느껴보라.

단지 말씀을 외우고 묵상하는 것뿐만 아니라, 하나님께서 하나님의 마음으로(말씀을 통하여), 그 문제를 하나님의 말씀대로 행하신 것을 바라보라. 말씀을 보는 것과 말씀을 통해서 보는 것의 차이를 깨달아라. 베드로전서 2장 24절을 생각해보라.

> 24 친히 나무에 달려 그 몸으로 우리 죄를 담당하셨으니 이는 우리로 죄에 대하여 죽고 의에 대하여 살게 하려 하심이라 그가 채찍에 맞음으로 너희는 나음을 얻었나니 벧전 2:24

당신이 주체가 되어 주께서 약속하신 말씀을 이루실 것이라는 믿음을 가지는 것 대신에 주께서 당신을 통해서 이루시고자 하는 것을 상상하고 느껴보라. 지금 당신의 문제가 아니라 말씀에 따라 주께서 이미 이루신 것을(너희는 나음을 얻었나니, 이미 이루셨기 때문에 과거 시제임) 생각해보라. 그것이 바로 바라는 것들의 실상이고 보이지 않는 것들의 증거일 것이다. 그것을 상상해보라. 하나님께서는 바로 그것을 이 땅에 이루기를 원하신다.

만약 당신이 지금 위암에 걸렸다면, 그래서 "저는 주(主)의 말씀을 믿습니다. 말씀에 따라 치유될 것입니다"라고 기도한다면, 당신은 지금 자녀의 기도가 무엇인지 모르고 있다. 당신이 자녀라면 적어도 기도하기 전에 위가 어떻게 생겼는지 그리고 깨끗한 위가 어떤 모습인지 보아야 할 것이다. 그리고 위가 완치되면 어떤 상황이 될 것인지에 대해서도 상상할 줄 알아야 한다. 하나님께서 말씀으로 이루기 원하시는 것은 바로 온전하고 깨끗한 위(胃)다. 당신은 성령 안에서 말씀에 따라 하나님이 보시는 것(나음을 얻었나니)을 '보아야' 한다. 그리고 그것이 이미 이루어진(받은) 것을 '느낄' 줄 알아야 한다. 그것이 바로 자녀의 태도이다.

당신의 육체의 감각을 통해서 육신의 상태를 느끼는 것이 아니라, 성령 안에서 주님이 주시는 느낌(영으로부터 혼에 부어지는 느낌)을 육신이 느끼도록 해야 한다. 할렐루야!

셋째, 모든 불신과 의심을 버려라.

마귀는 당신의 마음을 옛날로 되돌리기 위해 모든 수단과 방법을 다 쓸 것이다(앞서 배운 것을 생각해보라). 더러운 마귀에게 속아 주님이 행하시는 것을 방해하지 말라.

- ▶ 주의 말씀이 이루어지는 것은 당신의 행위나 공로와 아무런 상관이 없다. 오직 예수 그리스도의 십자가 공로로 이루어지는 것이다.
- ▶ 주님이 우리 안에 계시기 때문에 약속하신 모든 은혜는 이미 법적으로 당신 안에 이루어져 있다.
- ▶ 그 약속의 말씀을 실체로 나타내기 위해서 믿음이 필요하며, 그것은 당신의 믿음이 아니라 예수 그리스도 안에 있는 믿음이다. 당신이 예수 그리스도 안에 거한다면 바로 그 믿음이 당신 안에 있다는 것을 믿어야 한다.

넷째, 예수 그리스도의 이름으로 선포하라.

당신이 성령 안에서 말씀에 따라 상상하고 느낀 것을 예수 그리스도의 이름으로 선포하라. 그 문제가 당신이 해결할 문제라면 당신의 이름을 걸고 선포해야 할 것이다. 그러나 이 문제가 당신이 아닌 하나님께서 해결하실 문제라면 당신의 이름이 아니라 오직 예수 그리스도의 이름으로 예수님처럼 선포해야 한다. 그래서 왕의 기도이다.

> 23 그 날에는 너희가 아무것도 내게 묻지 아니하리라 내가 진실로 진실로 너희에게 이르노니 너희가 무엇이든지 아버지께 구하는 것을 내 이름으로 주시리라 24 지금까지는 너희가 내 이름으로 아무것도 구하지 아니하였으나 구하라 그리하면 받으리니 너희 기쁨이 충만하리라 요 16:23,24

> 10 사람이 마음으로 믿어 의에 이르고 입으로 시인하여 구원에 이르느니라 롬 10:10

당신의 육신으로 감각하는 것을 말하지 말라. 기억하라. 당신은 하나님의 자녀이고, 주(主)의 뜻을 이루는 자이다. 하나님의 통치(영광) 안에서 뜻이 하늘에서 이룬 것같이 땅에서 이루어지도록 하는 자이다. 하나님께서 말씀에 따라 이루신 것을 선포하라. 내 상황이나 감각과 상관없이 "주님의 말씀에 따라 주님이 치유하셨습니다. 나는 나았습니다"라고 선포하라. 그럴 때 하나님의 마음에 당신의 마음이 일치되고, 그 마음에 일치된 입술의 선포에 놀라운 능력이 임한다. 당신의 입술의 선포와 당신의 마음이 일치하는지 확인해보라. 만약 그렇지 않다면 왜 마음과 입술이 일치하지 않는지를 다시 기도해보라. 그 일치야말로 주의 뜻이 이루어지도록 주의 영광이 나타나는 통로를 만드는 것이다.

기억하라. 주의 말씀을 말하지 않으면 주의 뜻은 이루어지지 않는다. 주님은 당신 마음의 생각과 소원을 이루시는 분이 아니다. 주님은 당신이 선포한 말씀과 뜻을 이루시는 분이다. 당신의 입술로 선포되지 않는 말씀은 결코 실체로 나타나지 않는다. 말씀대로 말하라. 주의 뜻이 이루어졌다고 크게 외쳐라. 그럴 때 배 속 깊은 곳에서 생수가 올라와 주님이 함께하신다는 것을 느끼게 될 것이다.

다섯째, 앞 장(11장 믿음이 현실에 미치는 영향을 이해하라)에서 배운 것을 생각하고, 당신이 믿고 선포한 것을 지속적으로 붙들어라.

▶ 당신의 믿음과 선포가 당신의 현실을 만든다.
▶ 당신은 당신이 만든 현실을 경험하게 될 것이다.

엘리야가 약속의 말씀을 붙들고 그 일을 이루기 위해서 머리를 무릎에 파묻고 일곱 번이나 기도한 것을 기억하는가? 당신도 마음에 주(主)의 말씀이 온전히 그려지고 느껴질 때까지 계속 기도하라.

> 16 ··· 의인의 간구는 역사하는 힘이 큼이니라 17 엘리야는 우리와 성정이 같은 사람이로되 그가 비가 오지 않기를 간절히 기도한즉 삼 년 육 개월 동안 땅에 비가 오지 아니하고 약 5:16,17

믿은 대로 행동하라

성령 안에서 말씀에 따라 상상하고, 느끼고, 선포했기 때문에 이제 믿은 대로 행동하는 것만이 남았다. 하나님의 역사(기적)는 우리가 믿음으로 행동할 때 일어난다. 예수께서 기도하실 때 "일어나 걸어라, 실로암 못에 가서 씻어라, 대제사장에게 가서 보여라, (베드로에게) 오라, 손을 내밀어라" 등과 같이 말씀하셨던 것을 생각해보라.

인간은 자신의 생각과 감정에 따라 행동하는 존재이다. 우리가 주님의 말씀에 따라 행동한다는 것은 내 과거 생각이나 감정에 따라 행동하는 것이 아니라 주의 말씀에 의지적으로 순종함으로 내 구습을 끊어버리는 것이다. 우리의 마음은 생각과 감정과 의지로 이루어져 있다. 하나님은 우리의 마음을 통해서 역사하신다. 하나님께서 온전히 역사하시기 위해서는 우리의 생각과 감정과 의지가 모두 주께 드려져야 한다.

지금까지 자신의 생각(상상)과 감정은 드려도 이 의지(믿음으로 행동하는 것)를 드리지 않았다면 하나님의 역사가 일어나지 않게 된다. 하나님나라에서 자녀가 주(主)의 뜻을 이루는 데 행함이 없으면 그 믿음은 죽은 믿음이다. 지금까지도 행동하고자 하는 의지가 생겨나지 않는다면 다시 되돌아가라. 믿은 대로 행동하지 않고 어떻게 하나님이 행하신 기적을 경험할 수 있겠는가?

10명의 나병 환자가 예수님의 말씀을 듣고 '가다가' 치유함을 받은 것을 기억해보라(눅 17:11-14). 날 때부터 소경인 자가 기도를 받고 눈을 뜬 것이 아니라 예수님의 말씀대로 실로암 못에 가서 '씻었을 때' 앞을 보게 된 것을 생각해보라(요 9:1-11).

22 네가 보거니와 믿음이 그의 행함과 함께 일하고 행함으로 믿음이 온전하게 되었느니라 … 24 이로 보건대 사람이 행함으로 의롭다 하심을 받고 믿음으로만은 아니니라 … 26 영혼 없는 몸이 죽은 것같이 행함이 없는 믿음은 죽은 것이니라 약 2:22,24,26

킹덤 빌더의
영적 성장

V

하나님 영광의 임재를
추구하라

하나님 영광의 임재를 경험하라

킹덤 빌더의 소망은 하나님 영광의 임재를 구하고, 그분의 영광 안에서 모든 일을 행하는 것이어야 한다. 이 땅에서 주(主)의 뜻을 이루는 것은 교육, 경험, 물질, 권력, 사회적 지위 그 어느 것에도 달려 있지 않다. 오직 하나님의 영광의 임재 가운데서 행하는 것이다. 그리고 우리가 사모하는 기름부으심도 하나님 영광의 임재 가운데서 일어난다.

> 6 그가 내게 대답하여 이르되 여호와께서 스룹바벨에게 하신 말씀이 이러하니라 만군의 여호와께서 말씀하시되 이는 힘으로 되지 아니하며 능력으로 되지 아니하고 오직 나의 영으로 되느니라 슥 4:6

세상 모든 사람들 중에서 우리를 킹덤 빌더로 구별되게 하는 것은 무엇인가? 바로 하나님이 우리와 함께 행하시는 것이며, 그것은 그분의 영광의 임재가 우리와 함께할 때 가능하다. 임재는 실재(實在)이기 때문에 과거 '코람데오'(하나님 면전 의식)를 훈련했던 것처럼, 이제는 삶의 전 영역에서 하나님의 영광의 임재 가운데 주(主)의 뜻 이루기를 훈련해야 한다.

> 15 모세가 여호와께 아뢰되 주께서 친히 가지 아니하시려거든 우리를 이 곳에서 올려 보내지 마옵소서 16 나와 주의 백성이 주의 목전에 은총 입은 줄을 무엇으로 알리이까 주께서 우리와 함께 행하심으로 나와 주의 백성을 천

하 만민 중에 구별하심이 아니니이까 출 33:15,16

"하나님은 무소부재(無所不在)하시고 늘 우리와 함께하시지 않는가?"라고 반문할 수도 있을 것이다. 그렇다. 하나님의 거하심을 살펴보면, 그분은 온 우주에 편재하시지만(omni-presence), 동시에 우리를 친히 찾아오셔서 우리 안에 거하시기도 한다(indwelling-presence). 또한 시공간과 물질을 초월하셔서 어떤 공간에 그 현존을 나타내시는데, 그것을 임재라고 한다(manifest-presence).

하나님의 임재에 대해 좀 더 잘 이해하기 위해서 다음의 비유를 생각해보라. 지금 이 순간에도 우리가 있는 곳에 수많은 전파가 공중에 지나가고 있지만, 우리는 그것을 감지할 수 없다. 그러나 라디오를 일정한 주파수에 동조시키면 우리는 해당 전파의 내용을 소리로 전환시킬 수 있다. 이렇게 소리를 이해하는 것처럼 물질도 이렇게 이해할 줄 알아야 한다. "보이는 것은 나타난 것으로 말미암아 된 것이 아니니라"(히 11:3)라는 말씀처럼, 지금 우리가 본다고 말하는 것은 우리 눈에 감지되는 것만을 인식한다는 뜻이다. 그러나 우리가 인식할 수 없더라도 존재하는 것은 얼마든지 있다는 것을 알아야 한다.

하나님의 임재는 모든 세계에 영원한 현존으로 존재하지만, 어떤 시간과 장소에서 그분의 임재가 우리 육신에 감각할 수 있는 방식으로 강력하게 나타나는데, 우리는 그것을 '영광'(glory)이라고 부른다. 다시 말해서 하나님의 속성과 완전함이 가시적으로 나타나는 것이 바로 하나님의 영광이다.

34 구름이 회막에 덮이고 여호와의 영광이 성막에 충만하매 35 모세가 회막에 들어갈 수 없었으니 이는 구름이 회막 위에 덮이고 여호와의 영광이 성막에 충만함이었으며 출 40:34,35

13 나팔 부는 자와 노래하는 자들이 일제히 소리를 내어 여호와를 찬송하며 감사하는데 나팔 불고 제금 치고 모든 악기를 울리며 소리를 높여 여호와를 찬송하여 이르되 선하시도다 그의 자비하심이 영원히 있도다 하매 그때에 여호와의 전에 구름이 가득한지라 14 제사장들이 그 구름으로 말미암아 능히 서서 섬기지 못하였으니 이는 여호와의 영광이 하나님의 전에 가득함이 었더라 대하 5:13,14

1 솔로몬이 기도를 마치매 불이 하늘에서부터 내려와서 그 번제물과 제물들을 사르고 여호와의 영광이 그 성전에 가득하니 2 여호와의 영광이 여호와의 전에 가득하므로 제사장들이 여호와의 전으로 능히 들어가지 못하였고 대하 7:1,2

10 제사장이 성소에서 나올 때에 구름이 여호와의 성전에 가득하매 11 제사장이 그 구름으로 말미암아 능히 서서 섬기지 못하였으니 이는 여호와의 영광이 여호와의 성전에 가득함이었더라 왕상 8:10,11

영광의 구름이 임하는 것은 하나님께서 친히 우리 가운데(이 땅에) 임하시는 것이다. 다른 말로 하늘의 문이 열려서 이 땅과 하늘이 하나가 되는 것이며, 우리가 그분 안으로 들림을 받는 것과 같다. 이때 계시가 임하고, 영의 세계가 열리고, 주의 뜻이 이루어지는 것이다.

구약에서 영광을 표현하는 히브리어 단어 '카보드'는 "무거움" 또는 "무게"라는 뜻을 가지고 있다. 실제로 어떤 공간에 하나님의 임재가 현저하면 공기의 밀도가 달라지는 것처럼 느껴진다. 또 그분이 영광으로 임재하실 때 우리는 다양한 방법으로 그분을 체험하게 된다. 그러나 그런 모든 체험들은 하나님의 영광의 임재 때문에 우리가 경험하는 현상들일 뿐이며 그 자체가 하나님의 영광은 아니다. 오늘날 많은 사람들이 이런 현상만을 추구함으로 하나님의 영광의 임재를 소홀히 하는 경우가 많은데 참으로 안타까운 일이다.

우리의 삶을 어떻게 근본적으로 바꿀 수 있는가? 그것은 바로 하나님의 영광의 임재를 체험하는 것이다. 우리가 하나님의 임재를 체험하게 되면, 그것이 인간 본연의 생명의 근원이라는 사실을 알게 된다. 그렇기 때문에 그 영광의 임재를 다시 찾지 않을 수 없게 된다. 우리 육신이 갈증으로 목말랐을 때를 생각해보라. 그와 마찬가지로 우리 영혼도 갈증을 느낀다. 문제는 그 갈증이 무엇인지 잘 모르거나 생수 대신에 다른 것으로 채우는 데 있다. 하나님의 현시된 임재에 들어가는 것은 지금 여기에서 내 영혼의 영원한 본향으로 나아가는 것이다.

1 하나님이여 사슴이 시냇물을 찾기에 갈급함 같이 내 영혼이 주를 찾기에 갈급하니이다 2 내 영혼이 하나님 곧 살아 계시는 하나님을 갈망하나니 내가 어느 때에 나아가서 하나님의 얼굴을 뵈올까 3 사람들이 종일 내게 하는

말이 네 하나님이 어디 있느뇨 하오니 내 눈물이 주야로 내 음식이 되었도다
시 42:1-3

우리는 많은 예배나 집회에서 하나님의 현시된 임재를 잠시 경험하기도 한다. 하지만 하나님이 원하시고 우리도 그토록 갈망하는 것은 하나님의 영광이 잠시 방문이 아닌 지속적으로 거하시는 것이다. 우리는 그것을 '쉐키나'(Shekinah)라고 부른다. 쉐키나는 하나님의 영광의 임재가 특정한 장소에 지속적으로 머무르는 것을 의미한다.

출애굽 후 광야의 장막과 다윗의 장막을 생각해보라.

9 진실로 그의 구원이 그를 경외하는 자에게 가까우니 영광이 우리 땅에 '머무르리이다' 시 85:9

8 내가 그들 중에 '거할' 성소를 그들이 나를 위하여 짓되 출 25:8

이때 "머무르리이다"(머물다)와 "거할"(거주하다)로 번역된 히브리어 동사가 '샤칸'인데, 어원적으로 '쉐키나'는 바로 하나님의 영광이 지속적으로 거한다는 뜻의 '샤칸'으로부터 왔다. 하나님은 우리를 방문하시는 것으로 만족하지 않으시고 우리 가운데 거주하기를 원하신다. 그것도 영원히 말이다(고전 6:19,20).

당신의 집에 귀한 손님을 며칠 묵게 한다고 생각해보라. 당신은 불편함을 감수하고 기꺼이 그분을 모실 것이다. 방도 치우고 음식도 준

비하는 등 최선을 다해 그분이 편안하게 지내시도록 섬길 것이다. 그리고 그분이 돌아가면 당신의 삶은 당연히 원위치로 돌아가게 될 것이다. 그러나 그분이 영원히 당신과 함께 살겠다고 하신다면 그것은 완전히 다른 문제다. 그렇다면 며칠 고생하고 불편을 감수하는 정도가 아니라, 당신의 삶의 방식과 태도를 완전히 바꾸어야 한다. 그분을 당신의 안방에 모셔야 한다면 더더욱 그렇다. 하나님은 그렇게 하고자하는 사람을 찾고 계신다.

집회 때 수많은 사람들이 성령님을 체험하고 놀라운 경험을 하지만, 왜 얼마 가지 못해서 다시 옛날로 돌아가는가? 그것은 바로 그분의 방문만을 원했지, 그분의 거주를 원하지 않았기 때문이다. 우리는 그분을 떠나서는 내가 아무것도 아니요 아무것도 할 수 없다는 사실을 진정으로 깨달아야 한다(요 15:5).

영광이 임하시는 분위기를 만들어라

어떤 장소나 모임에는 각각의 분위기가 있다. 그 분위기는 보이지 않는 세계의 영적 분위기의 영향을 받아서 형성된다. 또 그 자리에 있는 사람들의 생각과 믿음이 어떠한가에 따라 그 장소, 그 관계만의 독특한 분위기가 형성되기도 한다. 이처럼 인간의 의식과 영적 분위기는 서로에게 영향을 미친다. 그러므로 하나님의 통치와 역사가 일어나도록 하기 위해서는, 킹덤 빌더들이 어떤 장소나 사건 그리고 관계에 하나님의 영광이 임재하시고 하나님이 주관하시는 영적 분위기를 만들어야 한다.

> 2 땅이 혼돈하고 공허하며 흑암이 깊음 위에 있고 하나님의 영은 수면 위에 운행하시니라 창 1:2

그렇다면 어떤 장소, 사건, 관계에서 어떻게 하나님의 영광이 임재하시는 분위기를 형성할 수 있는가? 어떤 공간이라도 눈에 보이지 않는 전자기파(에너지)가 존재하는 것처럼, 우리가 사는 이 공중에도 하나님의 영광뿐만 아니라 악한 영들도 존재할 수 있다. 그것은 어떤 장소나 사건이나 관계에 대해서 우리의 마음이 어떤 영적 존재와 관계하고 있는지에 따라 달라진다. 그 결과로 그곳의 분위기도 달라진다.

> 14 이는 물이 바다를 덮음 같이 여호와의 영광을 인정하는 것이 세상에 가득함이니라 합 2:14

이것은 마치 휴대전화가 눈에 보이지 않는 공중의 전파를 잡아서 통화가 가능하도록 하는 것과 같은 이치이다. 휴대전화는 배터리를 사용하여 공중에 있는 특정한(일치하는) 전파를 수신함으로써 멀리 떨어져 있는 다른 사람들과 교신이 가능하게 해준다. 그러나 주위에 두꺼운 장벽이 있을 경우 전파를 수신할 수 없다.

이와 마찬가지로 우리는 보이지 않는 세계를 인식할 줄 알아야 한다. 영적 세계에 실존하는 하나님의 영광과 교신할 줄 알아야 한다. 그렇다면 무엇을 통해서 그렇게 하는가? 바로 우리 마음의 믿음을 통해서이다. 마음의 눈을 열어서 우리가 지금 영적으로 하나님의 영(靈)과 연결되어 있고, 관계하고 있다는 것을 믿어라. 우리의 '믿음선'[우리 마음의 믿음이 눈에 보이지 않는 공간에 존재하는 하나님의 영과 교신하는 것을 의미하는 가상의 선(線)]을 통해 지금 눈에 보이지는 않지만 이곳에 임하신 그분과 생명적으로, 영적으로, 현재적으로 연결되어 있다.

23 모든 사람이 죄를 범하였으매 하나님의 영광에 이르지 못하더니 롬 3:23

20 볼지어다 내가 문밖에 서서 두드리노니 누구든지 내 음성을 듣고 문을 열면 내가 그에게로 들어가 그와 더불어 먹고 그는 나와 더불어 먹으리라 계 3:20

바로 이 믿음의 기초 위에서 우리가 주(主)의 말씀을 믿고 우리의 입술로 선포할 때 이곳의 영적 분위기가 변하고, 그 결과 하나님의 강력한 권능이 실제적으로 나타나게 된다. 이 믿음선을 가질 때 정사와 권세와 이 어둠의 세상 주관자들은 우리에게 아무런 영향을 미치지 못하게 된다.

30 주의 영을 보내어 그들을 창조하사 지면을 새롭게 하시나이다(When you give them your breath, life is created and you renew the face of the earth) 시 104:30

그렇다면 하나님의 영광 안에서 권능이 구체적으로 어떻게 실제로 풀어지게 할 수 있는가?

- ▶ 하나님이 이 자리에 함께 계신 것을 믿어야 한다.
- ▶ 회개해야 한다.
- ▶ 갈망해야 한다.
- ▶ 찬양하고 경배드려야 한다.
- ▶ 하나님의 영광이 임하시는 것을 영적 감각으로 느껴야 한다.
- ▶ 하나님의 마음으로 말씀을 선포함으로써 그 시간, 그 장소에 주 (主)의 권능이 풀어지게 하라.

하나님이 이 자리에 함께 계신 것을 믿어야 한다

"믿음이 없이는 하나님을 기쁘시게 하지 못하나니 하나님께 나아가는 자는 반드시 그가 계신 것과 또한 그가 자기를 찾는 자들에게 상 주시는 이심을 믿어야 할지니라"(히 11:6).

회개해야 한다

"내 마음과 육신을 주께 드리지 못하고, 내 것인 양 내 멋대로 살아왔던 것을 회개합니다."

"주님의 내적 음성에 귀 기울이기보다는 내 뜻대로 생각하고 느끼고 행동했던 것을 회개합니다."

"내 마음이 생명의 말씀에 붙들리기보다는 배운 지식과 경험에 근거하여 살았던 것을 회개합니다."

"하나님을 기쁘시게 하는 일에 깨어 있지 못하고 나를 기쁘게 하는 일에 내 온 마음을 쏟아부어 성령을 근심케 한 것을 회개합니다."

"하나님께서 이곳에 영광으로 임하여 계시는 것을 알지 못했습니다. 이제 더 이상 어두운 세계의 영적 존재의 영향을 받지 않겠습니다."

갈망해야 한다

"하나님 아버지, 사랑합니다. 환영합니다. 지금 이 시간 내 마음의 믿음으로 눈에 보이지 않는 하나님의 영에 접속하겠습니다. 영광으로 충만케 하시니 감사드립니다. 나를 새롭게 하시고, 나를 통치하시고, 나를 통하여 주(主)의 말씀을 이루소서! 예수 그리스도 안에서 성령님을 통하여 아버지의 뜻을 이루는 주의 자녀로 변화시켜주시니 감사합니다!"

> 4 내가 여호와께 바라는 한 가지 일 그것을 구하리니 곧 내가 내 평생에 여호와의 집에 살면서 여호와의 아름다움을 바라보며 그의 성전에서 사모하는 그것이라 시 27:4

> 1 하나님이여 주는 나의 하나님이시라 내가 간절히 주를 찾되 물이 없어 마르고 황폐한 땅에서 내 영혼이 주를 갈망하며 내 육체가 주를 앙모하나이다 시 63:1

찬양하고 경배드려야 한다

'찬양'은 우리 육신의 문을 열어 영적 세계와 교통하도록 준비해주고 '경배'는 우리의 영혼이 하나님의 영광 안에 거하도록 하는 것이라고 할 수 있다. 찬양은 우리가 마음과 목숨과 뜻과 힘을 다하여 하나님을 사랑하는 것을 보여주는 것이다. 그럴 때 놀랍게도 하나님의 영광이 우리에게 임하시는 것을 느낄 수 있다. 그렇게 하나님의 영광이 임할 때 비로소 우리는 그분을 경배하는 자가 될 수 있다.

경배는 하나님의 영이 우리를 마음대로 만지실 수 있도록 그분께 우리 자신을 내어드리는 것이다. 이것에 대해서 좀 더 구체적으로 알아보자. 하나님의 뜻을 이 땅에 이루기 위해서 절대적으로 필요한 것은 바로 하나님의 나라와 의(義)를 구하는 것이다. 그러면 하나님의 나라와 의를 구한다는 것은 무슨 뜻인가? 하나님의 나라와 의를 구하는 것이 정말 실제적으로 가능한가?

하나님의 나라는 실제적으로 하나님의 영광이 계신 곳을 의미한다 (하나님의 실제적인 통치는 영광 안에서 이루어지기 때문이다). 따라서 우리가 그 나라를 구한다는 것은 바로 하나님의 영광이 우리가 모인 자리에 임하시기를 구한다는 것이다. 우리가 찬양과 경배 그리고 예배를 드리는 이유가 바로 여기에 있다. 하나님의 나라가 임할 때 비로소 우리의 마음이 그분이 우리를 지으신 뜻과 행하시고자 하는 일에 일치될 수 있으며, 이것은 우리가 예수 그리스도 안에서 하나님의 의가 되었다는 의미이다. 다시 말해 주(主)의 자녀가 되어 주의 뜻을 이룰 수 있게 되었다는 것이다.

우리 안에 이미 성령께서 내주(內住)하시지만 우리의 육적인 삶 때문에 그분이 우리의 심령 안에 제한되어 있는 경우가 허다하다. 우리는 우리 자신의 육과 혼을 지키는 것을 포기함으로써 내 안에 계신 하나님의 영광이 나타나도록 해야 하는데, 실상 우리의 일상 대부분은 우리의 육과 혼을 치장하는 데 소비하고 있다. 자신의 소유와 보호에 대한 생각, 자신이 지향하는 삶의 태도, 다른 사람이 어떻게 생각하는가에 대한 생각, 그리고 자신의 일과 자신에게 닥친 상황에 대한 염려, 걱정, 불안, 두려움 등이 바로 그런 것들이다. 그 때문에 하나님의 영광이 우리의 육과 혼을 통치하지 못하고 우리를 통해서 나타나지도 못하는 것이다.

> 6 어두운 데에 빛이 비치라 말씀하셨던 그 하나님께서 예수 그리스도의 얼굴에 있는 하나님의 영광을 아는 빛을 우리 마음에 비추셨느니라 7 우리가 이 보배를 질그릇에 가졌으니 이는 심히 큰 능력은 하나님께 있고 우리에게 있지 아니함을 알게 하려 함이라 고후 4:6,7

> 18 우리가 다 수건을 벗은 얼굴로 거울을 보는 것같이 주의 영광을 보매 그와 같은 형상으로 변화하여 영광에서 영광에 이르니 곧 주의 영으로 말미암음이니라 고후 3:18

우리가 하나님을 찬양하고 경배함으로써 하나님의 영광이 임하시면, 그분은 우리의 육과 혼에 역사하신다. 그 결과로 우리는 여러 가지 현상들을 체험하게 된다. 우리는 그 체험이 무엇을 의미하는 것인지 알아야 한다. 그것은 우리의 몸과 마음을 회복시키고 치유함으로써(심지어 우리 안에 있는 악한 영을 내쫓음으로), 우리가 우리 자신을 보호하고 치장했던 것을 벗겨내는 것이다. 그렇게 함으로써 우리 안에 내주하시는 성령님께서 우리의 육과 혼을 온전히 통치하시게 된다(우리의 입장에서는 온전히 내어드리고 순종하게 된다). 이는 마치 펌프에 부은 한 바가지의 마중물로 인해 수원지에 박은 파이프로부터 생수가 올라오는 것과 같은 이치이다.

> 38 나를 믿는 자는 성경에 이름과 같이 그 배에서 생수의 강이 흘러나오리라 하시니 39 이는 그를 믿는 자들이 받을 성령을 가리켜 말씀하신 것이라 (예수께서 아직 영광을 받지 않으셨으므로 성령이 아직 그들에게 계시지 아니하시더라) 요 7:38,39

이때부터 우리는 육체에 기초한 사고 체계로 자신을 의식하는 것이 아니라, 하나님의 새 생명에 기초한 사고 체계를 통해서 자신을 의식하게 되었다. 그리고 우리의 영으로부터 주(主)의 계시가 임하고, 주의 말씀이 초자연적으로 믿어지며, 그 말씀이 우리의 육과 혼에 이루어지는 것이 무엇인지를 체험하게 된다. 그럴 때 영으로써 몸의 행실을 죽이는 삶을 살게 된다.

> 13 너희가 육신대로 살면 반드시 죽을 것이로되 영으로써 몸의 행실을 죽이면 살리니 롬 8:13

찬양과 경배◆는 그 장소 그 시간의 환경을 변화시킨다. 찬양은 어둠을 빛으로 바꾼다. 당신의 마음이 하나님의 마음에 일치됨으로써 당신의 소리가 하나님의 소리와 일치되는 것이다. 우리의 생각과 감정이 연합된 진정한 찬양은 타락하고 악한 영향력 아래에 있는 그 장소, 그 시간, 그 피조물에 하나님의 창조적 진동을 전함으로써 새로움이 임하게 한다. 그 진동은 우리 눈에 보이지 않지만, 거시 세계뿐만 아니라 아원자 세계(미시 세계)에서도 일어난다. 그럴 때 우리 눈에 보이는 그 형태와 모양과 상황은 그대로인 것 같아도 실제로는 영적 차원의 본질이 변화된다. 그리고 바로 그때 우리가 믿음으로 실상을 보며 주의 말씀을 선포함으로써 주의 뜻이 이루어지게 할 수 있다. 할렐루야!

하나님의 영광이 임하시는 것을 영적 감각으로 느껴야 한다

우리의 마음을 성령님께 드림으로써 하나님의 영광이(비록 눈에 보이지는 않지만) 우리에게 임하시고, 그 결과 그 시간과 공간에 충만하게 임하시는 것을 영적 감각으로 느껴야 한다.

> 12 우리가 세상의 영을 받지 아니하고 오직 하나님으로부터 온 영을 받았으니 이는 우리로 하여금 하나님께서 우리에게 은혜로 주신 것들을 알게 하려 하심이라 고전 2:12

◆　헤븐리터치 센터(02-576-0153)에 문의하면 하나님께 자신을 올려드리는 것을 돕는 찬양과 경배곡을 구할 수 있다.

3 서로 불러 이르되 거룩하다 거룩하다 거룩하다 만군의 여호와여 그의 영
광이 온 땅에 충만하도다 하더라 사 6:3

집회 가운데 일어나는 하나님의 역사를 생각해보라. 하나님의 영광
이 임하실 때 사람들의 마음이 풀어지고, 주의 말씀이 그들의 마음에
심겨지게 되고, 그로 말미암아 하나님의 역사가 일어나기 시작한다.
그러면 어떻게 해야 더 강력한 하나님의 영광이 임하는가? 하나님의 영
광은 모두가 합심하여 찬양과 경배를 드리거나 기도할 때 강력하게 임
하신다. 이것은 우리가 한 성령으로 한 몸이 되었을 때를 의미한다.

그렇다면 어떻게 그 연합을 이룰 수 있는가? 이는 마치 오케스트라
의 연주와 같다. 연주가 진행될 때 연주자들은 다른 사람에게 자신을
맞추거나 조율하지 않는다. 그들은 단지 자신의 악보와 지휘자만을
바라볼 뿐이다. 이처럼 각자 자신에게 주어진 말씀에 따라 성령 안으
로 들어가면, 성령님이 우리를 조율하셔서 진정으로 하나가 되게 하신
다. 이것이 바로 영광의 임재의 비밀이다.

31 여호와의 인자하심과 인생에게 행하신 기적으로 말미암아 그를 찬송할
지로다 32 백성의 모임에서 그를 높이며 장로들의 자리에서 그를 찬송할지
로다 시 107:31,32

이 하나님의 영광의 임재에 대해서, 그 일이 어떻게 일어나는지를 구
체적으로 알기 원하지만 어느 누구도 정확히 알지 못한다. 그렇지만

두려워하지 말라. 우리는 적어도 그런 일이 일어나지 않았을 때 하나님의 영광의 임재가 없다는 사실은 분명히 알게 된다. 그럼에도 불구하고 우리는 그렇게(현시된 하나님의 임재 없이도) 계속 하나님 앞으로 나아가야 한다. 왜냐하면 그런 일은 어떤 공식에 의해서가 아니라, 하나님과의 관계를 통해서 이루어진다는 것을 알기 때문이다. 한편 하나님의 영광이 나타나지 않는 것을 통해서 우리는 그분과의 더 깊은 교제가 무엇인지 배우게 된다.

　우리가 영광의 영역으로 들어가면 천사들이 우리의 경배를 받아서 하나님 앞으로 가져가는 것을 영적으로 느끼게 된다. 그리고 그들과 함께 경배하는 것이 무엇인지도 경험하게 된다.

하나님의 마음으로 말씀을 선포함으로써 그 시간, 그 장소에 주의 권능이 풀어지게 하라

예배 중에 하나님의 영광이 임한 것을 우리는 어떻게 느낄 수 있는가? 주의 영광에 압도되어 일종의 무거움을 느끼게 된다. 그 무거움 가운데 모든 묶임이 갑자기 사라진 것 같은 느낌이 든다. 그리고 갑작스러운 기쁨과 자유함이 임하게 된다.

> 15 또 죽기를 무서워하므로 한평생 매여 종노릇하는 모든 자들을 놓아 주려 하심이니 히 2:15

> 17 주는 영이시니 주의 영이 계신 곳에는 자유가 있느니라 18 우리가 다 수건

을 벗은 얼굴로 거울을 보는 것같이 주의 영광을 보매 그와 같은 형상으로 변화하여 영광에서 영광에 이르니 곧 주의 영으로 말미암음이니라 고후 3:17,18

이때 우리는 예수 그리스도 안에서 성령의 권능에 힘입어 약속하신 주의 말씀을 이 땅에 선포해야 한다. 이는 예수께서 광풍을 잠재우시고, 죽은 나사로에게 명하고, 귀신을 쫓아내실 때 말씀으로 행하셨던 것과 같다.

10 내가 아버지 안에 거하고 아버지는 내 안에 계신 것을 네가 믿지 아니하느냐 내가 너희에게 이르는 말은 스스로 하는 것이 아니라 아버지께서 내 안에 계셔서 그의 일을 하시는 것이라 요 14:10

"하나님의 영광이 임했습니다", "이곳을 주님이 통치하십니다", "주의 영광 안에 들어가게 하시니 감사합니다", "하나님나라를 도래케 하시니 감사합니다", "주의 권능이 나타나시니 감사합니다", "주께서 은혜를 베푸시니 감사합니다", "주께서 약속의 말씀을 이루시니 감사합니다", "나사렛 예수 그리스도의 이름으로 명하노니, …될지어다, …떠나갈지어다, …새롭게 될지어다, …일어나 걸을지어다" 등등 영광의 임재 가운데 선포된 말씀이 실체로 변화됨으로써 다양한 현상들이 나타나는 것을 보게 된다.

바로 기사(wonders)와 표적(miraculous signs)이다. 회개하고 통곡하는 자, 말할 수 없는 기쁨으로 주님을 경배하는 자, 질병이 치유되어 기뻐하고 감사하는 자, 숨어 있던 귀신이 드러나 자유케 되는 자, 주(主)의 선한 일을 더 알아가는 자 등 많은 사람들이 하나님께서 행하시는 놀라운 일들을 경험하게 된다. 그야말로 주님의 뜻이 아름답게 이루어지는 것이다. 이처럼 예배는 우리의 기쁨이며 축제이다.

1 너희 권능 있는 자들아 영광과 능력을 여호와께 돌리고 돌릴지어다 2 여호와께 그의 이름에 합당한 영광을 돌리며 거룩한 옷을 입고 여호와께 예배할지어다 3 여호와의 소리가 물 위에 있도다 영광의 하나님이 우렛소리를 내시니 여호와는 많은 물 위에 계시도다 4 여호와의 소리가 힘 있음이여 여호와의 소리가 위엄차도다 5 여호와의 소리가 백향목을 꺾으심이여 여호와께서 레바논 백향목을 꺾어 부수시도다 6 그 나무를 송아지같이 뛰게 하심이여 레바논과 시룐으로 들송아지같이 뛰게 하시도다 7 여호와의 소리가 화염을 가르시도다 8 여호와의 소리가 광야를 진동하심이여 여호와께서 가데스 광야를 진동시키시도다 9 여호와의 소리가 암사슴을 낙태하게 하시고 삼림을 말갛게 벗기시니 그의 성전에서 그의 모든 것들이 말하기를 영광이라 하도다 시 29:1-9

우리는 다시 부흥이 임하기를 간절히 소망한다. 그러면 부흥이란 무엇인가? 부흥은 하나님께서 영광으로 방문하시는 그곳에 주의 약속의 말씀이 풀어지는 것이다. 역사적으로 볼 때 어느 곳에 부흥이 임하면 잃어버린 영혼들이 교회로 몰려왔다. 회개의 역사 속에서 교회의 거룩함이 회복되었고, 그 지역에서 음주, 음란, 마약 등이 사라지고 범죄율

이 줄어들었다. 그러나 그 모든 일들은 부흥의 결과이지 부흥 그 자체
는 아니다.

고난을 기뻐하라

고난 없는 복음은 가짜 복음이다

영적 훈련 중에서 가장 간과되는 것이 있다면, 그것은 고난과 기쁨의 훈련일 것이다. 먼저 고난에 대해서 알아보자. 우리는 주로 영적(영성) 훈련을 위해서 경건 훈련(기도와 묵상), 나눔 훈련(교제와 헌신)을 한다. 그러나 환난과 고난은 우리 스스로 만드는 것이 아니라 삶 가운데 주어지는 것이다. 우리에게 고통을 주는 환난이나 고난을 좋아할 사람은 아무도 없을 것이다. 더욱이 환난과 고난은 대개 뜻밖의 상황에서 혹은 준비되지 않은 상태에서 맞이하게 된다. 그래서 고난을 통한 훈련이 가장 힘든 영적 훈련인 것이다.

> 4 우리의 모든 환난 중에서 우리를 위로하사 우리로 하여금 하나님께 받는 위로로써 모든 환난 중에 있는 자들을 능히 위로하게 하시는 이시로다 고후 1:4

고난은 영적 훈련 중에서 가장 힘들지만, 우리의 영적 상태를 판단할 수 있는 가장 정확한 기준일 뿐만 아니라 우리를 진정으로 변화시킬 수 있는 가장 확실한 방법이기도 하다. 그래서 하나님은 우리의 유익을 위해 환난이나 고난을 허락하시기도 한다.

모든 환난과 고난은 직간접적인 죄로 인하여 주어진다. 우리는 우리 자신의 죄나 다른 사람들의 죄로 인해 고난을 당할 수도 있다. 또 인간이 지은 죄로 인하여 모든 피조 세계가 저주 아래 놓이게 되었기 때문에 자신의 의도와 상관없는 고난을 당하기도 한다. 이것은 수동적인 의미에서의 고난이다.

한편, 우리가 하나님의 자녀로서 이 세상에 속해서 살지 않고 이 땅에 주(主)의 뜻을 이루려고 할 때, 우리는 불가피한 영적 전쟁의 한복판에 서 있게 된다. 그 전쟁에서 승리하기 위해서는 세상의 사고방식대로 살지 않아야 하는데, 그로 인해 환난과 고난을 당하는 것은 당연한 일이다. 이처럼 우리 자신 때문에 당하는 고난이 아니라 예수 그리스도를 나타내기 위해서 감당하는 능동적인 의미의 고난은 진정한 자녀만이 누리는 특권이며 기쁨이다.

> 29 그리스도를 위하여 너희에게 은혜를 주신 것은 다만 그를 믿을 뿐 아니라 또한 그를 위하여 고난도 받게 하려 하심이라 빌 1:29

> 17 자녀이면 또한 상속자 곧 하나님의 상속자요 그리스도와 함께 한 상속자니 우리가 그와 함께 영광을 받기 위하여 고난도 함께 받아야 할 것이니라 롬 8:17

복음은 우리에게 구원과 새로운 삶을 약속한다. 구원은 예수 그리스도의 대속으로 인하여 모든 환난과 고난으로부터 해방되는 것을 의미한다. 또한 예수님은 그 구원을 이루어가는 것은 하나님의 통치가 이 땅에 임함으로써 시작된다고 하셨다. 이때 하나님의 통치는 곧 하나님의 나라를 의미하며, 현재적 하나님나라(성령강림 후부터 재림 전까지)는 근본적으로 종말론적 구조를 가진다. 즉, 예수 그리스도께서 우리를 위하여 죽으시고 부활 승천하신 후 약속하신 보혜사 성령님을 보내주심으로써 하나님나라에 속하는 자녀의 삶은 이미 시작되었지만 아직 완전하지는 않다는 것이다. 다시 말해 이미 도래한 하나님나라의 실재를 경험하면서도 동시에 아직도 악이 지배하는 옛 세상 질서 속에서 살아간다는 것이다. 따라서 우리는 이 종말 가운데 전쟁을 치르며 살아간다.

이런 긴장 상태를 잘 표현해주는 신학적 용어가 'already but not yet'(이미, 그러나 아직은 아님)이다. 즉, 예수 그리스도께서 이루신 완전한 구원의 역사는 이미 시작되었지만 여전히 진행 중이며, 그 완성은 그분이 재림하실 때 비로소 이루어진다는 것이다. 결국 현재 우리는 종말론적 유보(eschatological reservation) 속에 살고 있는 자들이다. 따라서 현재적 하나님나라에서는 하나님의 자녀들이 주(主)의 영광에 동참하고 은혜를 누리는 것과 더불어서 마귀의 권세 아래에서 고난도 겪게 된다. 이 말은 우리가 하나님의 뜻을 이루기 위해서(그분을 기쁘시게 하기 위해서) 최선을 다하는 삶을 살더라도, 그에 대한 보상이 우리가 원하는 성공과 축복으로 주어지지 않는 경우가 얼마든지 있을 수 있다는 것이다. 좀 더 직접적으로 표현하면, 우리가 말씀을 믿고 기도했음에도 불구하고 그 말씀대로 이루어지지 않을 수 있다는 것이다. 이와 같은 현재적 하나님나라의 독특성을 제대로 알지 못하면 우리의 신앙은 기복신앙과 믿음신앙으로 변질되고 만다.

이 종말론적 유보는 시간적인 측면과 차원적인 측면에서 설명할 때 좀 더 정확하게 이해될 수 있다. 예수님이 십자가에서 죽으시고 부활 승천하심으로 인간과 모든 피조 세계의 죄를 대속하셨다. 시간적 측면에서 보면, 우리가 구원을 얻었을 때 예수께서 우리 안에 오심으로 인하여 그분께서 모든 만물을 회복시키기 위해서 이루신 모든 역사(은혜)는 '이미' 우리에게 주어졌다. 그러나 그 완성된 약속의 말씀이 우리의 현실에 실체로 나타나는 것은 '아직' 완전치 않고 예수님이 재림하실 때에야 비로소 완성되어진다는 것이다.

한편 차원적 측면에서 보면, 하나님의 통치가 이 땅에 임했지만 뜻이 하늘에서 이루어진 것같이 땅에서 이루어지는 것은 현재 우리의 믿음을 통해서이다. 이를 위한 근본 원리로 예수님은 자녀들에게 "무엇이든지 기도하고 구하는 것은 받은 줄로 믿으라 그리하면 너희에게 그대로 되리라"라고 말씀하셨다. 그러나 하늘에서 이미 이루어진 약속의 말씀이 실제로 적용되는 것은 그렇게 단순하지 않다. 예를 들어, 기도의 내용인 "무엇이든지"가 하나님의 뜻을 이루는 것에 속하는지 아니면 자신의 뜻을 이루는 것에 속하는지 분명해야 한다(요일 5:14,15). 또 (이미 다른 장에서 언급한 것처럼) 기도하는 우리의 믿음이 어떠한지도(신자의 관점과 자녀의 관점에서, 하늘나라의 관점과 이 땅의 관점에서, 그리고 법적인 관점과 현실적인 관점에서) 고려되어야 한다. 더욱이 우리가 주(主)의 뜻을 이루는 것은 나, 상대방 혹은 기도하는 대상에 하나님의 영광이 임하시는 정도뿐만 아니라 마귀의 방해 정도에 따라서도 달라진다.

이처럼 주의 뜻이 이 땅에 이루어지는 데는 생각하는 것 이상의 수많은 변수들이 존재한다. 그렇기 때문에 우리 안에 계신 예수 그리스도께서 이미 주신 약속의 말씀은 법적으로 이미 이루어진 것이 맞지만(그 결과로 우리의 영은 이미 완전한 구원을 얻었지만) 주님이 재림하시기 전까지 이 땅에서 타락한 육체를 입고 사는 우리가 그 약속의 말씀을 온전히 이 땅에 집행(실현)하는 것은 안 될 수도 있고, 심지어 왜 안 되는지 모를 수도 있다.

예를 들어, 가난, 질병, 영적 묶임 등에 대한 우리의 기도와 응답을 생각해보라. 응답받을 때도 있지만 그렇지 못할 때도 많지 않은가? 나 역시 사역을 하면서 이러한 일들을 날마다 경험한다. 그러나 체험적으로 볼 때 분명한 것은 하나님과 더 친밀할수록, 하나님께 더 질문할수록, 하나님께 내 자신을 더 내어드릴수록 주의 뜻이 더 잘 이루어진다는 사실이다. 그래서 나는 날마다 주님 앞으로 나아간다. 그리고 내 삶의 마지막 때가 최고의 사역이 될 것이라고 확신한다.

우리는 '패배적 수동적 종말론'을 가지고 사는 것이 아니라 세상 끝까지 주(主)의 영광을 드러내는 '승리적 능동적 종말론'을 가지고 살아야 한다(마 24:14). 그래서 하나님나라의 복음이 모든 민족에게 증언되도록 세상에서 선한 일에 열심을 내고 하나님의 아름다운 덕(德)을 선전해야 한다. 현상적으로는 종말이 가까울수록 세상이 점점 더 어두워지겠지만, 반대로 하나님의 자녀들을 통해 나타나는 하나님의 영광은 점점 더 강력해질 것이다. 이것이 바로 현재적 하나님나라의 '이미, 그러나 아직은 아님'의 실재이다.◆

◆　이 부분에 대해 더 자세한 내용은 《알고 싶어요 하나님의 나라》 pp.281-296을 보라.

우리는 예수 그리스도 안에서 이미 승리한 싸움을 싸우고 있다(요일 5:4,5). 하지만 현실 세계에서는 패배를 경험할 수도 있는 삶을 산다. 이것이 바로 환난과 고난의 정체이다. 그렇기 때문에 우리는 현실에서 믿음을 통하여 하늘에서 이미 이루어진 약속의 말씀을 이 땅에 이루어 가는 삶을 사는 동시에, 설령 넘어지고 실패하는 고난 가운데 있으면서도 재림하실 예수께서 이루실 완전한 최후 승리를 바라보며 기뻐하는 소망의 삶을 살아가야 한다(요 15:7 ; 요일 2:28). 우리가 이 땅에서 허락된 믿음의 경주를 마치고 그리스도의 심판대 앞에 섰을 때, 우리의 삶은 성공과 실패로 판단받는 것이 아니라 이 땅에 사는 동안 우리 안에 계신 주님을 얼마나 나타냈는가로 판단받게 될 것이다.

우리는 대부분 고난과 환난 가운데서 복음을 접하게 된다. 그 결과 복음이 말하는 은혜를 축복, 형통, 성공, 건강 등과 동일 선상에 있는 것으로 보는 경향이 있다. 실제로 20세기에 들어와 복음의 진리가 성령 안에서 새롭게 조명됨으로써 구원이 우리의 영혼뿐만 아니라 우리의 육체와 삶 그리고 물질적인 것까지도 회복되는 놀라운 축복을 누렸다. 그러나 이런 축복만을 강조하는 것은 우리를 물신숭배(manmonism)로 인도했으며, 그 결과 복음을 단지 축복의 도구로 남용하는 기복신앙 혹은 번영신앙으로 변질시키고 말았다.

오늘날 세상 안에 있는 교회가 세상을 복음화시키기보다 교회 안에 들어온 세상이 교회를 세속화시켜 나가고 있다. 그 영적 오염과 부패의 중심에 있는 것이 바로 '번영신학'이다. 행위보상적 사고방식으로 하나님과 관계하며 자신의 축복만을 위해 믿음을 강조하는 번영신학은 사실 하나님나라의 복음과는 아무런 상관이 없다. 약속의 말씀을 믿기만 하면 축복받는다고 주장하면서, 고난을 말하지 않는 복음은 명백히 가짜 복음이다. 현재적 하나님나라의 복음에는 영광과 고난이 함께한다.

우리는 하나님의 자녀이자 하나님의 상속자이며, 예수 그리스도와 한 가족으로서 공동 상속자이다(롬 8:17). 이미 이 땅에 도래한 하나님나라의 상속자인 우리는 하나님 아버지의 유업을 이어받는 삶을 살아야 한다. 우리의 유업은 예수 그리스도가 받은 유업과 동일하다. 그것은 이 땅에 대한 하나님의 통치를 위임받고 예수 그리스도를 통해 우리의 삶 속에서 역사하시는 하나님 아버지를 드러내는 것이다.

우리가 이 땅에서 하나님의 유업을 이어받는 것은 예수 그리스도 안에서 하나님의 영광을 누리는 것과 동시에 고난도 받는 것을 포함한다. 물론 우리가 불필요한 고난을 자초할 필요는 없지만 거룩한 고난이 허락될 때는 피하지 않고 기꺼이 감당해야 한다. 영광을 받는 것도 혼자 받는 것이 아니라 예수 그리스도와 함께 받는 것처럼, 고난 또한 예수 그리스도와 함께 받는다. 세상적으로 볼 때는 영광과 고난이 상호배타적이지만 하나님나라의 변증법적 진리는 이 둘 모두가 자녀의 특권인 것이다.

2 또한 그로 말미암아 우리가 믿음으로 서 있는 이 은혜에 들어감을 얻었으며 하나님의 영광을 바라고 즐거워하느니라 3 다만 이뿐 아니라 우리가 환난 중에도 즐거워하나니 이는 환난은 인내를, 4 인내는 연단을, 연단은 소망을

이루는 줄 앎이로다 5 소망이 우리를 부끄럽게 하지 아니함은 우리에게 주신 성령으로 말미암아 하나님의 사랑이 우리 마음에 부은 바 됨이니 롬 5:2-5

143 환난과 우환이 내게 미쳤으나 주의 계명은 나의 즐거움이니이다 시 119:143

2 내 형제들아 너희가 여러 가지 시험을 당하거든 온전히 기쁘게 여기라 3 이는 너희 믿음의 시련이 인내를 만들어내는 줄 너희가 앎이라 4 인내를 온전히 이루라 이는 너희로 온전하고 구비하여 조금도 부족함이 없게 하려 함이라 5 너희 중에 누구든지 지혜가 부족하거든 모든 사람에게 후히 주시고 꾸짖지 아니하시는 하나님께 구하라 그리하면 주시리라 약 1:2-5

우리는 이 땅의 현실 속에서 살아가는 동안 하나님의 영광 가운데서 주의 은혜를 누리기도 하지만 환난 중에도 즐거워하고 미처 생각지 못한 여러 가지 시험을 당할 때에도 전적으로 기쁘게 여겨야 한다. 이런 삶의 태도는 세상적인 관점에서는 도저히 이해할 수 없는 것이다. 그러나 하나님나라에 사는 자녀에게는 그것이 복음의 비밀이요 그들만이 누릴 수 있는 특권이다.

야고보서에 나오는 '시험'(페이라스모스)이란 "시험, 시련, 유혹"이라는 다양한 의미가 있지만, 여기에서는 유혹을 통해 다가오는 시험이라기보다 주(主)의 뜻을 이루는 믿음의 삶을 살기 때문에 받게 되는 시련을 말한다. "믿음의 시련"에서 '시련'(도키미온)은 믿음의 진위를 입증하기 위한 연단을 의미한다. 이것은 주의 말씀을 믿고 나아가지만 약속의 말씀대로 이루어지지 않을 때라도 우리의 마음이 의심이나 불신으로 흔들리지 않고, 주의 은혜를 맛보지 못하는 가운데서도 주의 말씀에 순종한다는 뜻이다. 이 시련을 통해서 우리는 인내를 배우게 된다.

'인내'(휘포모네)는 어떤 상황에서도 흔들림 없이 머물러 있는 것을 뜻한다. 즉, 시험과 시련 가운데서도 순종함으로 흔들림 없이 말씀을 지킬 때 영적으로 성숙하게 되는 것이다. 그래서 인내가 온전히 이루어지면 우리가 완전해지고 부족함이 없게 된다고 말한다. 그렇다면 인내가 최대한 발휘된 상태는 어떤 상태를 말하는가? 그것은 바로 자기를 부인하고 자기 십자가를 진 상태이다. 처음에는 주의 말씀을 지키기 위해 자신이 최선을 다하는 삶을 살지만, 인내가 성령 안에서 온전히 이루어지면 마침내 우리 자신을 포기할 수 있게 되고, 그 결과 그리스도께서 우리를 온전히 통치하게 됨으로써[새로운 피조물인 우리 안에 그리스도의 형상을 이루게 됨으로써(갈 4:19)] 조금도 부족함이 없게 된다는 것이다.

인내는 성화(聖化)의 과정에 절대적으로 필요하다. 로마서 5장 3,4절에서는 이 과정을 "환난은 인내를, 인내는 연단을, 연단은 소망을 이루는 줄 앎이로다"라고 기록하고 있다. 이때 연단이 '소망'을 이룬다는 것은 신앙과 인격에 연단을 받은 우리가 (차원적인 관점에서) 현실적으로 눈앞에 보이지 않더라도, (시간적인 관점에서) 아직 이루어지지 않은 미래적인 것일지라도 주의 약속이 틀림없이 이루어질 것이라는 소망을 갖게 된다는 뜻이다. 그런 소망을 가질 수 있는 이유는 바로 우리 안에 계신 성령의 역사로 우리 자신이 누구인지 알게 되고, 모든 피조물을 창조하신 하나님의 사랑을 체험하게 되기 때문이다.

> 6 그러므로 너희가 이제 여러 가지 시험으로 말미암아 잠깐 근심하게 되지
> 않을 수 없으나 오히려 크게 기뻐하는도다 7 너희 믿음의 확실함은 불로 연
> 단하여도 없어질 금보다 더 귀하여 예수 그리스도께서 나타나실 때에 칭찬
> 과 영광과 존귀를 얻게 할 것이니라 8 예수를 너희가 보지 못하였으나 사랑
> 하는도다 이제도 보지 못하나 믿고 말할 수 없는 영광스러운 즐거움으로 기
> 뻐하니 벧전 1:6-8

> 13 오히려 너희가 그리스도의 고난에 참여하는 것으로 즐거워하라 이는 그의
> 영광을 나타내실 때에 너희로 즐거워하고 기뻐하게 하려 함이라 벧전 4:13

세상에서는 환난과 고난이 고통과 죽음으로 귀결될 수밖에 없지만, 하나님나라에서는 하나님의 자녀가 성화를 이루어가는 수단으로 사용되며, 자기를 부인함으로써 온전한 인내를 배우게 만든다. 이를 통해 우리는 주의 지혜로 그분의 뜻을 이 땅에 나타내거나, 동시에 아직 오지 않았지만 이루어질 일들을 성령이 부어주시는 사랑 안에서 소망함으로써 기쁨의 특권을 누리며 살아가게 된다.

다시 말하지만, 구원을 이루어가는 삶 가운데 항상 형통과 축복만을 누리는 것은 아니다. 오히려 고난과 시험 가운데 찾아오는 믿음의 시련을 통해 온전한 인내를 이루어가는 과정이다. 따라서 우리가 행한 선한 일과 주(主)의 말씀을 믿은 결과로 반드시 성공이나 물질적 보상

이 따르는 것은 아니다. 비록 우리가 모든 것을 알지 못하고 이해할 수 없다 하더라도, 분명한 사실은 우리의 순종과 행위를 통해 주께서 그분의 뜻을 아름답게 이루어가신다는 것이다. 우리가 기꺼이 감당하는 고난이 다른 사람에게 하나님의 은혜를 흘려보내는 통로가 될 수 있다. 그러므로 환난과 고난 없이 믿음과 축복만을 강조하는 복음은 가짜 복음이다.

> 10 근심하는 자 같으나 항상 기뻐하고 가난한 자 같으나 많은 사람을 부요하게 하고 아무것도 없는 자 같으나 모든 것을 가진 자로다 고후 6:10

고난을 디딤돌로 삼자

우리의 인생에 있어서 고난과 환난, 질병과 고통은 항상 있으며, 예수님을 믿는 자든 믿지 않는 자든 누구도 이것을 피해갈 수는 없다. 그러나 우리 인생의 흐름을 자세히 살펴보라. 내게 일어난 일이 직접적으로 미치는 영향이 10퍼센트 정도인 반면, 그 일에 대해서 내가 어떤 반응을 보이느냐가 미치는 영향이 90퍼센트를 차지한다고 해도 과언이 아니다. 그렇다면 우리는 우리에게 닥친 문제들을 어떻게 해결해 나가는가? 어떤 사람은 인생의 장애물들을 디딤돌로 사용하는 반면, 어떤 사람에게는 그것이 걸림돌이 되기도 한다. 우리에게 닥친 문제가 디딤돌이 되거나 걸림돌이 되는 것은 결국 우리 마음의 태도에 달려 있다.

혼히 세상 사람들은 환경이나 사건, 다른 사람들에 의해 자신의 반응, 즉 태도가 결정된다고 믿는다. 그러나 언뜻 보기에는 그렇게 보일지도 모르지만, 킹덤 빌더는 그렇게 믿지 않아야 한다. 킹덤 빌더의 반응은 환경이나 외부적인 요인들에 의해 결정되어지는 것이 아니라, 오직 하나님에 의해서 결정되어야 한다. 즉, 삶의 태도는 하나님에 대한 나의 내면적 응답이지, 외부적인 요인에 대한 나의 반응이 되어서는 안된다는 것이다.

우리는 어그러지고 거스르는 세대 가운데서 살아간다. 그러면 어떻게 이 세상에 영향을 받지 않고 하나님의 흠 없는 자녀로 이 세상에서 빛의 역할을 감당할 수 있을 것인가? 우리는 우리의 내면에서 예수님의 참빛이 끊임없이 나오도록 해야 한다.

5 너희 안에 이 마음을 품으라 곧 그리스도 예수의 마음이니(You must have the same attitude that Christ Jesus had) 빌 2:5

7 대저 그 마음의 생각이 어떠하면 그 위인도 그러한즉 … 잠 23:7

15 이는 너희가 흠이 없고 순전하여 어그러지고 거스르는 세대 가운데서 하나님의 흠 없는 자녀로 세상에서 그들 가운데 빛들로 나타내며 빌 2:15

14 너희는 세상의 빛이라 산 위에 있는 동네가 숨겨지지 못할 것이요 마 5:14

우리가 이 세상에 묶이지 않고 주(主)의 뜻을 이루는 삶을 살기 위해서는 하나님나라의 관점에서 자신의 삶과 세상을 보는 눈이 필요하다. 그것은 바로 성령 안에서(주의 마음으로) 주의 말씀을 통해서 세상을 보는 것과 같다. 이것이 바로 킹덤 빌더가 가져야 할 킹덤 멘탈리티의 핵심이다.

우리의 삶을 하나님나라의 관점에서 새롭게 보고, 그것을 통해서 우리가 새롭게 해야 할 사고방식이 무엇인지 알아보자.

> 2 너희는 이 세대를 본받지 말고 오직 마음을 새롭게 함으로 변화를 받아 (by changing the way you think) 하나님의 선하시고 기뻐하시고 온전하신 뜻이 무엇인지 분별하도록 하라 롬 12:2

인생은 폭풍 속을 헤쳐나가는 배와 같다. 그런데 배를 이끌어가는 것은 돛과 키이다. 흔히 우리는 폭풍과 같은 주위 환경이 자신의 처지를 이렇게 만들었다고 말하기 쉽다. 그런데 사실은 그렇지 않다. 인생의 돛은 '마음의 태도'이고 키는 '혀의 말'이다. 인생의 성공과 실패는 문제 자체가 아니라, 그 문제에 대한 우리 마음의 태도와 우리의 믿음에 기초한 말과 행동에 달려 있다.

폭풍을 보는 우리의 관점을 바꾸자

폭풍을 헤쳐나가는 것은 내 삶이 아니라 주(主)의 뜻을 이루는 일이 되어야 한다. 왜냐하면 나는 예수 그리스도와 연합하여 이미 죽었고, 이제 나는 내 안에 계신 그리스도의 삶을 살기 때문이다. 우리는 모든 일을 하나님의 관점으로 바라보는 연습을 해야 한다. 동일한 상황이라도 보는 관점(즉, 태도)에 따라 완전히 다른 결과를 낳을 수 있다. 좋은 것을 찾는 자만이 좋은 것을 볼 수 있고, 좋게 생각하는 자만이 좋은 것을 얻을 수 있다. 그런데 대부분의 사람들은 자기를 바꾸는 대신 문제만 해결하기 원한다.

> 22 눈은 몸의 등불이니 그러므로 네 눈이 성하면 온몸이 밝을 것이요(눈은 마음의 등불임으로, 좋은 것을 보고 찾지 않으면, 그 영혼이 어두워지게 된다) 마 6:22

폭풍을 통하여 영적 돌파가 일어나게 하라

사탄은 우리를 죽이고 멸망시키고자 여러 가지 고난을 준다. 그리고 우리가 각자 자기 소견과 판단대로 그 일을 대함으로써 하나님의 뜻도 모르고 하나님의 은혜도 경험하지 못하게 한다. 사탄은 우리가 고통이나 원하지 않는 결과들을 피하기 위해서라면 필요한 것을 모두 하도록 부추긴다. 그러나 하나님은 우리가 하나님을 알아가고 그분의 선하심과 권능을 체험하도록 하기 위해 우리에게 고난을 허락하신다. 바람을 맞선 연을 생각해보라. 바람을 제대로 받으면 받을수록 연은 하늘 높이 올라가지만, 그렇지 못하면 땅으로 곤두박질치고 만다. 결국 하나님은 사탄을 이용하셔서 하나님의 뜻을 이루실 뿐만 아니라 우리에게 영적 돌파가 일어나게 하신다.

33 주께서 인생으로 고생하게 하시며 근심하게 하심은 본심이 아니시로다
애 3:33

따라서 여러 가지 고난이나 시험을 만날 때 우리는 그것을 기쁘게 여겨야 한다. '내가' 내 삶의 주인이면 어떤 문제 때문에 염려, 근심, 걱정이 생기고, 그 문제를 해결하는 것이 고통이고 아픔이지만, '하나님이' 내 삶의 주인이시면 문제를 해결하는 것은 결국 주를 기쁘시게 하는 일이 되기 때문이다. 시험을 당하지 않아서 기뻐할 뿐만 아니라, 시험이 닥칠 때에도 기뻐해야 한다.

2 내 형제들아 너희가 여러 가지 시험을 당하거든 온전히 기쁘게 여기라 약 1:2

16 항상 기뻐하라 17 쉬지 말고 기도하라 18 범사에 감사하라 이것이 그리스도 예수 안에서 너희를 향하신 하나님의 뜻이니라 살전 5:16-18

우리가 시험을 기쁨으로 받아들일 때 하나님이 늘 함께하신다. 마치 아기가 첫걸음마를 뗄 때 아버지가 뒤에서 두 눈을 크게 뜨고 지켜보며 따라가는 것처럼, 주님도 우리를 그렇게 보호하신다.

13 사람이 감당할 시험밖에는 너희가 당한 것이 없나니 오직 하나님은 미쁘사 너희가 감당하지 못할 시험 당함을 허락하지 아니하시고 시험 당할 즈음에 또한 피할 길을 내사 너희로 능히 감당하게 하시느니라 고전 10:13

폭풍은 우리의 믿음과 말에 따라 변화한다

우리는 어떤 일들을 헤쳐나갈 때 눈앞의 모든 상황과 조건들을 고려하여 최선의 길이 무엇일까 생각해보고 하나님께 그 길을 보여달라고 기도한다. 그러나 그것은 지극히 자기중심적인 기도이다. 하나님은 그 상황을 헤쳐나갈 최선의 길을 보여주시는 분이 아니라 그 상황을 우리의 믿음을 통해서 바꾸시는 분이다. 그래서 우리 생각으로는 절대 불가능한 일들도 일어나게 되는 것이다.

따라서 어떻게 하면 우리의 마음이 하나님의 의(義)가 되게 하고(고후 5:21) 그분의 뜻에 우리의 마음을 일치시킬 수 있는가(요일 5:14,15) 하는 것이 우리의 기도가 되어야 한다. 삶의 주도권은 하나님의 뜻을 이루고자 하는 자녀에게 있는 것이지, 환경이나 사건, 다른 사람에게 있는 것이 아니다. 지금 우리가 폭풍의 한가운데를 지나가고 있지만, 이미 변화는 일어나고 있다. 하나님이 나와 함께하시기 때문에 그분이 개입하고 계시며 그 상황이 변화되고 있다는 것이다(하나님을 당신 편으로 끌어들이려고 하지 말고, 당신이 하나님 편이 되어야 한다). 폭풍 속에서도 하나님의 뜻을 이루는 마음으로 주(主)의 말씀을 선포하라.

> 17 그가 저주하기를 좋아하더니 그것이 자기에게 임하고 축복하기를 기뻐하지 아니하더니 복이 그를 멀리 떠났으며 시 109:17

인생에서 실패는 결코 끝이 아니다

실패란 넘어질 때를 가리키는 말이 아니라, 넘어지고 난 다음 다시 일어서기를 거부하는 태도를 가리키는 말이다. 하나님나라의 삶은 육신으로는 결코 경험되지 않는 차원으로, 하나님나라의 법칙을 알고 적용하는 믿음의 삶이다. 따라서 언제든지 실패할 수 있다. 그러나 그 실패를 디딤돌로 삼을 때마다 우리는 더 놀라운 주님의 은혜를 경험하게 되고, 주님을 더 기쁘시게 할 수 있다.

16 대저 의인은 일곱 번 넘어질지라도 다시 일어나려니와 악인은 재앙으로 말미암아 엎드러지느니라 잠 24:16

36 너희에게 인내가 필요함은 너희가 하나님의 뜻을 행한 후에 약속하신 것을 받기 위함이라 히 10:36

실패를 통해 하나님의 역사에 동참하게 된다

킹덤 빌더는 이 땅에서 승리하거나 더 큰 복을 누리거나 다른 사람들이 하지 못한 일을 행하기 위해서 사는 것이 아니다. 킹덤 빌더는 하나님의 뜻을 이루기 위해서 살아가는 존재이다. 그 삶에는 예외 없이 고난, 시험, 믿음의 위기와 실패 그리고 놀라운 하나님의 은혜가 있다. 이런 삶의 여정을 통해 그는 자신을 위해서 사는 삶이 아니라 하나님을 나타내는 삶이 무엇인지를 배우고 경험하게 된다. 다시 말하자면, 타락한 세상을 하나님의 뜻대로 변화시키는 역할을 하게 되는 것이다. 킹덤 빌더는 이 세상의 영향을 받는 존재가 아니라 이 세상을 변화시키는 존재로 부름 받은 자이다.

킹덤 빌더는 단지 복음을 전하는 자가 아니라 자신이 복음이 되어서 사회를 변화시키는 자가 되어야 한다. 즉, 열심히 신앙생활을 하면서 시간을 내어 전도하는 자가 아니라, 이 세상의 다양한 삶의 영역 가운데서 하나님의 통로가 되어 그분의 영광(성품, 능력, 지혜 등)을 드러냄으로 그 문화를 변화시켜야 한다.

우리는 역사를 통해서 뛰어난 개인이 아닌 하나님의 마음을 가진 자들이 세상을 변화시키는 것을 보게 된다. 그런데 그 삶은 예외 없이 개인의 고난으로부터 시작된다. 기드온, 요셉, 모세, 사도 바울을 생각해보라. 그들은 고난을 통해서 자신을 버렸고, 하나님의 부르심에 순종했으며, 그 결과 수많은 사람들에게 영향력을 끼치고 세상을 변화시켰다. 디트리히 본회퍼(Dietrich Bonhoeffer), 마틴 루터 킹 주니어(Martin Luther King Jr.)나 넬슨 만델라(Nelson Mandela), 손양원, 주기철 목사 역시 그런 인생의 좋은 예이다.

> 35 내가 나를 위하여 충실한 제사장을 일으키리니 그 사람은 내 마음, 내 뜻대로 행할 것이라 내가 그를 위하여 견고한 집을 세우리니 그가 나의 기름부음을 받은 자 앞에서 영구히 행하리라 삼상 2:35

그러나 대부분의 사람들은 고난을 받을 때 자신의 삶을 변화시키는 대신에 현실에 안주하면서 더 많은 것들을 얻어내려고 한다. 고난을 허락하시는 하나님은 그 가운데서 더 큰 소명을 발견하고 하나님 앞으로 나아오는 사람을 찾고 계신다. 그 사람을 세워서 그가 더 이상 자신을 위해 살아가는 것이 아니라, 하나님의 뜻을 행함으로 세상을 변화시키기를 원하신다. 그래서 이 땅에 다시 주(主)의 뜻을 이루어가시는 것이다.

> 9 여호와의 눈은 온 땅을 두루 감찰하사 전심으로 자기에게 향하는 자들을 위하여 능력을 베푸시나니 이 일은 왕이 망령되이 행하였은즉 이 후부터는 왕에게 전쟁이 있으리이다 하매 대하 16:9

사실 개인적인 고난은 새로운 존재로 나아가는 관문이 될 수도 있고, 좌절과 실패의 관문이 될 수도 있다. 대부분의 사람들은 고난이 올 때 세상의 방식대로 그 삶에서 벗어나려고 한다. 그러나 소수의 사람들만이 그 고난을 통해서 생명의 문을 찾게 되고, 하나님의 위대한 통로로 쓰임을 받게 된다.

> 13 좁은 문으로 들어가라 멸망으로 인도하는 문은 크고 그 길이 넓어 그리로 들어가는 자가 많고 14 생명으로 인도하는 문은 좁고 길이 협착하여 찾는 자가 적음이라 마 7:13,14

마귀는 아담과 하와의 때뿐만 아니라 지금도 인간의 마음을 도둑질하고, 그 생명을 죽이고, 세상을 멸망시키기 위해서 최선을 다해 노력하고 있다. 사탄의 최고 전략은 인간이 하나님을 만나지 못하게 함으로써 자신의 존재와 삶의 가치와 인생의 목적을 알지 못하도록 만드는 것이다.

8 근신하라 깨어라 너희 대적 마귀가 우는 사자같이 두루 다니며 삼킬 자를 찾나니 벧전 5:8

2 인생들아 어느 때까지 나의 영광을 바꾸어 욕되게 하며 헛된 일을 좋아하고 거짓을 구하려는가 (셀라) 시 4:2

마귀는 우리의 마음을 자신의 과거 상처와 쓴뿌리, 다른 사람과의 깨어진 관계, 물질의 어려움, 욕망을 채우고자 하는 갈망 등에 묶이게 함으로써 하나님을 바라보지 못하게 한다. 그러나 하나님께서는 주어진 터전에서 자기 자신을 위해 살아가는 인생들이 하나님을 만나 새로운 그분의 역사를 쓰게 되기를 원하신다. 그래서 하나님은 고난을 주시는 것이 아니라 고난을 허용하신다. 고난이야말로 우리를 이 세상의 삶이 아닌 하나님나라의 삶으로 인도하는 복된 관문이기 때문이다.

기쁨으로 주님을 영화롭게 하라

하나님은 자신의 영광을 위해 우리와 모든 피조 세계를 창조하시고 구원하셨다. 그렇다면 구원받은 후 우리는 하나님을 어떻게 영화롭게 할 수 있는가? '기쁨'은 본질적으로 하나님의 감정이며, 우리를 통해서 하나님의 영광을 나타내는 최고의 상태이다.

웨스트민스터 신앙고백에 따르면 "사람의 제일가는 목적은 하나님을 영화롭게 하고 영원토록 그분을 즐거워하는 것이다." '하나님 한 분만으로 즐거워하는 것'(기쁨을 누리는 것)이야말로 하나님을 영화롭게 하는 것이다. 그런데 우리는 앞서 언급한 것처럼 스스로 우리 자신의 감정을 죽이며 살아왔기 때문에 구원받은 후에도 하나님을 즐거워하는 것이 무엇인지 잘 모르고 있다. 또한 타락한 우리는 세상적인 것에 조건부적인 기쁨을 누리며 살아왔다. 그 결과 구원받은 후에도 주님이 주시는 영원한 기쁨을 알지 못한 채 너무 쉽게 만족하고 즐거워하는 삶을 살고 있다.

'세상적인 것'은 우리의 삶에서 잠깐 있다가 없어지는 소유, 음식, 술, 섹스, 야망 등과 같은 것을 말하며, '조건부적으로'라는 것은 지금 여기에서는 아니지만 무엇인가를 얻거나 이루어지거나 해결되면 기쁨을 누릴 것이라는 생각을 가지고 사는 것을 말한다. 그렇기 때문에 자신의 욕망을 충족시켜주지 못하는 현실에서 사는 우리는 기쁨을 나타내지도 누리지도 못하며 살게 된다. 실제로 고난 중에서도 기쁨을 누리는 것이 하나님의 자녀의 징표이다. 그래서 항상 기뻐하는 삶은 가장 힘든 영적 훈련 중의 하나이다.

미국이 낳은 가장 위대한 목회자이자 신학자 중 한 사람인 조나단 에드워즈(Jonathan Edwards)는 《하나님의 천지창조 목적》이라는 책에서 다음과 같이 고백하고 있다.◆

◆ 존 파이퍼(John Piper)가 쓴 《최고의 기쁨을 맛보라》(좋은 씨앗) pp.32에서 재인용됨.

하나님께서는 그분의 영광이 나타날 때뿐만 아니라 그 영광을 사람들이 향유할 때에도 영광을 받으신다. 사람들이 단지 드러난 그 영광을 볼 때보다, 사람들이 그 영광을 보면서 그것을 즐거워할 때 하나님은 더욱 영광을 받으신다. 그러므로 사람들은 머리로 이해할 뿐만 아니라 가슴으로 느끼는 방식 모두를 통해 전인격적으로 그 영광을 받아들여야 한다. 하나님께서는 그분의 영광이 전해지는 것뿐만 아니라 피조물이 그것을 누릴 수 있게 세상을 만드셨다. 즉, 머리와 가슴으로 그 영광이 받아들여지도록 하셨다. 따라서 우리는 하나님의 영광에 대한 자신의 생각을 증거하는 것뿐만 아니라 그 영광에 대한 자신의 기쁨을 증거하는 것으로도 하나님을 더욱 영화롭게 할 수 있다.

지금 우리는 우리 육신의 기쁨을 위해 살아가고 있다. 그런데 우리의 육신을 기쁘게 할 때는 죄를 짓게 되고 결국 사망에 이르게 된다. 우리가 하나님의 자녀라면 우리 육신을 기쁘게 하는 자가 아니라 우리 영안에 계신 여호와 하나님 아버지를 기쁘시게 하는 삶을 살아야 한다. 그분을 즐거워함으로 그분을 영화롭게 해야 한다. 그럴 때 하나님의 영광이, 하나님의 권능이 나타난다.

우리는 찬양과 경배와 예배를 통하여 그분을 영화롭게 하기를 원한다. 그러나 그것은 우리가 행하는 또 하나의 종교 활동일 수 있으며, 진정으로 하나님을 영화롭게 하는 것은 삶 그 자체여야 한다. 우리 안에 계신 그분이 우리를 통해서 조금도 부족함 없이 완전하게 나타나시는 것이 바로 그분이 영광을 받으시는 것이다. 그렇다면 그분이 완전하게 나타나는 증거는 무엇인가? 그것은 바로 '기쁨'이다. 존 파이퍼(John Piper)가 "우리가 하나님 안에서 최고의 즐거움을 누릴 때 하나님이 우리 안에서 최고의 영광을 받는 것이다"라고 했던 것처럼, 주님만으로 말할 수 없이 기뻐하는 것이 그분이 영광을 받으시는 징표인 것이다.

우리가 하나님의 본질 중에 하나가 기쁨인 것을 알고 그분께서 우리를 얼마나 기뻐하시는지 체험할 때, 비로소 우리는 진정한 하나님의 자녀성을 나타내게 된다. 우리의 존재에 대한 하나님의 기쁨을 이 피조 세계에 나타내는 것이 우리가 이 땅에서 살아가는 이유이기도 하다. 기쁨을 잃는다는 것은 내 자신의 존재 이유를 잃는 것과 같다.

하나님의 아들로서 이 땅에 오신 예수님의 가르침을 생각해보라.

9 주께서 의를 사랑하시고 불법을 미워하셨으니 그러므로 하나님 곧 주의 하나님이 즐거움의 기름을 주께 부어 주를 동류들보다 뛰어나게 하셨도다 하였고 히 1:9

11 내가 이것을 너희에게 이름은 내 기쁨이 너희 안에 있어 너희 기쁨을 충만하게 하려 함이라 요 15:11

13 지금 내가 아버지께로 가오니 내가 세상에서 이 말을 하옵는 것은 그들로 내 기쁨을 그들 안에 충만히 가지게 하려 함이니이다 요 17:13

사도 바울의 가르침을 생각해보라.

4 주 안에서 항상 기뻐하라 내가 다시 말하노니 기뻐하라 빌 4:4

16 항상 기뻐하라 살전 5:16

타락하기 전 우리의 존재 자체가 기쁨이라는 사실은, 타락한 후 우리의 삶이 늘 기쁨을 추구하고 있는 것을 통해서도 알 수 있다. 우리는 기쁨(쾌락, 향락)을 얻기 위해서 자신의 모든 것을 투자하며 살고 있다. 안타깝게도 타락한 존재는 하나님이 지으신 존재 자체로 기쁨을 누리지 못하고, 오직 자기 행위에 대한 대가로 기쁨을 누리고자 한다. 마귀는 이것을 이용해서 우리 주위에서 일어나는 온갖 부정적인 일들을 통해 타락한 자들의 마음에서 기쁨을 앗아간다.

그러나 하나님의 자녀인 우리에게 삶은 주어진 선물이며, 우리 마음대로 주관할 수 없으며, 단 1분도 당연시할 수 없다는 것을 알아야 한다. 현재 우리가 존재한다는 것만으로도 기쁨이 넘쳐나야 한다. 실제로 우리는 불치병, 파산, 관계의 파괴 등과 같은 참혹한 고통을 경험할 때 비로소 우리에게 주어진 생명과 시간이 얼마나 소중하며, 살아 있다는 자체가 얼마나 큰 기쁨인지 체험하게 된다.

기뻐하는 것은 하나님의 형상으로 지음을 받은 우리가 마땅히 하나님의 속성을 드러내는 것이다. 하나님의 마음에 일치하지 않는 것이 죄라면, 기쁨이 없는 것도 죄다. 어떤 면에서 보면 종교적인 사람일수록 기쁨이 없는 죄에 빠지기 쉽다. 우리가 진정으로 기뻐해야 하는 이유는 하나님이 우리의 선한 행위 때문이 아닌 내 존재 자체만으로 말할 수 없이 기뻐하시고 사랑하시기 때문이다.

> 17 너의 하나님 여호와가 너의 가운데에 계시니 그는 구원을 베푸실 전능자 이시라 그가 너로 말미암아 기쁨을 이기지 못하시며 너를 잠잠히 사랑하시 며 너로 말미암아 즐거이 부르며 기뻐하시리라 하리라 습 3:17

또한 우리가 지금 우리 안에 계신 예수님과 사랑을 나누고 있기 때문이다.

> 8 예수를 너희가 보지 못하였으나 사랑하는도다 이제도 보지 못하나 믿고 말할 수 없는 영광스러운 즐거움으로 기뻐하니 벧전 1:8

그렇다면 실제적으로 어떻게 주의 기쁨을 나타내는 삶을 살 수 있는가?

고난과 시험의 의미를 깨닫고 그 가운데서 의지적으로 기뻐하는 것을 훈련 해야 한다

기뻐할 조건이 있어서 기뻐하는 것이 아니라, 기뻐하는 것이 우리에게 주신 소명이며, 기뻐할 때 우리를 통해 주님을 나타내게 된다는 것을 알아야 한다.

3 다만 이뿐 아니라 우리가 환난 중에도 즐거워하나니 이는 환난은 인내를,
롬 5:3

2 내 형제들아 너희가 여러 가지 시험을 당하거든 온전히 기쁘게 여기라 약 1:2

몸과 마음이 같은 시간, 같은 장소에 있게 하는 것이다

바쁘게 사는 삶은 결코 하나님이 우리에게 원하시는 삶이 아니다. 마귀는 우리로 하여금 믿음을 잃게 만드는 데 실패할 때는 그 대신에 우리를 바쁘게 한다. 바쁘게 살면 많은 일들을 해치우기 위해 자연히 꽉 채워진 스케줄을 소화해내는 삶을 살 수밖에 없다.

　현재의 삶을 자세히 살펴보면 몸은 어느 시간 어느 장소에 있어도 마음은 늘 다른 곳에, 다음에 해야 할 일에 가 있는 자신을 발견하게 된다. 예를 들면, 주어진 어떤 일을 하기 위해서 지금 이 자리에 있기는 하지만, 마음은 그다음에 처리해야 할 일에 대해서(어디를 어떻게 가야 할지, 누구를 만나야 할지, 그 일을 어떻게 처리해야 할지) 생각하게 된다는 것이다. 그렇게 살다보면 우리는 언제, 어디서, 무슨 일을 하더라도 몸과 마음이 일치되어 현재의 삶을 누리거나 즐기지 못한 채, 눈앞에 있는 상황들을 빨리 잘 처리해야 할 일들로만 여기게 되는 것이다.

　이런 삶의 방식은 어떤 일을 하더라도 내 자신에게 기쁨을 주지 못하는 것은 물론이고 다른 사람들의 기쁨에 동참하는 것 역시 허락하지 않는다. 더욱이 매 상황마다 함께하시는 주님이 우리에게 주시는 놀라운 은혜를 발견하지도 못하게 만든다. 그 은혜 중 가장 큰 은혜가 바

로 기쁨이다.

지금 여기에서 기쁨을 누리는 것이다

우리가 쉽게 속고 있는 것들 중 하나는 지금이 아닌 미래에는 기뻐할 수 있다는 환상을 가지고 산다는 것이다. 예수 그리스도 안에서 존재 자체로서 기쁨을 누리지 못하는 자는 항상 자신의 행위로 기쁨을 얻으려고 하기 때문에, 지금은 기뻐하지 못하지만 '무엇이 변하면, 무엇을 하면, 무엇이 되면' 그때에는 기뻐할 수 있으리라고 생각한다. 그런 사고방식에 잡혀 있는 사람은 막상 원하던 대로 되어도 기대했던 기쁨을 누리지 못하는 자신을 경험하게 된다. 왜냐하면 마귀는 또 다른 기쁨의 조건을 찾도록 우리의 상황을 변화시키기 때문이다. 행위로서 기쁨을 누리고자 하는 자는 기쁨을 누리기보다는 욕망을 키워갈 뿐이다. 하나님 안에서 누리는 기쁨만이 영원한 기쁨이다.

> 24 이 날은 여호와께서 정하신 것이라(this is the day LORD has made) 이 날에 우리가 즐거워하고 기뻐하리로다 시 118:24

우리는 하나님께서 만드신 어제 혹은 내일이 아닌, 하나님께서 주신 오늘 현재의 삶을 살고 있다. 오늘이 하나님의 날이고, 오늘이 예수 그리스도의 십자가와 연합되어(예수님의 죽으심에 따른 대속, 예수님의 부활에 따른 새 생명) 그 연합에 기초한 은혜로 실존하는 날이고, 오늘이 예수의 생명이 나타나는 날이다. 우리는 이 시간을 귀하게 여기고 즐거워하고 기뻐할 줄 알아야 한다. 오늘 기뻐하지 못하는 자는 결코 내일도, 그리고 영원히 기뻐할 수 없다는 것을 알아야 한다.

한편, 우리가 가지고 있는 미래에 대한 소망적 기쁨은 타락한 자들이 가지는 긍정적 사고방식과는 다르다. 우리는 종말론적 사고를 가져야 한다. 이것은 내 안에 계신 예수 그리스도께서 세상을 이기신 것을 알고, 이미 확증된 예수 그리스도의 재림을 바라보며 현재를 사는 것이다.

7 우리가 즐거워하고 크게 기뻐하며 그에게 영광을 돌리세 어린 양의 혼인 기약이 이르렀고 그의 아내가 자신을 준비하였으므로 계 19:7

평상시 자신의 행위로서 기쁨을 누리는 삶이 아니라 주 안에 있는 자신의 존재로서 기쁨을 누리는 자만이 삶의 사소한 일에서도, 고통 가운데서도 기쁨을 누릴 수 있게 된다.

4 또 여호와를 기뻐하라 그가 네 마음의 소원을 네게 이루어 주시리로다
시 37:4

우리는 하나님의 자녀로서 기쁨을 누리는 존재로 지음을 받았고, 현재적 하나님나라에서 기쁨을 나타내는 삶을 살아야 하며, 비록 어려운 일이 닥치더라도 주(主)의 뜻을 이루기 위해서 기뻐해야 하며, 다시 오실 예수님과의 혼인 예식을 생각하며 기뻐해야 한다.

22 마음의 즐거움은 양약이라도 심령의 근심은 뼈를 마르게 하느니라
잠 17:22

17 하나님의 나라는 먹는 것과 마시는 것이 아니요 오직 성령 안에 있는 의
와 평강과 희락이라 롬 14:17

12 너희는 기쁨으로 나아가며 평안히 인도함을 받을 것이요 산들과 언덕들
이 너희 앞에서 노래를 발하고 들의 모든 나무가 손뼉을 칠 것이며 사 55:12

영적 성숙에서 가장 간과되기 쉬운 부분이 바로 하나님의 기쁨이다.
그렇기 때문에 성경은 우리에게 "항상 기뻐하라"(살전 5:16)고 하셨다.
우리도 주위 사람들 가운데 기뻐하지 않고 무뚝뚝한 태도를 보이는 사
람들을 보면 견디기 힘들지 않는가? 하물며 사랑하는 자녀들이 그런
모습으로 살아가는 것을 지켜보시는 하나님 아버지의 마음은 과연 얼
마나 아프실지 한번 생각해보라. 항상 기뻐하자. 주님이 함께하시지
않는가?

부르심의 자리에 서라

나는 지금 부르심의 자리에 서 있는가?

하나님나라의 삶을 살기 위한 영적 훈련에 있어서 고난을 기뻐하는 것과 더불어 또 한 가지 어려운 일은, 바로 부르심의 자리를 찾아 그곳에서 주(主)의 때에 주께서 원하시는 일을 행하는 삶을 사는 것이다. 우리는 간혹 주변에서 하나님의 은혜로 구원받은 후 자신의 삶을 완전히 변화시키는 경우를 보게 된다. 예를 들면 하나님의 부르심을 따라 세상의 일과 직업을 포기하고 신학교에 가거나 아니면 선교사로 나가는 것이다. 이 경우 진정한 부르심의 자리를 찾았다고 볼 수 있을 것이다.

그러나 대부분은 구원받은 후 기존의 상태에서 훌륭한 그리스도인이 되기 위해 열심히 신앙생활을 한다. 그런데 훌륭한 그리스도인이 되는 것보다 더 중요한 것은, 자신이 정말 부르심에 합당한 자리에 있는지를 점검해보는 것이다. 물론 하나님께서 허락하신 그 자리가 부르심의 자리일 경우가 대부분 맞겠지만, 우리가 온전한 킹덤 빌더의 삶을 살기 위해서는 반드시 이 부분에 대한 확신이 있어야 한다. 그런데 안타깝게도 그 부르심의 자리에 대한 확신 없이 단지 훌륭한 그리스도인이 되기 위해서 열심히 신앙생활을 하거나 혹은 (이제 예수님이 함께하시기 때문에) 더 나은 신분, 남보다 뛰어나고 주목받는 자리, 더 영광스러운 자리를 부르심의 자리라고 여겨서 그것을 이루기 위해 기도하고 신앙생활을 열심히 하는 경우 또한 많다.

이미 언급했듯 우리는 성공지상주의와 공리주의에 사로잡혀 있기 때문에 우리가 열심히 신앙생활을 하면 훌륭한 그리스도인이 될 수 있고,

지금보다 나은 삶을 살게 될 것이며, 성공하고 잘될 것이라는 기대감을 갖게 된다. 그러나 하나님의 자녀는 그런 것들이 아니라 우리 안에 계신 하나님의 영광을 드러내기 위해서 살아가야 한다. 우리가 이 땅에서의 삶을 다한 후 예수 그리스도의 심판대 앞에 섰을 때, 하나님은 우리가 예수 그리스도를 믿음으로써 얼마나 성공했는지, 우리가 예수 그리스도를 위해서 얼마나 헌신했는지를 가지고 판단하지 않으실 것이다. 그 대신에 우리가 육신으로 있는 동안 자신을 얼마나 내려놓고 그분을 얼마나 나타냈는지를 가지고 판단하실 것이다. 이 진리를 제대로 깨닫지 못하면 우리는 하나님이 정말 우리를 위해 예비하신 부르심의 자리를 찾지 못하게 된다.

우리는 모두 한 아버지를 둔 자녀로 한 몸을 이루고 있다. 즉, 한 몸이고, 한 성령이고, 한 소망이고, 한 주(主)이고, 한 믿음이고, 한 세례이고, 한 하나님 아버지를 섬기고 있다. 또한 우리는 한 몸의 각 지체가 되어 각 사람마다 그리스도의 은사의 분량대로 다양한 은혜를 받아 그리스도의 몸을 세운다.

> 4 몸이 하나요 성령도 한 분이시니 이와 같이 너희가 부르심의 한 소망 안에서 부르심을 받았느니라 5 주도 한 분이시요 믿음도 하나요 세례도 하나요 6 하나님도 한 분이시니 곧 만유의 아버지시라 만유 위에 계시고 만유를 통일하시고 만유 가운데 계시도다 7 우리 각 사람에게 그리스도의 선물의 분량대로 은혜를 주셨나니 … 12 이는 성도를 온전하게 하여 봉사의 일을 하게 하며 그리스도의 몸을 세우려 하심이라 엡 4:4-12

¹² 몸은 하나인데 많은 지체가 있고 몸의 지체가 많으나 한 몸임과 같이 그리스도도 그러하니라 ¹³ 우리가 유대인이나 헬라인이나 종이나 자유인이나 다 한 성령으로 세례를 받아 한 몸이 되었고 또 다 한 성령을 마시게 하셨느니라 ¹⁴ 몸은 한 지체뿐만 아니요 여럿이니 … ¹⁸ 그러나 이제 하나님이 그 원하시는 대로 지체를 각각 몸에 두셨으니 고전 12:12-18

⁴ 우리가 한 몸에 많은 지체를 가졌으나 모든 지체가 같은 기능을 가진 것이 아니니 ⁵ 이와 같이 우리 많은 사람이 그리스도 안에서 한 몸이 되어 서로 지체가 되었느니라 ⁶ 우리에게 주신 은혜대로 받은 은사가 각각 다르니… 롬 12:4-6

이 말씀을 통하여 우리가 깨닫게 되는 것은, 우리는 서로 지체로 존재하며, 우리가 원하는 것을 행하는 것이 아니라 주신 은혜대로 서로 다른 은사를 가지고 기능을 달리하여 그리스도의 몸을 온전히 세워간다는 것이다. 그 지체의 기능이 무엇이든지 그 기능에 더 영광스러운 것도 덜 영광스러운 것도 없으며, 더 중요한 것도 덜 중요한 것도 없으며, 본래 하나님이 원하시는 곳에서 그 은사를 온전히 나타내는 것이 하나님을 가장 영화롭게 한다는 것이다.

부르심에 따른 십자가의 삶을 살아라

하나님께서는 우리를 구원해주신 후 한 사람도 예외 없이 각자에게 맞는 소명을 주시고 그것을 이루게 하셨다. 따라서 진정으로 하나님이 보시기에 아름다운 인생은 하나님이 부르신 자리에서 주(主)를 나타내는 삶을 사는 것이다.

우리는 흔히 예수 그리스도를 믿기 때문에 환난과 고난을 당한다고 생각한다. 그러나 실제로는 예수 그리스도 때문에 받는 고난이 아니라 자신이 부르심의 자리에 있지 않거나 하나님의 때가 아닐 때 하나님이 원하시는 일을 하지 않기 때문에 당하는 고난이 너무 많다. 여전히 구습에 의한 인간적인 욕심이 살아 있기 때문에 불필요한 고난을 자초한다는 것이다. 그럴 경우에 성령의 열매(갈 5:22-24)를 맺기는 힘들며, 성령님을 더 근심시키게 될 것이다.

> 20 죄가 있어 매를 맞고 참으면 무슨 칭찬이 있으리요 그러나 선을 행함으로 고난을 받고 참으면 이는 하나님 앞에 아름다우니라 21 이를 위하여 너희가 부르심을 받았으니 그리스도도 너희를 위하여 고난을 받으사 너희에게 본을 끼쳐 그 자취를 따라오게 하려 하셨느니라 벧전 2:20,21

실제로 하나님나라가 성령 안에서 의와 희락과 평강을 누리는 것인데도 불구하고(롬 14:17) 왜 나는 이런 삶을 누리지 못하는 것일까? 만약 지금 이 책을 읽는 당신이 소명을 이루기 위해 열심을 다하는 삶을 살았지만 환난과 고난의 연속이라면, 성령과 말씀과 멘토의 도움을 받아 자신이 정말 부르심의 자리에 있는지를 먼저 확인해보아야 한다. 한편 부르심의 자리에 서 있는 자는 세상적인 기준(자신의 처지, 신분, 직급, 권세 등)에 연연하지 않고 예수 그리스도와의 관계 속에서 하나님의 성품과 권능을 나타내며 살게 될 것이다.

> 11 내가 궁핍하므로 말하는 것이 아니니라 어떠한 형편에든지 나는 자족하기를 배웠노니 12 나는 비천에 처할 줄도 알고 풍부에 처할 줄도 알아 모든 일 곧 배부름과 배고픔과 풍부와 궁핍에도 처할 줄 아는 일체의 비결을 배웠노라 빌 4:11,12

더 나은 삶이나 요직에 들어가거나 성공하는 삶을 추구하는 것이 아니라 하나님께서 부르시는 곳에서 주(主)의 뜻을 이루는 것이 얼마나 귀한 일인지를 알아야 한다. 이것은 성경에 나오는 인물들의 예를 통해서도 확인할 수 있는 진리이다.

사도행전에 나오는 바나바를 생각해보자. 바나바는 회심(回心)했지만 유대 그리스도인들로부터 의심을 받고 교제를 거부당하던 바울을 불러 예루살렘에 있던 사도들에게 데려왔고(행 9:27), 그를 다소에서 안디옥으로 데려와 자신이 개척한 교회에서 동역하게 했다(행 11:25,26). 그뿐 아니라 둘이 함께 파송을 받아 선교 여행을 할 때, 처음에는 바나바가 리더의 역할을 수행했지만 자신보다 바울이 사역을 더 잘 감당하자 기꺼이 그에게 리더의 자리를 내어주었다.

이에 대해 우리는 흔히 바나바가 세상적인 인정을 포기하고 주(主)를 위해 자신을 내려놓았기 때문에 훌륭하다고 생각하지만, 사실은 그보다 더 중요한 비밀이 있다. 바나바는 단지 자신을 쳐서 복종시킨 것이 아니라 그를 위해 예비된 하나님의 부르심의 자리에 선 것이다. 만약 바나바가 부르심의 자리에 서지 않았다면 사도 바울이 그렇게 쓰임받을 수 있었겠는가?

또 한 사람을 들자면, 예수님의 첫 번째 제자였던 사도 안드레가 있다. 안드레는 원래 세례 요한의 제자였다가 요한이 예수님을 칭찬하자 예수님의 제자가 된 두 사람 중 한 사람이다. 그러니까 사도 요한과 안드레는 가장 먼저 예수님의 제자가 된 인물들이다. 안드레는 일찍부터 헌신한 사람이었고, 자신의 형인 베드로를 예수님께 데려간 사람이기도 했다.

그럼에도 불구하고 그는 예수님과 가장 친밀했던 세 명의 수제자 그룹에 들지 못했다. 베드로와 요한, 요한의 형제 야고보, 이 세 사람이 안드레보다 더 훌륭한 인격과 능력을 갖추었기 때문인가? 사실 예수님의 공생애 동안에 야고보의 행적에 대해서는 성경에 기록된 바가 거의 없다. 그러나 안드레는 묵묵히 자신의 자리에서 자신에게 주어진 일을 감당한 것을 볼 수 있다. 안드레는 2만 명이 넘는 사람들이 모인 들판 한복판에서 한 아이가 가지고 있던 오병이어를 예수님에게 전달했다. 기적의 씨앗을 찾아내고 심은 것이다.

> 8 제자 중 하나 곧 시몬 베드로의 형제 안드레가 예수께 여짜오되 9 여기 한 아이가 있어 보리떡 다섯 개와 물고기 두 마리를 가지고 있나이다 그러나 그것이 이 많은 사람에게 얼마나 되겠사옵나이까 요 6:8,9

또한 명절에 예배하러 온 헬라인(이방인) 몇 사람이 예수님을 만나고 싶어 했을 때, 같은 고향 출신인 빌립이 먼저 찾아가 의논한 사람 역시 안드레였다. 안드레와 빌립은 함께 예수께로 가서 그 사실을 전한다(요 12:20-22). 지금의 시각에서 보면 작은 일이지만, 당시 유대인의 관점에서는 이런 이방인들의 부탁을 들어주고자 하는 것은 화를 자초하는 일이었다. 왜냐하면 유대인이 이방인과 교제하면 부정해진다는 생각이 지배적이었기 때문이다. 그럼에도 불구하고 안드레는 주어진 일을 온전히 감당했다.

혼히 우리는 안드레처럼 교만하지 않고, 자신을 내세우지 않고, 누가 알아주지 않아도 거절감에 시달리지 않는 성품을 배워야 한다고 말한다. 그러나 우리가 알아야 할 것은 안드레가 성품이 뛰어났기 때문이 아니라 부르심의 자리에 설 줄 알았기 때문에 우리가 생각하는 것보다 훨씬 쉽게 그렇게 했을 것이라는 사실이다.

부르심의 자리에 서는 것은 각 개인의 영적 성장에 있어서 중요한 일일 뿐만 아니라 하나님나라를 이루는 데도 매우 중요하다. 하나님께서는 우리를 각자의 부르심에 합당한 자리에 서게 하시고 서로 협력하여 영적 공동체를 이룸으로써 하나님의 나라를 완성하도록 계획하셨다. 부르심에 대한 개인적인 순종들이 합쳐질 때 비로소 우리를 한 몸으로 부르신 주님을 영화롭게 할 수 있다.

여기에서 중요한 사실은 우리가 단지 연합한다고 해서 그리스도의 몸이 세워지는 것은 아니라는 사실이다. 먼저 각 지체가 그리스도의 장성한 분량이 충만한 데까지 자라야 한다. 즉, 각 지체에게 주어진 그리스도의 은사의 분량대로(그 은사가 무엇이든지 그리고 그 기름부으심이 얼마든지) 자신을 통해서 그리스도를 나타내는 삶이 장성해야 한다는 것이다. 그럴 때 서로 다른 지체들이 자라게 되고, 그 결과 그리스도의 몸이 건강하고 충만한 사랑 안에서 자라게 되는 것이다.

> 13 우리가 다 하나님의 아들을 믿는 것과 아는 일에 하나가 되어 온전한 사람을 이루어 그리스도의 장성한 분량이 충만한 데까지 이르리니 엡 4:13

> 16 그에게서 온몸이 각 마디를 통하여 도움을 받음으로 연결되고 결합되어 각 지체의 분량대로 역사하여 그 몸을 자라게 하며 사랑 안에서 스스로 세우느니라(He makes the whole body fit together perfectly. As each part does its own special work, it helps the other parts grow, so that the whole body is healthy and growing and full of love) 엡 4:16

공동체 안에서 자신의 자리를 깨닫고 서 있는 사람만이, 그가 자신에게는 없는 은사와 능력으로 탁월하게 주의 일을 감당하는 다른 사람을 볼 때 주님의 기쁨으로 기뻐할 수 있다. 또한 그런 사람은 설령 자신이 다른 사람이 알아주지 않는 지체의 기능을 한다 할지라도 한 몸을 이루기 위해서 없어서는 안 될 존재임을 잘 알고 있다.

> 24 우리의 아름다운 지체는 그럴 필요가 없느니라 오직 하나님이 몸을 고르게 하여 부족한 지체에게 귀중함을 더하사 25 몸 가운데서 분쟁이 없고 오

직 여러 지체가 서로 같이 돌보게 하셨느니라 고전 12:24,25

인간이 서로 관계를 맺으면서 생기는 모든 부정적인 감정은 무조건 참고 이겨나가야만 하는 일은 아니다. 우리가 진정으로 하나님이 부르신 자리에 서서 주(主)의 일을 행할 때 그런 감정들이 더 이상 문제가 되지 않는다는 것을 알아야 한다. 그런데 많은 경우 안타깝게도 부르심의 자리를 찾기보다는 자신의 마음을 다스리는 데 대부분의 시간과 정력을 소모하고 있다.

부르심의 자리를 어떻게 찾을 수 있는가?

각자에게 주신 부르심이 있다는 것을 믿어라

하나님의 목적 없이 태어난 존재는 없다. 세상에서는 귀한 자리와 천한 자리의 차이가 엄연히 존재한다. 그러나 하나님의 뜻을 이루어가는 관점에서는 그 차이가 전혀 문제가 되지 않는다. 전쟁터에서 모든 사람이 장군이 되면 전투는 누가 하는가?

> 17 만일 온몸이 눈이면 듣는 곳은 어디며 온몸이 듣는 곳이면 냄새 맡는 곳은 어디냐 … 29 다 사도이겠느냐 다 선지자이겠느냐 다 교사이겠느냐 다 능력을 행하는 자이겠느냐 30 다 병 고치는 은사를 가진 자이겠느냐 다 방언을 말하는 자이겠느냐 다 통역하는 자이겠느냐 고전 12:17,29,30

세상적으로 볼 때 사병보다는 장군이 훨씬 낫다. 그래서 자신의 부르심을 장군으로 정한 사람이 얼마나 많은지 모른다. 자신에게 주어지지 않은 자리를 차지하기 위해서 필요 이상의 고생을 할 뿐만 아니라, 더욱이 그 일로 인하여 다른 사람에게 피해를 입히는 일들이 얼마나 많이 일어나는가? (인간적으로 볼 때에는 최선을 다해 장군이 된 것을 인간 승리라고 부를지 모른다. 하지만 하나님의 관점에서 볼 때는 인간 승리가 아니라 하나님이 계획하신 전쟁의 실패가 될 수도 있다.) 하나님이 자신을 부르신 자리가(남들에게 인정받든 인정받지 못하든) 최고의 자리임을 믿어야 한다.

내려놓아야 한다

유혹의 욕심을 따라 썩어져가는 구습을 좇는 옛 사람은 늘 남보다 나은 자리, 인정을 받고 영광을 받는 자리를 찾는다. 이 마음을 내려놓는 것이 바로 자기를 부인하며 성령의 인도함을 받는 것이다. 킹덤 빌더는 무엇을 하고자, 무엇이 되고자 살아가는 존재가 아니라, 주를 더 나타내고자 살아가는 존재임을 명심해야 한다.

자신의 삶 속에서 하나님의 나타나심에 민감해야 한다

이러한 삶은 각자에게 주어지는 성령의 나타나심, 즉 은사와도 밀접한 관계가 있다. 각자 일상의 삶 가운데서 어떤 일을 할 때 하나님이 더 나타나시는지를 알아야 한다. 그것은 내적인 기쁨이 넘치는 것, 우리가 알 수 없지만 특정한 일에 대해서 활력이 솟아나는 것, 자신의 능력이상으로 아름다운 열매가 나타나는 것으로 판단할 수 있다. 그것이 바로 성령님의 나타나심이요 은사적 소명이다.

> 4 은사는 여러 가지나 성령은 같고 5 직분은 여러 가지나 주는 같으며 6 또 사역은 여러 가지나 모든 것을 모든 사람 가운데서 이루시는 하나님은 같으니 7 각 사람에게 성령을 나타내심은 유익하게 하려 하심이라 고전 12:4-7

킹덤 빌더의 영적 성장은 하나님이 부르신 자리에 서서 주님의 때에 주의 일을 행하는 것을 날마다 배워가는 것이다. 성령과 말씀 안에서 행하는 이 훈련이야말로 시간의 쫓김, 물질의 부족, 관계의 깨어짐, 일의 압박, 질병의 고통에서 벗어나 풍성한 삶을 누리는 것이요, 하나님의 나라를 이루어가는 비밀이다.

나는 킹덤 빌더로서 그 삶을 살아가고자 애쓰고 있다. 하나님께서 나를 부르신 후 나는 교회 내에서 사역했을 뿐만 아니라 이에 머무르지 않고 2008년 2월 HTM을 설립하여 2014년 9월까지 7년간 매주 월요말씀치유집회(선한목자교회)를 274회 섬겼으며, 150여 회의 국내 집회, 80여 회의 해외 집회와 각종 세미나와 스쿨을 진행했고, 수만 명을 위해 기도했다.

대학교 교수이면서도 치유와 복음 전도 사역을 하는 나에 대해 긍정적으로 생각하는 분들도 있지만, 다른 한편으로는 부정적으로 보는 시각도 있다고 생각된다. 그간 사역 때문에 시간적인 제약이 있었지만, 그럼에도 불구하고 나는 하나님이 길을 열어주시는 대로 나의 임무를

다하고자 했다. 그리고 나는 하나님께서 부르신 자리를 지키기 위해서 많은 것들을 포기하고 내려놓았다.◆

하나님께서는 그동안 나를 건국대 생명환경과학대학 학장, 농축대학원 원장, 생명과학 부총장으로 쓰임받게 하심으로 대학 사회에서도 여러 가지 일들을 감당하게 해주셨다. 또한 2014년에는 내 전공 분야의 학회에서 한 분야의 최고 연구 업적(200여 편의 논문, 24권의 전공 서적 집필 등)을 이룬 사람에게 수여하는 학술 공적상까지 받게 해주셨다.

나는 지금 내 삶을 포장하거나 자랑하고 싶은 것이 아니다. 나 자신을 바라볼 때 하나님의 손길과 은혜가 아니고서는 이렇게 살아올 수 없었다는 것이다. 내가 정말 말하고 싶은 것은 나는 시간, 일, 관계 등에 있어 조화와 균형을 추구하며 내가 할 수 있는 최선을 다하는 삶을 살아왔다는 것이 아니라, 킹덤 멘탈리티를 가지고 하나님의 때에 하나님께서 원하시는 것을 행하고자 애쓰며 살아왔다는 것이다. 나는 그것이 바로 '킹덤 빌더의 삶'이라고 생각한다. 사역자로 헌신할 수 있었던 것, 일터에서 감당한 섬김과 사역, 학자로서 나를 높여주신 것 등 하나님은 부족한 나를 통해 "하나님의 나라는 말에 있지 아니하고 능력에 있다"(고전 4:20)는 것을 보여주고 싶어 하셨다. 기름부으심과 은혜는 신앙에 국한된 것이 아니라 삶의 모든 부분에 적용된다는 것, 하나님의 영광은 교회 안에서뿐만 아니라 자신의 일터에서 나타나야 한다는 것

◆　저자와 HTM이 내어드림의 삶을 어떻게 살아왔는지에 대해서는 《기대합니다 성령님》(규장)을 참고하라.

을 보여주고 싶으셨던 것이다.

지금은 각자의 영역에서 세상과 다른 삶을 사는 킹덤 빌더들이 일어나야 할 때이다. 좀 더 나은 삶을 위해 최선을 다하는 자가 아니라, 부르심의 자리에 서서 하나님의 때에 하나님이 원하시는 것을 행하는 자가 되어야 한다. 우리 안에 계신 예수님은 포도나무이고 우리는 가지이다. 가지가 원하는 열매를 생산(producing)할 수는 없다. 오직 포도나무에 의해서 열매가 맺히는(bearing) 것이다.

나는 여전히 내가 원하는 것을 하고 싶은 고집과 습관 때문에 고난을 당하지만, 그럼에도 불구하고 하나님의 손길이 늘 나를 인도하고 계심을 계속해서 더 깊이 체험하고 있다. 새 생명 가운데 누리는 킹덤 빌더의 풍성한 삶이란 할 수 있는(그리고 할 수만 있다면) 모든 일을 다 하는 것이 아니라, 하나님께서 허락하신 부르심의 자리에서 그분의 때에 그분이 하라고 하시는 것만을 행하는 삶이라고 생각된다. 나는 매일매일 하나님 아버지와 더 친밀해져서 받지 않아도 될 고난을 덜 받고, 주(主)의 인도함을 좀 더 온전히 받는 삶을 살기를 간절히 소망한다.

사랑의 영적 공동체를
만들어라

왜 공동체가 필요한가?

인간은 태어나 자라면서 주어진 문화 속에서 무의도적, 무의식적으로 자신의 자아를 형성하며 그 문화의 영향 아래 자신의 마음을 표출하며 살게 된다. 또 사회 안에서 서로 관계를 맺으며 살아가는 사람들은 서로의 생각과 감정과 행동에 의해 독특한 문화를 형성하고, 그 문화는 그 사회를 이끌어가는 시스템을 형성하게 된다. 그럴 때 각자 동일하게 생각하고 믿고 추구하는 그 마음은 결국 영적으로 어떤 보이지 않는 힘을 만들게 되고, 그 힘이 세상을 지배하고 이끌어가게 되는 것이다. 그것은 다시 보이는 것들로 환원되어 나타나기도 한다.

인간이 생각하고 추구하는 것이 하나님이 보시기에 아름답지 못하고, 죄와 불의(不義) 가운데 있을 때 악한 영들은 다양한 형태로 역사하여 그 시스템을 장악하게 된다. 지금 우리가 경험하는 문화는 타락한 인간이 만들었다. 마귀는 바로 이 문화를 통치하고 이를 통해 우리의 영혼을 붙들기 때문에 문화는 쉽게 바뀌지 않는다.

문화는 세대를 따라 전수된다. 부모의 삶을 자식이 보고 배우는 것이다. 우리가 구원을 얻었지만 삶을 변화시키는 것이 결코 쉽지 않은 것은, 우리가 사회적이고 문화적인 존재로서 이 세상 속에서 살고 있기 때문이다. 따라서 매일 우리의 마음을 새롭게 해야 하는 이유도 바로 여기에 있다(롬 12:2).

인간은 자신이 살고 있는 시대 문화에 속해서 살든지, 아니면 그 문화를 배척함으로써 다른 삶을 살아간다. 대부분의 종교는 현재의 문화가 잘못된 것임을 알기 때문에 이를 배척한다. 그 문화의 영향을 받지 않기 위해서 세상으로부터 벗어나고자 한다(수도원 혹은 절을 생각해보라). 그렇다면 하나님의 자녀인 우리는 지금의 문화에 대해 어떻게 대처해야 하는가? 다시 말해 하나님께서 하나님의 자녀들에게 원하시는 삶은 무엇인가?

킹덤 빌더인 우리는 현재의 문화에 영향을 받지 않을 뿐만 아니라 새로운 문화를 만드는 자가 되어야 한다. 새로운 사회를 만들고 새로운 문화를 창출하는 것이다. 그러면 그 일을 위해서 필요한 것이 무엇인가? 바로 하나님의 사랑에 의해서 움직이는 영적 공동체를 만드는 것이다. 우리가 제대로 인식하지 못하거나 중요하게 여기지 않지만, 주(主)의 뜻을 이루는 삶을 살기 위해서 가장 근원적으로 필요한 것이 바로 영적 공동체이다.

우선 인간의 삶을 생각해보라. 우리는 어떤 형태로든지 공동체(혹은 집단이나 모임)생활을 하고 있다. 아마 가장 작고 기본적인 단위가 가족 공동체일 것이다. 더욱이 우리가 집 밖으로 나오면 하루 종일 다양한 공동체에 소속되어 리더로서 혹은 구성원으로서 상호 관계하며 살아간다. 우리가 접하는 모든 모임은 공동체이며 우리의 삶 전반에 가장 큰 영향력을 미치고 있다. 그러므로 우리가 세상과 벗하지 않고 하나님나라에서 주(主)의 뜻을 이루기 위해서는 하나님나라의 공동체가 무엇인지, 그리고 어떻게 세상에 영향력을 끼치는지를 배워야 한다.

그러면 우리가 어떤 공동체를 추구해야 세상의 공동체들과 구별되고, 더 나아가서 세상의 공동체들에 선한 영향력을 끼칠 수 있는가? 우리는 '하나님의 가족'(royal kingdom family) 공동체를 추구해야 한다. 이 공동체는 영적 공동체이며, 교회에서 배운 진리를 삶 속에서 실제적으로 훈련하고 적용하는 전초기지이다. 또 새로운 문화를 형성하기 위한 기초 단위이기도 하다. 아무리 훌륭한 킹덤 빌더라고 할지라도 혼자서는 주의 뜻을 이루어가는 삶을 살 수 없다. 왜냐하면 킹덤 빌더 역시 다른 사람과 환경의 영향을 받는 사회적 존재이기 때문이다. 따라서 서로 세워주고, 서로의 좌표를 확인해주며, 동일한 목적을 향해 함께 나아갈 킹덤 빌더들이 필요하다. 문제는 지금 우리가 속해 있는 공동체 안에서(교회 안이든 밖이든) 하나님의 자녀로서 제자의 삶을 온전히 사는 것은 어렵거나 불가능하게 느껴진다는 것이다. 왜냐하면 대부분 타락한 문화에 심각한 영향을 받고 있기 때문이다.

새 술은 새 부대에 담아야 한다. 킹덤 빌더는 자신이 매일 하루의 대부분을 보내는 곳에 자신과 함께할 새로운 영적 공동체를 만들어야 한다. 이 영적 공동체는 바로 하나님의 가족 공동체, 예수 생명 공동체이다. 지금처럼 하나님나라의 회복이 절실히 필요한 시대를 살아가는 우리는 진정으로 하나님의 뜻을 행하는 영적 공동체가 무엇인지를 배우고, 그 공동체의 삶을 실천해야 한다.

킹덤 빌더들의 새로운 공동체를 제대로 이해하기 위해서는 먼저 우리가 몸담고 있는 기존 공동체의 본질과 특성을 이해하는 것이 필요하다.

공동체의 본질을 이해하라

타락 이전에 우리는 하나님 아버지를 통해서 사랑을 나누고, 그 사랑 안에서 다른 사람들과 관계를 맺는 존재였다. 그런데 하나님의 생명이 떠나면서 우리 자신의 삶뿐만 아니라 다른 사람들과의 관계도 무너지고 말았다. 모든 공동체가 겪는 가장 큰 문제는 서로 간의 갈등일 것이다.

> 1 너희 중에 싸움이 어디로부터 다툼이 어디로부터 나느냐 너희 지체 중에서 싸우는 정욕으로부터 나는 것이 아니냐 2 너희는 욕심을 내어도 얻지 못하여 살인하며 시기하여도 능히 취하지 못하므로 다투고 싸우는도다 너희가 얻지 못함은 구하지 아니하기 때문이요 약 4:1,2

미국의 유명한 심리학자인 에이브러햄 매슬로우(Abraham Maslow)는 그의 '욕구 단계 이론'에서 인간이 가지는 최상의 욕구를 자기실현의 욕구로 규정하고 있다. 이는 인간의 근본 욕구에 대해서 가장 잘 설명하고 있지만, 타락한 인간이 세상에서 꾀하고자 하는 최고의 반역에 대한 묘사이기도 하다. 그 태도가 창세기 11장에 나온다. 바로 인간이 바벨탑을 쌓은 사건이다. 하나님의 형상을 따라 하나님의 모양대로 지음을 받은 인간은 예수 그리스도의 형상을 이루어가야 함에도 불구하고 자아실현을 위해 살고자 하는 것이다. 이는 분명히 타락 이후 인간의 본성에 문제가 생겼다는 증거이다.

삼위일체이신 하나님께서 친히 창조하신 이 피조 세계의 궁극의 실재는 자아실현적 관계가 아닌 이타적 관계이다. 관계의 근원은 하나님의 사랑이며, 그 사랑 가운데 삼위일체 하나님이 하나이신 것처럼 우리도 하나가 되어야 한다. 사람들 사이에 서로 다툼이 일어나는 것은 소유권, 통치권, 공급권을 차지하고자 하는 탐욕에 기인한 것으로, 이 문제는 사람보다 물질을 더 선호하는 데 그 근본 뿌리가 있다. 물론 탐욕은 자제한다고 해서 사라지는 것이 아니다. 본질적인 변화가 없이는 각 사람 안에 여전히 내재해 있기 마련이고, 다른 형태로 드러날 뿐이지 결코 제거될 수는 없다.

하나님나라의 공동체는 하나님의 사랑을 체험한 자들이 성령님의 인도함을 통하여 지체로서 하나 됨을 경험하는 곳이다. 따라서 진정한 공동체를 이루기 위해서는 어떤 일이나 목표나 비전보다 공동체를 이루고 있는 사람들에게 우선순위를 두어야 한다. 왜냐하면 하나님나라의 일들은 사람들을 통해서 이루어지기 때문이다. 따라서 진정한 공동체는 조직보다는 관계를, 일보다는 사람을 중요시하는 공동체이다.

세상적 공동체의 뿌리를 보라

현재 우리 민족에게 지배적인 정신적 성향은 사회적으로는 유교, 철학적으로는 불교, 고난을 당할 때 종교적 실천적 해법으로는 영혼 숭배 사상에 기초한 샤머니즘적 무속신앙의 태도라고 해도 과언이 아니다. 즉, 사회적으로는 주로 유교적 사상과 문화에 바탕을 두고 있고, 사념(思

念)적이고 형이상학적인 논리는 불교적 이념에 기초하고 있으며, 실제 환난과 고난을 당할 때는 샤머니즘적 무속신앙에 의존한다는 것이다.

역사적으로 볼 때 우리 민족의 정서 깊은 곳에는 가족적, 현세 중심적, 기복적 신앙인 샤머니즘 무속신앙이 자리 잡고 있다. 자신과 자기 가족의 안위와 번영을 위해 신(神)을 기쁘게 하고 노여워하지 않게 하면 그 대가로 보상을 받게 된다는 신앙적 관념이다. 이 무속신앙이 얼마나 뿌리가 깊은지 집집마다 붙여놓은 부적이나 돼지머리를 놓고 고사를 지내는 것 등을 생각해보면 쉽게 알 수 있다. 오늘날 불신자들은 이런 무속신앙의 바탕 위에 유교와 불교가 합쳐진 민족적 신앙관과 더불어 서양의 물질만능주의에 기초한 자유주의(개인주의적) 성향이 절묘하게 어우러진 시대적 사상과 문화를 삶의 전 영역에서 호흡하며 살아가고 있다.

그렇다면 그리스도인의 삶은 어떤 성향을 띠고 있는가? 우리가 예수 그리스도를 믿게 된 후에 가장 먼저, 혹은 강력하게 배격하는 것이 바로 영혼 숭배적인 무속신앙이다. 십계명에서 "나 외에는 다른 신들을 네게 두지 말라"는 첫째 계명에 대한 철저한 순종이다. 아울러 우리의 사고와 사상에 깊이 뿌리내리고 있는 불교적 관점 역시 말씀 공부를 통해 대부분 배제되었다. 그러나 사회 문화적인 삶 전반에 걸쳐서 너무 오랜 시간 동안 유교적 정신에 배어 있었기 때문에 그리스도인인 우리조차(비록 우리의 영은 새롭게 되었지만) 실제 일상의 삶에서 그 사고방식과 행동양식이 유교적 전통과 사상에서 크게 벗어나지 못하고 있는 실정이다. 극단적으로 표현하자면, 예배 시간과 성경공부 시간에만 예수님이 주인이시고, 실제로는 (교회 안팎으로) 공자(孔子)가 주인인 세상에서 살고 있다고 해도 과언이 아니다.

유교의 핵심은 가족주의이다. 본래 인간은 공동체를 통해서 자신을 발견하게 되고 '우리' 안에 속하여 보호를 받으며 안위(安慰)를 누리게 된다. 이 '우리' 의식은 하나님이 우리에게 주신 본래적 의식이므로 그 자체가 문제되는 것은 아니다. 그러나 타락한 '우리' 의식(아담이 자신의 죄를 하와에게 전가시키는 것을 생각해보라)이 유교적 사상과 합쳐질 때 '하나님의 가족' 대신에 '우리 가족'이라는 폐쇄적 구조를 만들어냈다. 이 폐쇄적 가족주의 공동체는 구성원들 간의 친밀성과 하나 됨을 과시하지만, 다른 가족 공동체와의 갈등으로 자신의 가족을 지켜야 하는 상황에서는 집단 이기주의적인 형태를 띠게 된다. 사회적 관계를 혈연관계에 종속된 '평생 가족'의 관계로 묶은 삼강오륜(三綱五倫)의 윤리 도덕은 서열 문화, 권위주의, 연줄 문화, 합리적 소통 부재의 문화, 집단 이기주의, 온갖 부정부패와 패거리 문화 등의 심각한 폐단을 만들었다.

이 유교적 전통에 더하여 100여 년 전부터 급속히 들어온 서구적 사상도 지금의 우리 문화에 지대한 영향을 미쳤다. 물질만능주의에 기초한 자유주의(개인주의)가 바로 그것이다. 이것은 아무리 공동체가 중요하고 필요하다고 해도 개인의 가치(자유, 권리, 자율성 등)가 침해당하면 그 공동체를 인정하지 않는 문화적 태도이다. 유교적 가족주의에서는 공동체의 유익을 위해서라면 개인의 자유와 권리 그리고 자율성이 마땅히 포기되어야 한다.

그러나 현재 우리가 경험하는 공동체는 이 유교적 공동체의 기본 성격을 띠면서도 자유주의적 사고에 영향을 받는 일종의 변형된 집단주의 특성을 보여준다. 그래서 자신을 보호하고 다른 가족 공동체를 이기기 위해서는 공동체에 속하기를 원하지만, 그 공동체 내에서 자신의 권리가 침해당할 경우 더 이상 그 공동체를 인정하지 않고 그 공동체에 소속되기를 원치 않는다. 이처럼 변형된 집단주의의 모습의 예는 아파트 단지에서부터 정치적 집단에 이르기까지 그 구성원 행태에서 너무나 분명하게 볼 수 있다.

지금 우리 공동체의 문화를 형성하는 데 지대한 영향을 끼친 또 하나의 뿌리는 바로 '진화론적 사고'이다. 진화론적 사고방식은 창조론에 반하는 개념으로, 단지 과학 영역 안의 한 이론으로만 존재하는 것이 아니라 현대 사회의 모든 영역에서 가장 합리적인 사상인 것처럼 자리 잡고 있으며, 모든 사람들은 이것을 당연하게 받아들이고 있다. 모든 생명체는 적자생존과 자연도태에 의해 진화되어가고 있다고 주장한다. 이 이론은 세상이 화합과 협력을 통해서가 아니라 투쟁과 약육강식을 통해서 발전하는 것으로 보고 있으며, 태어난 인간을 유전적 패배자(인간의 모든 형질과 삶이 타고난 유전자에 의해 결정된다는 개념)로 보게 만들고, 인종차별을 합리화시킨다. 이런 진화론적 개념은 모든 인류의 가슴속에 개인주의, 성공지상주의, 투쟁과 약육강식이라는 마귀적 세계관을 심어놓았다. 이 세계관은 너무나 오랫동안 신봉되어온 패러다임이며, 모든 인류가 이 진화론적 사고방식에서 벗어나지 못하고 있다.

그러나 첨단 학문인 후생유전학(epigenetics)은 생명체의 존재방식이 실제로는 사랑, 연합, 조화를 통해 새로운 환경에 적응하는 것이라는 사실을, 분자 수준, 세포 수준, 집단 수준에서 증명해주고 있다. 그렇다면 진화론이 그럴듯하게 보이는 이유는 무엇인가? 그것은 실제로 그렇기 때문이 아니라 우리가 그렇게 된다고 믿기 때문이다. 이는 사실의 문제가 아니라 우리 마음의 문제이다. 흔히 진화론은 과학적 결과에 따른 것이고 창조론은 신앙의 산물이기 때문에 이 둘을 구별해야 한다는 주장도 있다. 하지만 사실 진화론은 과학이 아니라 하나님의 존재를 부정하는 무신론적 신앙이다. 단지 과학이라는 이름으로 가려진 또 다른 믿음의 문제일 뿐이다.

이처럼 세상 신(神)인 마귀는 유교적 사상, 자유주의 사상, 진화론적 개념으로부터 만들어진 전통과 관습을 통하여 이 세속 사회와 문화를 통치하고 있다. 우리는 현재 이런 마귀적인 문화 속에서 대화보다는 대결, 이해보다는 비판, 이타주의보다는 자기중심주의 그리고 권위주의적 위계질서에 기초한 집단주의를 경험하고 있다.

> 4 그중에 이 세상의 신이 믿지 아니하는 자들의 마음을 혼미하게 하여 그리스도의 영광의 복음의 광채가 비치지 못하게 함이니 그리스도는 하나님의 형상이니라 고후 4:4

> 14 이는 우리가 이제부터 어린아이가 되지 아니하여 사람의 속임수와 간사한 유혹에 빠져 온갖 교훈의 풍조에 밀려 요동하지 않게 하려 함이라 엡 4:14

세상적 공동체란 인간이 만든 공동체이다. 개인으로서는 상상도 못할 일들이 공동체에서 벌어진다. 공동체는 생존을 위해 투쟁하며 노동하는 삶의 현장이다. 우리는 모두 연약하고 이기적이고 불안하다. 그래서 공동체 내에서 우리는 신뢰와 불신, 믿음과 의심 사이에서 끊임없이 갈등한다. 세상적 공동체는 인간의 외면의 필요는 채워주지만 내면의 필요를 채워주지는 못하고 관심도 없다.

인간의 본성이 빚어내는 온갖 일들이 일어나는 현장이 되기도 하며, 나 자신의 잘못이나 부족으로 비난받는 것은 당연하거니와 없던 일들도 마치 있었던 일들처럼 왜곡되거나 과장되어 떠도는 곳이 바로 이 세상적 공동체이다. 그곳은 자신과 생각을 같이하는 사람들끼리 모여서 당(黨)을 짓지 않으면 외로움을 느끼게 되는 곳이며, 서로 한 인간으로 대우받기보다는 자신의 소유, 신분, 권력 등에 의해 자연스럽게 서열이 결정되어지는 곳이다. 자신이 보기에는 지극히 옳은 일이고 반대할 이유가 전혀 없어 보일지라도 그곳에서는 그 일이 진행되지 않기도 한다.

공동체에 대해 이런저런 생각을 하면 할수록 머리가 아프고, 차라리 혼자 지내는 것이 가장 속 편하고 행복할 것이라는 생각마저 든다. 그래서 공동체의 삶을 추구했던 수많은 사람들이 배신감과 상처만 안고 돌아서기도 한다. 그러나 공동체를 떠나 홀로 사는 삶에는 자기 부인도 없고, 영향력도 없고, 미래에 대한 변화도 없다. 안타깝게도 이런 일들은 단지 세상에서만 일어나는 것이 아니다. 교회 안에서도 동일하게 일어나고 있다. 하나님과의 관계도 '우리 아버지'가 아니라 '나의 아버지' 혹은 '내가 믿는 아버지'로 자기중심적, 인본주의적으로 변질되어 왔다. 하나님은 믿지만 교회 공동체의 문제 때문에 교회를 나가지 않는 사람들이 얼마나 많은가?

사탄은 최선을 다하여 우리의 공동체를 파괴하기 원한다. 가정이나 회사나 교회나 수단 방법을 가리지 않고 분열시키고 깨트린다. 현재 개신교의 공동체는 자기중심적(개인주의적) 사고방식 때문에, 로마 가톨릭의 공동체는 전체주의(totalitarianism)적 사고방식◆ 때문에 하나님이 주신 진정한 공동체에 이르지 못하고 있다고 보여진다. 예를 들어서 교회 내 공동체는 함께 성경공부를 하고, 함께 떡을 나누고, 서로 사랑하려고 애를 쓴다. 그러나 실제로 갈등과 분쟁이 발생할 때는 생명의 말씀이 전혀 적용되지 못하고 성령 하나님이 개입하실 여지가 없다. 이렇듯 마귀는 우리가 예수 그리스도를 통하여 하나님 아버지를 만나지 못하게 하는 데 실패하면, 공동체를 파괴하는 데 주력한다.

영적 공동체란 무엇인가?

영적 공동체는 첫째, 인간의 여러 가지 문제를 해결하기 위한 모임이 아니라, 각자의 심령에 계신 성령님께서 우리를 그리스도의 형상으로 이루어가게 하는 것을 목적으로 한다. 둘째, 삼위일체 하나님께서 사랑의 교제를 통하여 완전한 공동체를 이루신 것처럼 우리도 예수 그리스도

◆　**전체주의적 사고방식** 개인의 이익보다 집단의 이익이 강조되고, 집권자의 권력이 삶의 모든 영역에 실질적인 통제를 가해야 한다는 사고방식이다.

안에서 하나님의 사랑으로 하나가 되는 것을 경험하게 한다. 셋째, 다함께 하나님나라를 이루어가는 공동체를 의미한다. 결국 진정한 영적 공동체는 자신의 목적을 달성하거나 자신이 보호받기 위해서 집단 의존적 개인들이 모인 곳이 아니라, 하나님의 자녀로서 자립적인 개인들이 주의 뜻을 이루기 위해 함께 모여 상호의존을 경험하는 곳을 의미한다.

신약에서 말하는 '코이노니아'(koinonia, 교제)가 바로 이 영적 공동체를 통해 이루어진다. 하나님의 임재는 나에게 있지만, 하나님의 나라는 영적 공동체인 우리 가운데서 실현된다(눅 17:20,21). 그렇다면 영적 공동체 안에서는 세상의 공동체와 다르게 삶의 다양한 문제들이 나타나지 않는가? 그렇지 않다. 세상에서 우리가 보고 듣고 경험할 수 있는 모든 것들이 영적 공동체에서도 동일하게 나타난다. 그러나 영적 공동체에 속한 사람들은 그런 장애물들을 공동체 유지의 결정적인 요소라고 생각하지 않는다. 왜냐하면 공동체의 본래적 목적이 문제를 해결하거나 해결받는 데 있지 않기 때문이다. 또한 우리에게 닥친 문제들에 앞서 하나님 아버지가 계시고, 그분이 모든 상황을 통치하신다는 것이 훨씬 더 중요한 실재임을 믿기 때문이다.

영적 공동체는 이 세상의 삶에 속한 모든 문제를 가져와서 해결받는 곳이 아니라, 전혀 다른 세상의 삶을 경험하는 곳이다. 문제에 묶이지 않고 하나님께 자신을 더 드림으로써 주께서 나타나시도록 하는 공동체이다. 즉, 문제 해결 중심이 아니라 하나님의 임재 중심이다. 고난 가운데서도 기사와 이적을 통하여 현재적 하나님나라의 실체를 나타내고, 인내를 통하여 미래적 하나님나라의 도래(예수 그리스도의 재림)에 대한 소망을 이루는 공동체이다.

영적 공동체는 마치 벽난로 장작에 불이 붙어 활활 타오르게 되면서 주위에 빛과 따뜻함을 전해주는 것과 같다. 이때 불을 계속해서 타오르게 하려면 장작을 집어넣어야 한다. 장작이 타는 만큼 불은 계속 활활 타오르게 된다. 공동체 안에 지속적인 자기 부인과 자발적인 순종, 자기 희생이 있을 때 그 공동체는 예수 그리스도의 장성한 분량만큼 성장하게 되는 것이다.

영적 공동체의 구성원은 자기 안에 계신 성령님께 자신을 내어 맡길 때, 그분께서 우리 자신의 내면을 보게 하시고 어떻게 해야 할지 알려주신다는 것을 믿어야 한다. 그리고 우리의 내면의 문제뿐만 아니라 다른 사람과의 갈등의 뿌리에도 반드시 영적인 문제가 있기 때문에 단순히 협력, 호혜적 조치, 묵인(默認) 등의 피상적인 해결책으로 문제의 근원을 해결할 수 없다는 것도 알아야 한다. 세상적 공동체에서 행해지는 시도와 해결책들은 사실 일시적인 봉합일 뿐이다. 반면에 영적 공동체는 하나님의 생명 안에서 인간의 문제를 근원적으로 해결해나가고자 한다.

우리는 공동체를 통해서만 진정한 자신을 바라볼 수 있다. 왜냐하면 지체들과의 관계 속에서 자신의 내면에 있는 것이 무엇인지를 알 수 있게 되고, 마치 거울을 보는 것처럼 다른 사람에게 투영된 자신을 보게 되고, 자신이 무엇을 할 수 있는지를 알게 되기 때문이다. 영적 공동체에서는 서로 간의 갈등과 분쟁 가운데서도 임재하시는 하나님께서 각자에게 심으신 주(主)의 성품을 경험하게 하고, 심령의 가장 깊은 갈망을 발견하게 하고, 그것이 발현되게 한다.

우리는 영적 공동체 안에 있을 때에 비로소 홀로 살아남겠다는 결심과 마음을 닫아버리는 거짓 방어벽을 부술 수 있다. 공동체에 속하는 것은 하나님의 부르심에 순종하는 것이다. 인생에서 객관적이고 완전한 변화는 관계 속에서 일어난다. 생각해보라. 복음의 핵심은 다시 관계를 회복하고 하나님의 공동체를 만드는 일이다(요 17:23). 관계는 서로를 통해 형성되어지는 것이지 혼자 형성할 수 있는 것이 아니다.

	세상적 공동체(집단주의적 공동체)	하나님나라의 공동체(영적 공동체)
목 적	인간의 유익 추구	하나님의 나타나심
추 구	훌륭한 인간	그리스도의 형상을 이루는 것
	자아실현	그리스도의 장성한 분량(엡 4:13)
위 계 질 서	통치적 권위라고 봄	몸을 이루기 위한 기능으로 봄
통 치 방 법	명령	사랑
가 족	혈연 가족	하나님의 생명 가족
권 위 자	육신의 권위자	영적 아버지
기 준	권위자의 말	하나님의 말씀
분위기 형성	자신과 동일한 생각을 가진 자의 수	성령에 감동받는 사람의 수
상 호 관 계	자율성◆	평등성, 상호성
다른 공동체와의 관계	대립과 투쟁	섬김을 통한 상호 협력과 이해
서로에 대한 관 점	우리와 그들	우리 모두

◆ **자율성** 자기 스스로의 원칙에 따라 어떤 일을 하거나 자기 스스로 자신을 통제하여 절제하는 성질이나 특성을 말한다.

영적 공동체가 세상 공동체와 다른 이유는 다음과 같다.

유교적 가족주의와 다른 로열 킹덤 패밀리다

> 28 너희는 유대인이나 헬라인이나 종이나 자유인이나 남자나 여자나 다 그
> 리스도 예수 안에서 하나이니라 29 너희가 그리스도의 것이면 곧 아브라함
> 의 자손이요 약속대로 유업을 이을 자니라 갈 3:28,29

우리는 예수 그리스도 안에서 육적으로는 아브라함의 가족이 되어
야 하고, 영적으로는 하나님 아버지의 가족이 되어야 한다. 우리는 (공
자의 사상을 따르는) '유교적 가족주의'에서 (예수 그리스도를 따르는) '하
나님 가족주의'로 전환해야 한다. 이것이 기독교적 새로운 삶의 핵심이
다. 육신으로는(오직 믿음으로 의롭다 함을 받은 아브라함의 자손으로는)
믿음의 가족이 되어야 하며, 영적으로는(삼위일체 하나님이 온전한 사랑
안에서 하나이신 것처럼) 하나님의 사랑 안에서 서로 하나 되는 가족이
되어야 한다. 바로 유교적인 폐쇄적 가족주의적 집단이 성경적인 개방
적 가족주의 공동체, 즉 영적 공동체로 바뀌어야 한다는 것이다.

그런데 왜 우리는 예수 그리스도를 믿고 신앙생활을 하는데도 여전
히 유교적인 폐쇄적 가족주의적 집단 문화에서 벗어나지 못하는 것인
가? 첫째, 우리가 영적으로 깨어 있지 못해서 하나님나라가 얼마나 놀
라운 곳인지 모르기 때문이고, 둘째, 유교에 기초를 둔 폐쇄적 가족주
의 문화 속에 붙들려 신적(神的) 사랑에 기초한 관계 회복이 무엇인지

모르기 때문이고, 셋째, 마귀가 시험거리를 통해 우리 내면에 있는 탐욕을 부추김으로써 우리가 기존에 가지고 있던 기득권과 소유를 포기하기 싫어하기 때문이다. 더욱이 여기에 왜곡된 복음인 기복신앙적 요소가 첨가되어 우리 자신을 부인하고 자기의 것을 내려놓기보다는 오히려 더 큰 축복, 형통, 관계, 좋은 삶을 얻어내기 위하여 하나님의 말씀을 이용하기 때문이다.

성령의 인도함을 받는 자들이 자발성을 가지고 상호작용하는 모임이다

영적 공동체는 이 세상에서 인간이 자신의 개인적인 유익을 추구하기 위해 끼리끼리 모이는 것과는 전혀 다른 자발성을 갖는다는 것이 특징이다. 자석의 극(極)이 다르면 서로 붙고 극이 같으면 떨어지는 것처럼, 동일한 성령님을 가진 자들은 그들 안에 있는 영적 생명을 나누기 위해서 자발적으로 모인다. 성령의 인도함을 받는 자발성은 열정과 순종이다.

세상의 공동체에서는 인간적인 열정을 가진 사람들이 큰 영향력을 미치지만 동시에 공동의 선(善)과 공동체의 유지를 위해 주어진 규칙에 순종하지 않기 때문에 많은 문제를 일으키기도 한다. 특히 자기 방식대로 행하면서(공동체의 질서와 조화를 깨트리면서) 자기 열정으로 보상받기를 원하면, 공동체의 영적 분위기가 깨어질 뿐만 아니라 공동체를 위해 자기를 부인하는 구성원들이 피해를 보게 된다. 순종으로 정제되지 않은 열정은 공동체의 암이다.

영적 공동체는 열정만이 아닌 공동체의 비전과 핵심 공유가치◆에 대한 자발적인 순종에 의해 건강하게 움직여진다. 구성원들은 공동체의 유지를 위해서 자신의 목적보다 공동체의 목적이 훨씬 중요하다는 것을 인식하고, 공동체의 목적을 이룰 때 자신의 목적이 함께 이루어진다는 것을 깨닫는 지혜와 겸손이 필요하다. 만약 자기 목적을 이루기 위해 공동체에 소속되고자 한다면 그 공동체는 온전히 유지되지 못하게 될 것이다. 공동체는 인간이 만드는 것이 아니라 하나님이 만드신다는 사실을 알아야 한다. 공동체 안에 사는 것은 하나님을 나타내는 것이고, 공동체의 기반은 공동의 목적이나 신뢰가 아니라 하나님의 임재로부터 부어지는 사랑에 기초한 믿음이다.

따라서 영적 공동체는 공동체의 공동 목적을 위해서 개인의 자율성에 정당한 한계를 부여한다. 왜냐하면 공동체를 떠나서 개인은 존재할 수 없고, 진정한 자아실현 역시 공동체 안에서만 이루어질 수 있기 때문이다. 따라서 자율성은 공동체와 상호의존적인 관계 속에서 확보될 수밖에 없다.

영적 공동체는 하나님의 사랑 안에서 하나 되고 각 개인이 그리스도의 형상을 이루어가는 것을 그 목적으로 삼는다. 따라서 상호성과 평등성에 기초하여 개인의 자율성은 중요시하되 자기중심적인 것으로 변질되지 않도록 늘 경계해야 한다. 이런 측면에서 영적 공동체는 유교적 공동체와 자유주의에 기초한 다른 집단들과 구별된다. 하나님의 자

◆ **핵심 공유가치** 공동체 내에서 비전을 이루기 위한 실제적이고 구체적으로 가져야 할 마음의 태도와 방향을 의미한다. 이것은 무형의 정신적 가치로서 강령이나 표어 등으로 나타낼 수는 있지만, 집단의 유지와 통치를 위해서 지켜야 할 규칙이나 규범과는 다르다.

녀의 참된 자율성을 유지하기 위해서 각 개인은 영적 전쟁을 치러야 한다. 이는 외부 세상이나 다른 공동체와의 전쟁 또는 공동체 내 구성원들 간의 전쟁보다 더 치열한 개인의 마음속에서 일어나는 영적 전쟁이다. 이 전쟁이야말로 가장 치열하고 힘든 전쟁이며, 이 전쟁에서 승리할 때 나머지 전쟁도 사라지게 된다.

자신을 주장하지 않지만 주체 의식을 가진 모임이다

대부분의 세상적 공동체는 목적을 효율적으로 달성하고 공동체를 안정적으로 유지하기 위해서 그 구성원들이 획일적으로 일사불란(一絲不亂)하게 움직여야 하며, 동일한 생각, 행동, 말을 해야 한다고 생각한다. 그렇게 하기 위해서는 위계질서가 있어야 하고, 그 일을 잘 감당하도록 하기 위해서 직분이 주어지게 된다.

그러나 영적 공동체는 세상적 공동체와는 다른 시스템으로 움직여진다. 우선, 영적 공동체 안에서 한 개인은 다른 어떤 사람으로 대체될 수 없는 고유한 가치를 지닌 유일무이한 존재이다. 다시 말하면 개개인은 어떤 파트나 부품 중 하나가 아닌 전체를 이루는 주체적인 존재라는 것이다. 따라서 다양성이 반드시 필요하다는 것을 인정한다.

또한 영적 공동체에서도 직분을 허용하지만 신분과 혼동하지 않는다는 점에서 세상적 공동체와 차이가 있다. 직분은 기능적인 면(예를 들면 직위, 역할, 은사)을, 신분은 태생적인 면(출신)을 의미한다. 영적 공동체는 직분과 신분의 분명한 차이를 이해함으로써 모든 사람이 동일하지는 않지만 한 가족으로서 동일한 아버지를 섬긴다는 진리를 보존한다. 이것은 매우 중요한 개념이다. 기능적인 면에서는 하나님께서 우리에게 주신 소명이 다르기 때문에 직위, 역할, 은사도 다르다는 것을 인정하며, 각자에게 있는 장점과 단점을 인정하고 기꺼이 수용한다. 그러나 신분적인 측면에서 볼 때, 우리는 다양성을 가진 존재임에도 불구하고 한 아버지를 둔 형제자매이다.

세상적 공동체는 나와 너의 관계를 '서로 다름'에서 보는 것이 아니라 '옳고 그름' 혹은 '내가 죽든지 네가 죽든지' 또는 '내 편, 네 편'의 관점에서 다룬다. 반면에 영적 공동체는 배타적이고 경쟁적인 관계가 아니라 상호 존중, 인정, 수용을 통하여 그리스도의 한 몸을 이루는 지체로서 각자의 다양한 역할과 은사를 발현해 나가는 공동체이다(엡 4:2-13 ; 골 3:9-17 참조).

영적 공동체를 이끌어가는 동력은 하나님의 사랑에 기인한 그분의 통치(성령의 운행하심)이다

세상적 공동체는 자신의 욕심과 동일한 욕심을 가진 자들이 함께 모이는 공동체이다. 따라서 그 공동체의 근원적인 동력은 개인의 탐욕이다. 그런데 이렇게 되면 같은 일원일지라도 탐욕으로 인하여 얻은 성과나 결과의 배분에 차이가 있을 경우에는 공동체의 일원들 사이에 분리와 다툼이 일어나게 된다.

그러나 영적 공동체의 목적은 그리스도의 장성한 분량이 충만한 데까지 이르게 하는 데 있고, 그 동력은 그리스도의 사랑이다. 따라서 영적 공동체의 구성원은 하나님의 태생적인 사랑을 경험하고 성령님의 인도하심에 순종하는 자여야 한다. 서로 분량이 다를 때에도 각 지체는 상대방을 통하여 자신의 존재와 위치를 비추어볼 수 있고, 상호의존을 통하여 자기보다 더 나은 사람의 분량만큼 자라가고자 한다. 삼위일체 하나님의 하나 됨을 반영하는 그리스도의 사랑 안에서의 상호의존은 공동체의 최고 가치가 된다. 하나님의 사랑은 자기 생명을 나누는 것이기 때문에 본질적으로 상호의존적이며, 그 복된 결과로 하나 됨의 즐거움을 누리는 것이다. 우리는 우리 안에 있는 그리스도의 치유하시는 생명이 다른 사람에게 흘러가게 해서 그들 역시 자아실현의 욕구를 버리고 예수 그리스도의 나타나심을 경험하도록 하는 새 생명의 연쇄 작용이 일어나도록 해야 한다.

1 보라 형제가 연합하여 동거함이 어찌 그리 선하고 아름다운고 시 133:1

12 그런즉 사망은 우리 안에서 역사하고 생명은 너희 안에서 역사하느니라 고후 4:12

이와 같은 영적 공동체를 이루어가기 위해서 HTM의 스태프들은 모임을 가질 때마다 다음 네 가지의 핵심 가치를 함께 선포한다.

하나님의 사랑으로 기뻐합니다.
하나님의 긍휼하심으로 섬깁니다.
하나님의 지혜로 창조적으로 일합니다.

하나님의 열정으로 자원합니다.

그리고 자신의 매일의 삶 속에서 이 네 가지 핵심 가치가 나타나도록 하기 위해 자신을 포기하는 삶을 살고자 노력한다.

하나님나라는 공동체 안에서 이루어진다

예수님이 전하신 복음은 하나님나라의 복음이다. 그러면 실제적인 하나님의 나라는 어디에서 이루어지는가? 하나님은 삼위일체 사랑의 하나님이시고, 공동체의 하나님이시다. 하나님은 자녀들이 이 땅에서 생육하고 번성하기를 원하셨다. 그리고 모든 생명체들이 사랑 가운데 하나님의 통치 안에 있기를 원하셨다. 하나님은 우리의 아버지이시다. 하나님나라는 성령 안에서 하나님의 본질인 사랑이 각자에게 의와 희락과 평강으로 나타나는 것이다. 하나님께서는 하나님의 자녀 모두가 하나님과 하나 되기를 원하신다(요 17:22,23). 그래서 하나님은 나의 아버지만이 아니라 우리의 아버지가 되신다(마 6:9). 결국 내 안에 나타난 하나님의 생명은 우리 안에서 하나님의 나라로 완성되어진다.

하나님나라는 삼위일체 하나님의 '코이노니아'를 온전히 실천하는 공동체를 통하여 이 땅에 실현된다. 다른 말로 우리는 공동체를 통해서 하나님나라를 경험하게 된다는 것이다. 인간에게 찾아오신 성자(聖子) 하나님 안에서 삼위일체 하나님의 사랑과 하나 됨을 경험하는 것이 바로 공동체가 존재하는 이유이다.

실제로 십자가의 대속(代贖)을 경험할 수 있는 가장 좋은 곳이 바로 공동체이다. 우리는 각자 개개인이 십자가 앞에서 믿음으로 예수님의 죽으심과 연합하였다. 하지만 그 결과가 현실에서 나타나는 곳은 바로 공동체 안이다. 공동체는 자아(自我)가 죽는 곳이다. 공동체는 스스로 위험을 감수하는 곳이다. 혼자 있을 때 훨씬 안전하다고 생각되지만, 혼자 있을 때는 하나님 아버지와의 관계가 어떤지 알 수 없다. 하나님 아버지와의 관계는 우리라는 공동체를 통해서 증명되어질 수 있기 때문이다. 이와 동일하게 성령으로부터 조명된 말씀의 진위가(예를 들어 하나님께서 나에게 이렇게 말씀하셨다는 그 사실이) 실제적으로 증명되어지는 곳도 바로 공동체이다.

이 세상의 사회와 문화가 자신의 삶에 미치는 영향이 무엇인지 파악하고, 킹덤 빌더로서 이 세상에 하나님나라의 영향력을 행사하기 위해서는 자녀들이 제자적 훈련을 받는 모임이 필요하다. 그 공동체는 하나님의 사랑에 기초한 영적 공동체이다. 즉, 하나님이 나타나시고 운행하시는 공동체이고, 존재지향적 공동체로서 주님의 역사를 경험하는 공동체이다. 이러한 공동체는 주말에는 모이는 교회(지역 교회)로, 주중에는 흩어진 교회(일터 교회)로 나타나야 한다.

내 심령 안에 함께하시는 성령님은 어떻게 역사하시는가? 바로 공동체를 통해서 우리 안에 여전히 잔재해 있는 자기중심성의 성향과 잘못된 사고방식(태도)이 무엇인지를 알게 하신다. 내면의 문제를 안다고 해서 변화될 수 있는 것은 아니다. 물론 우리의 마음이 얼마나 왜곡되었는지 알고 그것을 나타내지 않을 수는 있겠지만 변화시킬 수는 없다. 타인 중심성이라는 새로운 본성이 만들어지지 않는 한 말이다. 그 일을 위해서 성령님의 역사하심에 순종하여 매일 자신의 옛 사고방식을 십자가에 못 박는 삶이 필요하다.

이 영적 공동체의 핵심 구동력은 바로 하나님의 사랑이다. 따라서 하나님의 태생적 사랑을 체험하지 못한 자는 결코 이 영적 공동체를 만들 수 없다. 하나님의 태생적 사랑을 경험한 킹덤 빌더는 동일한 사랑을 체험한 다른 킹덤 빌더들과 만나 교제하거나 아직 그렇지 못한 자들을 킹덤 빌더로 양육해야 한다. 그래서 그들과 함께 영적 공동체를 이루어가야 한다. 그것이 바로 우리가 이 세상에 보여주는 선한 영향력이다.

이 시대에는 우리를 위한 공동체가 아니라 하나님이 나타나는 공동체가 더욱 절실히 필요하다. 영적 공동체를 이끌어가는 것은 우리의 노력이 아니라 하나님의 능력이다. 온 세상 앞에 새로운 삶의 모델을 보여주는 킹덤 빌더들의 영적 공동체가 세워져야 한다.

외부 사람들이 어떤 영적 공동체로부터 은혜를 받는다면, 그것은 무엇 때문인가? 어떤 한 사람의 인격이나 능력이 뛰어나기 때문인가? 아니다. 그 공동체의 구성원들 간에 이루어지는 사랑이 놀랍기 때문에 은혜를 받는 것이다. 우리 안에서 이루어진 하나님나라, 즉 그분의 통치와 그분의 사랑으로 말미암아 우리가 다양성 가운데서도 진정으로 하나가 될 때 그것이 사람들에게 은혜를 끼친다. 그러므로 하나님이 원하시는 것은 바로 공동체 안에 나타나는 하나님의 영광이다. 또한 그것이 우리가 다른 사람들에게 줄 수 있는 최고의 선물이기도 하다.

11 사랑하는 자들아 하나님이 이같이 우리를 사랑하셨은즉 우리도 서로 사랑하는 것이 마땅하도다 12 어느 때나 하나님을 본 사람이 없으되 만일 우리가 서로 사랑하면 하나님이 우리 안에 거하시고 그의 사랑이 우리 안에 온전히 이루어지느니라 요일 4:11,12

12 그런즉 사망은 우리 안에서 역사하고 생명은 너희 안에서 역사하느니라 고후 4:12

사랑의 영적 공동체를 형성하라

영적 공동체를 만들어가기 위해서는 각자가 성령 안에서 하나님의 사랑을 체험해야 한다. 그 결과 하나님의 가족으로서 새로운 자기 인식이 있어야 한다. 우리는 자신을 누구라고 생각하고 스스로 어떻게 느끼는가? 그것을 알 수 있는 가장 좋은 방법은 다음과 같은 생각을 해보는 것이다.

'하나님이 지금 당신을 어떻게 생각하고 계시는가?'

만약 하나님께서 지금 당신을 보며 실망하고 근심하고 안타깝게 여기실 것이라고 생각된다면 당신은 지금 하나님과 좋은 관계 가운데 있는 것이 아니다. 왜냐하면 자신의 죄에 초점을 맞추어 하나님과 관계하고 있기 때문이다. 다른 말로 하면 하나님께서 나의 죄에 관심을 갖고 계신다고 생각한다는 것이다. 죄와 자신에게 초점을 맞춘 사고방식은 자신을 사랑받을 수 없는 존재로 여기게 만든다. 그것이 바로 끊임없이 자신의 노력과 행위로 자신을 입증하거나 하나님의 사랑을 받아내고자 하는 집착의 원인이 된다. 그곳에는 진정한 안식이 없다. 만약 당신이 하나님에 대해서 그렇게 느끼고 있다면, 당신은 지금 당신의 자녀에게도 올바른 사랑을 주지 못하고 있을 가능성이 높다.

하나님은 당신의 죄에 관심을 가지고 계시기보다는(이미 예수 그리스도 안에서 하나님의 자녀와 하나님의 의가 되었기 때문에) 사랑에 관심을 가지고 계신다. 실제로 하나님은 당신을 보는 것만으로도 마음에 사랑이 샘솟으며, 얼굴에 흐뭇한 미소가 번지신다. 현재 당신의 처지와 행동, 생각이나 헌신과 상관없이 당신이 하나님 아버지의 자녀이기 때문에 무조건적인 사랑을 주고 계신다.

> 17 너의 하나님 여호와가 너의 가운데에 계시니 그는 구원을 베푸실 전능자
> 이시라 그가 너로 말미암아 기쁨을 이기지 못하시며 너를 잠잠히 사랑하시
> 며 너로 말미암아 즐거이 부르며 기뻐하시리라 하리라 습 3:17

기독교는 사랑의 종교이다. 우리는 하나님의 은혜로 인하여 믿음으로 구원을 얻었다. 하나님의 사랑은 주어진 것이지, 우리의 행위와 노력으로 하나님의 사랑을 받거나 얻어내는 것이 아니다. 이미 은혜로 주어진 것을 믿음으로 받아들이면 된다. 성경에서 이 진리를 가장 잘 나타낸 부분이 바로 누가복음 15장에 나오는 아들과 아버지의 이야기이다. 사실 이것은 방탕한 아들에 관한 내용이 아니라 '방탕한 아버지'

에 관한 것이며, 바로 '하나님의 은혜'에 관한 것이다. 하나님의 은혜는 용서와 사랑이다. 방탕한 아들이 아버지에게 돌아오자 아버지는 그를 다시 자녀로 삼으셨고, 새 신발, 새 가락지, 새 옷을 주셨다. 그런데 타락한 우리는 어처구니없게도 첫째 아들처럼 자기 방식대로 그것을 얻어내려고 애쓰고 있다. 하나님은 사랑이시고, 하나님은 독생자 예수 그리스도를 사랑하시는 것과 똑같이 우리를 사랑하신다.

> 1 예수께서 그리스도이심을 믿는 자마다 하나님께로부터 난 자니 또한 낳으신 이를 사랑하는 자마다 그에게서 난 자를 사랑하느니라 요일 5:1

> 1 보라 아버지께서 어떠한 사랑을 우리에게 베푸사 하나님의 자녀라 일컬음을 받게 하셨는가, 우리가 그러하도다 그러므로 세상이 우리를 알지 못함은 그를 알지 못함이라 요일 3:1

우리가 정말 깨닫고 체험해야 하는 것은 바로 우리를 향한 하나님의 사랑하심이 우리의 행위에 따라 달라지지 않는다는 것이다. 우리가 어떤 행동을 하든지 간에 하나님의 사랑에는 변함이 없다. 단지 우리의 죄만큼 우리 스스로 하나님의 사랑을 가리고 있을 뿐이다. 하나님의 사랑이 없이 우리는 우리 자신이 누구인지도 알 수 없고, 제대로 살 수도 없다. 우리가 하나님의 참사랑을 체험하지 못하면 끊임없이 사랑받기 위해서 노력하게 된다. 그러나 그 노력은 자신을 감추거나 아니면 하나님처럼 되고 싶어 하는 악한 마음에서 비롯된 것이다.

진정한 사랑은 우리가 추구해서 얻어낼 수 있는 것이 아니다. 우리가 하나님의 자녀이기 때문에 그분의 본질이 이미 우리 안에 있다는 것을 느낄 때부터 참된 사랑의 체험이 시작되는 것이다(이렇게 행하시는 분이 바로 성령님이시다). 바로 내가 하나님의 놀라운 사랑을 받는 존재라는 것이 그리스도인 정체성의 핵심이다. 이것이야말로 내가 변화되고, 영적으로 성장하고, 하나님나라로 침노하고, 주(主)의 뜻을 이루는 모든 새로운 삶의 기초가 된다. 하나님의 사랑만이 기적을 일으킨다.

그렇다면 왜 우리는 하나님의 사랑을 체험하지 못하는가? 첫째, 타락한 이 세상에서의 삶의 방식이 계속 영향을 미치기 때문이다. 부모들의 조건적인 사랑 때문에, 그리고 그들의 직간접적인 학대 때문에 자녀들은 온전한 사랑을 체험하지 못하고 있다. 우리는 대부분 자기 부모에 대한 감정을 하나님께 투사(投射)한다. 그래서 진정한 하나님을 알지 못하는 것이다. 둘째, 타락한 인간의 근원적인 마음 때문이다. 즉, 자신을 무가치하게 느끼고 거절감에 시달리고 두려워하는 마음으로부터 어떻게든 벗어나기 위해 스스로 노력하고 일하기를 멈추지 못하기 때문이다.

그렇다면 하나님의 사랑을 어떻게 체험할 수 있는가? 하나님의 무조건적인 사랑을 받고 있다는 사실을 인식하는 것만으로는 치유되지 못한다. 그 무조건적인 사랑을 느껴야 한다. 그리고 그것을 느끼고 체험하기 위해 내 마음에 무조건적인 사랑을 허용해야 한다. 무조건적인 사랑을 느낀다는 것은, 개념적이거나 논리적이거나 피상적인 앎이 아니라 체험적, 관계적, 생명적(인격적) 앎이 되어야 하는 것이다.

갓난아이가 어떻게 엄마의 사랑을 경험하는지 생각해보라. 보채던 아이가 엄마의 젖을 마음껏 빨고 엄마의 품 안에서 새근거리며 자는 것을 생각해보라. 그것이 바로 안식이다. 안식이야말로 우리가 정말로 다시 느껴야 할 마음이다. 어린아이가 엄마의 사랑을 믿어서 안식하는가? 어린아이에게 우리 엄마이기 때문에 나를 사랑한다는 논리가 존재하는가? 어린아이의 생각 속에 이런 것이 사랑이라는 개념적 인식이 있는가? 아이가 엄마의 사랑을 자신의 노력으로 추구하는가? 아니다. 이것은 개념이나 논리를 떠난 생명적 체험이다. 우리도 주어진 무조건 적인 사랑을 체험하기를 원한다. 이것은 내가 믿음으로 취하는 것이 아니다. 내 존재가 하나님의 사랑으로 휩싸일 때, 느껴지고 만져지고 인식되어지는 것이다. 이것이 성경에서 말하는 '알고 믿는' 것이다. 지금 우리에게 필요한 사랑은 바로 이 사랑이다.

> 16 하나님이 우리를 사랑하시는 사랑을 우리가 알고 믿었노니 하나님은 사랑이시라 사랑 안에 거하는 자는 하나님 안에 거하고 하나님도 그의 안에 거하시느니라 요일 4:16

하나님은 사랑이시다. 하나님은 우리에게 그 사랑을 전부 주기를 원하신다. 그러나 우리가 쌓은 마음의 벽이 얼마나 높고 견고한지 하나님께서는 그 안으로 들어오지 못하고 계신다. 지금까지 자기 자아를 유지하기 위해서 타락하여 깨어진 마음(두려움, 무가치함, 거절감이 가득 찬 마음)을 그렇지 않은 것처럼 스스로 부정하였음을 인정하라.

자신의 결핍과 부족을 감추기 위해 사용했던 갖가지 방어기제를 풀고, 인정받기 위해 행한 모든 자기 행위와 자기의를 내려놓아라. 힘들고 지치고 피곤하지 않은가? 몸에 걸쳤던 무화과나무 잎을 벗어보라. 있는 그대로 어린아이처럼 주님 앞에 나아가라.

5 하나님 아는 것을 대적하여 높아진 것을 다 무너뜨리고 모든 생각을 사로잡아 그리스도에게 복종하게 하니 고후 10:5

성령이 임하시면 그분은 가장 먼저 내가 누구인지 알게 하시고, 하나님의 사랑을 느끼게 하신다. 하나님의 사랑을 느낄 때 어떻게 되는가? 첫째, 내가 누구인지를 알게 된다. 둘째, 모든 무가치함, 거절감, 두려움으로부터 벗어나게 된다. 셋째, 이 땅에서 하나님의 소유, 지혜, 능력을 사용할 수 있는 모든 가능성이 열리게 된다.

하나님의 사랑은 온전한 하나 됨의 사랑이다. 그 말은 내가 나온 생명으로 돌아가 다시 하나가 된다는 것이다. 그럴 때 비로소 자신의 타락한 자아를 내려놓을 수 있으며, 세상이 줄 수 없는 평안을 누릴 수 있게 된다.◆ 정말 하나님의 사랑이 필요하다고 느끼는가? 그렇다면 자신을 지키기 위한 모든 노력을 내려놓고 엄마 품속에 있는 어린아이처럼 당신이 하나님의 사랑을 이미 받고 있다는 것을 인정해보라. 아마

◆　더 자세히 알고 싶다면 《알고 싶어요 성령님》 pp.94-117을 참고하라.

당신은 하나님의 사랑이 느껴지지 않는데 어떻게 그 사랑을 받고 있다고 인정할 수 있느냐고 반문할지도 모르겠다. 그러나 하나님나라의 법은 '믿으면' 되는 것이 아니라 '믿은 대로' 된다는 것을 다시 한 번 생각해보라. 지금까지 하나님의 사랑을 느끼지 못했던 이유는 당신 안에 이미 하나님의 사랑이 있다는 것을 믿지 않았기 때문이다.

결론적으로 진정한 영적 공동체의 구성원이 되기 위한 자격 조건은 하나님의 태생적 사랑을 체험했느냐 그렇지 못했느냐에 달려 있다. 하나님의 사랑을 실제적으로 경험한 사람들이 성령 안에서 지체로서 그리스도의 몸 된 교회를 이루어가기 위해 자발적으로 모이는 것이 바로 영적 공동체이다.

교회는 성도들이 온전히 하나님 앞으로 나아가도록 하기 위한 예배 공동체, 섬김 공동체, 선교 공동체 등을 필요로 한다. 그러나 이 땅에 하나님나라를 이루기 위해서는 하나님께서 친히 묶어주시는 영적 공동체가 필요하다는 것을 인식해야 한다. 예를 들어서 교회의 순모임이나 직장에서의 신우회는 단지 우리가 신앙생활을 잘하기 위한 공동체가 아니라 바로 세상에 영향력을 끼칠 하나님의 가족 공동체, 영적 공동체로 전환되어야 한다.

주님이 찾으시는
킹덤 빌더에게…

아, 새로운 삶!!

언제부터인지는 몰라도 새벽마다 주님 앞에 나아갈 때는 말할 수 없는 기쁨을 누리지만 막상 전투를 해야 할 세상을 바라볼 때에는 '하나님이 사랑하시는 이 세상이 어떻게 해서 이 지경이 되었을까?'라는 안타까움과 함께 '도대체 우리가 무엇을 어떻게 해야 하는가?'라는 깊은 고뇌에 빠지게 되었다. 남들이 하지 않는 거창한 명제와 씨름해온 것 같아도, 막상 실제 나의 삶은 날마다 주(主)의 마음 대신에 마귀의 마음을 나타내는 변화되지 않는 나 자신을 바라보며 괴로워했었다. 그리고 지금 나는 나부터 변하라고 하신 하나님의 말씀에 귀 기울여 시작된 킹덤 빌더의 삶을 되돌아보게 된다.

두렵고 불안했지만 말씀과 성령님의 도우심으로 마침내 포로수용소를 탈출하고, 예수 그리스도 안에서 성령님을 통하여 말씀으로 하나님과 교제하며, 하나님나라에서 이 세상을 바라보며 주의 뜻을 이루어 가는 매일의 삶(성공과 실패에 상관없이)에 참으로 감사하다. 마치 빠삐용이 '기아나' 형무소를 탈출하여 자유인으로 여생을 보내게 된 것처럼 말이다.

그러나 여러 가지 사역으로 사람들에게 더 많이 알려질수록, 책을 많이 낼수록, 나이가 더 들수록 삶이 두려워지는 것 또한 사실이다. 왜냐하면 "내가 지향하는 영성이 공동체 안에서 윤리적인 삶으로 증거되고 있는가? 내가 주장하는 하나님의 자녀의 삶이 성령의 열매와 은사로 나타나고 있는가? 하나님나라 복음을 위한 영광의 신학이 십자가의 신학과 균형 잡혀 있는가? 현재적 하나님나라의 '이미' 신앙과 미래적 하나님나라의 '아직' 신앙이 변증론적인 삶으로 나타나고 있는가? 지성주의, 영성주의, 감성주의를 배격하면서 성령님의 인도함을 제대로 받고 있는가?" 하는 생각 때문이다.

남들의 판단이 어떻든 상관없이 내 삶의 가이드라인은 한결같았다.

나는 누구의 자녀가 아니라 예수 그리스도 안에서 거듭난 하나님의 자녀이다. 나는 이 땅에서 세상법으로 살지 않고 하나님나라에서 그 나라의 법으로 산다. 나는 최선을 다해 살지 않고 하나님의 뜻대로 산다. 나는 할 수 있는 일을 하지 않고 하나님의 때에 그분이 원하시는 일만을 한다. 나는 혼자 살지 않고 함께 산다.

이 책은 신앙생활에 있어서 제자적 삶보다는 자녀의 삶에 강조점을 두고, 앞서 밝힌 내 삶의 가이드라인에 기초하여 다양한 신학적 관점에서 하나님나라의 실제적 삶을 위한 영성훈련의 내용을 담았다. 이 책을 좀 더 잘 이해하고, 체계적으로 체험하기 위해서는 그간 출간된 킹덤 북스 시리즈인 《알고 싶어요 성령님》(규장), 《알고 싶어요 하나님의 나라》, 《알고 싶어요 하나님의 의》(이상 두란노)를 참고하기 바란다.

그러나 책을 통해서 킹덤 빌더의 삶을 온전히 누리기에는 아무래도 어려움이 있을 것이다. 가능하다면 HTM에 개설된 '킹덤 빌더 스쿨'에서 강의와 실습, 삶의 나눔, 기름부으심을 통해 직접 체험해보는 것이 좋은 방법이라고 생각된다. 앞으로 하나님께서 허락하시는 대로 킹덤 빌더가 이 땅에서 주(主)의 뜻을 이루어가기 위해서 가장 필요한 '주님이 가르쳐주신 기도'와 매일의 삶의 요소인 일, 만남, 시간, 물질, 건강을 어떻게 하나님나라의 사고방식으로 변화시키고, 어떻게 윤리(인격)와 은사의 균형을 맞추어 갈 것인가에 대한 책, '킹덤 빌더의 세상적 삶'에 대한 책을 집필할 예정이다.

킹덤 빌더여, 그리스도의 빛을 비추라!

주위를 돌아보면 안타깝게도 여전히 주님을 기쁘시게 하기보다는 자기 문제만 해결받기 원하고, 이 땅에 주의 뜻을 이루기보다는 주께 구하는 자가 되기를 원하고, 하나님의 의(義)가 되기보다는 죄를 짓지 않는 자가 되기를 원하고, 하나님의 자녀가 되기보다는 하나님을 믿는 신자의 삶을 택하는 사람들이 많다. 하지만 우리는 더 이상 이 세상과 벗하거나 이 세상 사람들을 본받지 말아야 한다. 우리는 남들이 가지 않는 좁은 문으로 들어가야 한다.

> 13 좁은 문으로 들어가라 멸망으로 인도하는 문은 크고 그 길이 넓어 그리
> 로 들어가는 자가 많고 14 생명으로 인도하는 문은 좁고 길이 협착하여 찾
> 는 자가 적음이라 마 7:13,14

지금은 하나님 자녀의 정체성을 가지고 제자적 삶을 살아가는 킹덤 빌더가 일어날 때이다. 이제 우리는 더 이상 옛사람이 아니다. 예수 그리스도 안에서 새로운 피조물이다. 우리는 더 이상 흑암의 권세 아래 살고 있지 않다. 하나님 아들의 사랑의 나라에서 살고 있다. 우리는 더 이상 세상 신(神)에 통치함을 받고 있지 않다. 하나님의 영의 인도함을 받을 수 있다.

이 시대와 교회를 탓하기보다 누군가는 새로운 삶을 보여주어야 한다. 당신이 바로 그 사람이 되기를 위해 기도한다. 이 책을 덮을 때 "나는 킹덤빌더입니다!"라고 외치는 당신을 믿음으로 눈으로 바라본다.

성령님의 놀라운 역사가 당신에게 임하시기를….

| 참고문헌 |

《알고 싶어요 성령님》, 손기철, 규장, 2012

《알고 싶어요 하나님의 나라》, 손기철, 두란노, 2013

《알고 싶어요 하나님의 의》, 손기철, 두란노, 2013

《제자도의 본질》, 플로이드 맥클랑, 토기장이, 2011

《제자도의 7가지 핵심》, 마크 베일리, 도서출판 디모데, 2011

《영적 감정을 분별하라》, 조나단 에드워즈, 생명의말씀사, 2013

《공동체로 사는 이유》, 에버하르트 아놀드, 예수전도단, 2012

《성경적 공동체》, 권문상, 킹덤북스, 2013

《탐욕의 복음을 버려라》, 김세윤, 고든 피, 더글라스 무 외, 새물결플러스, 2011

《최고의 기쁨을 맛보라》, 존 파이퍼, 좋은 씨앗, 2013

《신약이 말하는 성령》, 이한수, 솔로몬, 2009

《가나안 성도, 교회 밖 신앙》, 양희송, 포이에마, 2014

《프라미스 그 위대한 약속과 명령》, 김남수, 쿰란출판사, 2009

《사랑에 항복하다》, 데이비드 G. 베너, IVP, 2005

《옥스포드 원어성경대전(신구약)》, 제자원, 2001

새로운 장소! 새로운 시작!!

**월요말씀치유집회가 화요말씀치유집회로 바뀌었습니다.
이제부터 보라매공원 '헤븐리터치 화요말씀치유집회'입니다.**

2008년에 설립된 '헤븐리터치 미니스트리'(Heavenly Touch Ministry:HTM)는
치유사역, 하나님나라의 복음 전파, 교회를 통한 사회 변혁의 비전을 이루기 위해
교단과 교파를 초월하여 교회와 성도들을 섬기는 선교단체입니다.
그간 7년 동안 성남의 선한목자교회(유기성 목사)에서 치유사역을,
기도와 세미나 사역은 청담동에 위치한 건물의 일부를 빌려 진행해 왔습니다.
이제 한자리에서 하나님이 주신 비전을 온전히 감당하기 위한
새 선교센터가 서울 신대방동 보라매공원 옆에 마련되었습니다.

HTM 화요말씀치유집회 안내

장소 _ 보라매공원 헤븐리터치센터 임마누엘홀(본당)
일시 _ 매주 화요일 저녁 7시 30분 ~ 밤 10시
인도 _ 손기철 장로(HTM 대표)
집회 _ 말씀사역과 치유사역, 기도사역자 개인기도

헤븐리터치미니스트리(HTM)

사단법인 한국독립교회 및 선교단체연합회(KAICAM)에 소속된 선교단체로서, 성도들이 하나님나라의 새로운 사고방식과 은혜
의 법에 따라 이 땅에 하나님나라를 나타내는 킹덤빌더(Kingdom Builder)의 삶을 살도록 돕기 위해 각종 집회와 훈련 프로그램,
세미나 등으로 한국 교회와 성도들을 섬기고 있습니다.

대표 손기철 장로

(현) 건국대학교 생명환경과학대학 교수이며 온누리교회(이재훈 목사)의 장로입니다. 2004년부터 온누리교회 치유사역자로 사역
했으며, 2008년 헤븐리터치미니스트리를 설립한 후 월요말씀치유집회(선한목자교회)와 킹덤빌더스쿨, 질병치유스쿨, 내적치유
스쿨 등을 인도하고 있습니다. 그의 집회 영상은 갓피플TV(인터넷)와 CGNTV(위성방송) 등을 통해 전세계에 방송되고 있습니다.

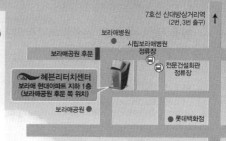

보라매공원 헤븐리터치센터 위치
보라매 현대아파트 지하1층(보라매공원 후문 앞, 시립보라매병원 옆)
신주소 서울 동작구 보라매로 5길 35번지 B1
구주소 서울 동작구 신대방동 395 - 65번지 B1

대중교통으로 찾아오시는 길
7호선 신대방삼거리역 3번 출구 ➡ 153번 버스(대림초등학교) 승차
➡ 보라매병원 하차 2번 출구 ➡ 05번 버스(신대방삼거리) 승차 ➡ 전문건설회관 하차
2호선 신림역 7번 출구 ➡ 5525번, 5516번 버스(패션문화의 거리 입구) 승차
➡ 시립보라매병원 하차

■ 보라매공원 헤븐리터치센터는 2월 14일에 오픈합니다.
■ 청담동의 HTM센터가 보라매공원 앞으로 이전한 것입니다.

말씀과 성령님의 만지심

혜본리터치
Heavenly Touch Ministy

문의 전화 02)576 - 0153 **이메일** htm0691@naver.com **www.heavenlytouch.kr**

킹덤 빌더

초판 1쇄 발행　2015년 2월 9일
초판 7쇄 발행　2022년 10월 17일

지은이　　　　손기철

펴낸이　　　　여진구
책임편집　　　안수경
편집　　　　　이영주 정선경 최현수 김도연 김아진 정아혜
디자인　　　　마영애 노지현 조은혜 이하은
홍보 · 외서　　진효지
마케팅　　　　김상순 강성민 허병용　　　마케팅지원　최영배 정나영
제작　　　　　조영석 정도봉　　　　　　경영지원　　김혜경 김경희 이지수

303비전성경암송학교 유니게과정　박정숙 최경식
이슬비전도학교 / 303비전성경암송학교 / 303비전꿈나무장학회

펴낸곳　　　　규장

주소　06770 서울시 서초구 매헌로 16길 20(양재2동) 규장선교센터
전화　02)578-0003　팩스　02)578-7332
이메일　kyujang0691@gmail.com　　　홈페이지　www.kyujang.com
페이스북　facebook.com/kyujangbook　인스타그램　instagram.com/kyujang_com
카카오스토리　story.kakao.com/kyujangbook
등록일　1978.8.14. 제1-22

ⓒ 저자와의 협약 아래 인지는 생략되었습니다.
이 출판물은 저작권법에 의해 보호를 받는 저작물이므로 무단 전재와 무단 복제를 할 수 없습니다.

책값　뒤표지에 있습니다.
ISBN 978-89-6097-392-3　03230

규 | 장 | 수 | 칙

1. 기도로 기획하고 기도로 제작한다.
2. 오직 그리스도의 성품을 사모하는 독자가 원하고 필요로 하는 책만을 출판한다.
3. 한 활자 한 문장에 온 정성을 쏟는다.
4. 성실과 정확을 생명으로 삼고 일한다.
5. 긍정적이며 적극적인 신앙과 신행일치에의 안내자의 사명을 다한다.
6. 충고와 조언을 항상 감사로 경청한다.
7. 지상목표는 문서선교에 있다.

> 하나님을 사랑하는 자 곧 그의 뜻대로 부르심을 입은 자들에게는 모든 것이 合力하여 善을 이루느니라(롬 8:28)

규장은 문서를 통해 복음전파와 신앙교육에 주력하는 국제적 출판사들의
협의체인 복음주의출판협회(E.C.P.A:Evangelical Christian Publishers
Association)의 출판정신에 동참하는 회원(Associate Member)입니다.